[MIRROR]
理想国译丛
imaginist
014

想象另一种可能

理想国
imaginist

理想国译丛序

"如果没有翻译",批评家乔治·斯坦纳(George Steiner)曾写道,"我们无异于住在彼此沉默、言语不通的省份。"而作家安东尼·伯吉斯(Anthony Burgess)回应说,"翻译不仅仅是言词之事,它让整个文化变得可以理解。"

这两句话或许比任何复杂的阐述都更清晰地定义了理想国译丛的初衷。

自从严复与林琴南缔造中国近代翻译传统以来,译介就被两种趋势支配。

它是开放的,中国必须向外部学习,它又有某种封闭性,被一种强烈的功利主义所影响。严复期望赫伯特·斯宾塞、孟德斯鸠的思想能帮助中国获得富强之道,林琴南则希望茶花女的故事能改变国人的情感世界。他人的思想与故事,必须以我们期待的视角来呈现。

在很大程度上,这套译丛仍延续着这个传统。此刻的中国与一个世纪前不同,但她仍面临诸多崭新的挑战,我们迫切需要他人的经验来帮助我们应对难题,保持思想的开放性是面对复杂与高速变化的时代的唯一方案。但更重要的是,我们希望保持一种非功利的兴趣:对世界的丰富性、复杂性本身充满兴趣,真诚地渴望理解他人的经验。

理想国译丛主编

梁文道　刘瑜　熊培云　许知远

[美] 卡蒂·马顿 著　　毛俊杰 译

布达佩斯往事：
冷战时期一个东欧家庭的秘密档案

KATI MARTON

ENEMIES OF THE PEOPLE:
MY FAMILY'S JOURNEY TO AMERICA

南京大学出版社

ENIMIES OF THE PEOPLE
by KATI MARTON
Original English Language edition copyright © 2009 by Kati Marton
Published by arrangement with the original publisher, Simon & Schuster, Inc.
Simplified Chinese edition copyright © 2019
Beijing Imaginist Time Culture Co., Ltd.
All rights reserved.

江苏省版权局著作权合同登记 图字：10-2019-199号

图书在版编目(CIP)数据

布达佩斯往事：冷战时期一个东欧家庭的秘密档案 /(美) 卡蒂·马顿 (Kati Marton) 著；毛俊杰译. —南京：南京大学出版社, 2019.4（2023.10 重印）
书名原文: Enemies of the People: My Family's Journey to America
ISBN 978-7-305-21841-5

Ⅰ.①布… Ⅱ.①卡…②毛… Ⅲ.①马顿－家族－回忆录
Ⅳ.①K837.120.9

中国版本图书馆CIP数据核字(2019)第058968号

出版发行　南京大学出版社
社　　址　南京市汉口路22号　邮编：210093
发行热线　(025)83594756
网　　址　www.njupco.com

责任编辑：卢文婷
特邀编辑：王家胜　刘广宇
装帧设计：陆智昌
内文制作：陈基胜

全国新华书店经销
山东临沂新华印刷物流集团有限责任公司
　临沂高新技术产业开发区新华路　邮政编码：276017

开本：965mm×635mm　1/16
印张：19.5　字数：220千字
2019年4月第1版　2023年10月第5次印刷
定价：69.00元

如发现印装质量问题，影响阅读，请与印刷厂联系调换

导读

见证冷战历史的家庭故事

徐贲

匈牙利裔美国记者卡蒂·马顿（Kati Marton）在《布达佩斯往事》里讲述了父母和她自己童年时在苏联时代匈牙利的生活故事，许多关于她父母的往事都是从匈牙利秘密警察的档案里抽取出来的。罗马尼亚前政治犯齐尔伯（Herbert Zilber）说："东欧社会主义的第一事业就是建立档案。……人和事只存在于他们的档案里。我们的存在掌控在掌握档案者手里，也是由那些设立档案者们所编造的，一个真人不过是他档案的镜影罢了。"* 档案是权力统治的工具，是权力为一个人建立和保留的"客观记录"，但它的素材是由那些受人性卑劣因素和龌龊动机——嫉妒、恐惧、谄媚、背叛、出卖——所支配的"告密者"偷偷提供的。因此，档案里的"那个人"——苏联文化史专家希拉·菲茨帕特里克（Sheila Fitzpatrick）称之为"档

---

* Quoted by Katherine Verdery, *What Was Socialism, and What Comes Next?* Princeton: NJ: Princeton University Press, 1996, p. 24.

案人"（file-self）*——是一个幽灵般的阴暗存在。

档案人是一个被简略化和符号化了的概念，卡蒂的父母也是这样，她说："我发现，不停地阅读这数千页的秘密警察记录，给我心灵带来极大压抑。……秘密警察的记录都是如此——全然超脱于血肉之躯之外。活人被压缩成简易符号。"她在档案里看到的父母是被意识形态压缩简略的罪人，"秘密警察关于他们的每一份文件，都是以'高级资产阶级出身'起头"。留在档案里的正式裁决是"政权不共戴天的敌人，又是美国生活方式的忠实信徒，虽然公开从事自己的职业，但其报道对我们的国家利益不是嘲弄，就是充满敌意"。

然而，在政治意识形态定性的"人民之敌"后面，却有着不少日常生活的细节，包括秘密警察以什么手段、通过什么人获取了这些生活细节。这些偶然保留下来的细节成为卡蒂了解她父母的珍贵历史材料，也为她的家庭故事提供了具体的历史背景。卡蒂父亲晚年时，新匈牙利政府向他颁发匈牙利的最高文职奖，外交部长带给他的特殊礼物就是前匈牙利秘密警察关于他的一大袋档案资料，他却"从没打开那个档案袋"。卡蒂说："对他而言，历史真是重荷如山——至少他自己的历史如此；对我而言，却是探索的出发点。"在《布达佩斯往事》中，我们读到的不仅是她从父母幽灵档案记录中探索到的一些真相，而且更是那个阴暗、恐怖国家沉重如山的历史。

---

* Sheila Fitzpatrick, *Tear off the Mask! Identity and Imposture in Twentieth-Century Russia*. Princeton, NJ: Princeton University Press, 2005, p. 14.

一、恐怖与暴力

孟德斯鸠最早把恐怖确定为一种政治体制标志。他把不同的政府区分为三种基本类型——共和制、君主制和独裁专制，并且指出，每一种社会政治组织形态都必须具备某种对维持它的体制不可缺少的精神因素（ethos）或文化倾向，维持君主政治是"荣誉"，维持共和政治是"德行"，而维持专制独裁则是"恐怖"，用人民的恐惧来统治他们。恐惧是人在生存安全感受到威胁时的基本反应，对人的伤害可以是肉体的、心理的、精神的或者象征意义的。[*]

在政治权力有所公开制约，暴力行为受到法律约束，宽容和多元文化成为普遍伦理规范的社会中，恐惧会在很大程度上被疏导为一种个人的心理感觉或者超越性的经验（如对神、上苍、大自然、死亡的恐惧）。在这样的社会中，尽管有时会出现集体性的惊恐，恐惧不会长久成为公众生活的基本心态。然而，在实行秘密警察恐怖统治的国家，如纳粹时期的德国、斯大林时期的苏联和东欧国家（当然会有程度的差别），普遍的无安全感、朝不保夕、惊恐猜疑及担惊受怕便成为普遍的公众生活状态。恐惧因此也就成为这些国家人民梦魇般的创伤性心理特征。这一意义上的恐惧已经不再是个人情绪的变动，甚或那种埋藏在人类心灵深处的关于存在的超越体验（对死亡的恐惧），而是一种在特定社会环境下形成和长久维持的、具有特殊政治内容的心理机制。这是一种由政治制度制造和维持的

---

[*] Baron de Montesquieu, *The Spirit of the Laws*. trans. Thomas Nugent. New York: Hafner, 1948, Vol. 1, pp. 23, lxxi, 65.

结构性恐惧，一种必须从暴力统治的政治压迫关系来理解的社会心理。

1950年代初，卡蒂的父母活跃于布达佩斯的新闻界，他们分别是两家美国通讯社的记者。这时候，匈牙利人已经生活在拉科西政权的恐惧之中，记者们战战兢兢、噤若寒蝉，不敢越官方宣传规定的雷池一步。匈牙利的新闻自由迅速消失，还能够真实报道匈牙利现实情况的只剩下为外国通讯社供稿的记者，"1948年，匈牙利有六十五名正式的外国记者；由于逮捕、逃离、恐吓，到1953年仅剩三名。其中两人，就是安德烈·马顿和伊洛娜·马顿，剩下的第三人还是秘密警察的告密者"。

这两位马顿便是卡蒂的父母。他们穿着讲究，生活优渥，一副"高等匈牙利人"的派头。那时候全匈牙利一共才有两千辆私家车，而马顿家却开一辆白色敞篷的斯图贝克美国车，就像"是在乘坐一枚火箭"。这是不是太招摇显眼，太危险了？"随着档案吐出的一个又一个秘密，我被另一种困惑攫住：父母为何要承担这么大的风险？冷战期间，大多数匈牙利人特意穿街过巷、绕道而行，为的是避免让人看到自己在跟美国人打招呼，而我父母最好的朋友都是美国外交官和新闻人。我认识的每一个匈牙利成年人都学会了窃窃耳语，而我父母却在响亮地发表意见。"

其实，马顿夫妇这么做，不是因为没有恐惧，而恰恰是因为感到恐惧。招摇显眼、公开与美国人来往不过是他们自我保护的策略。几年后，卡蒂的母亲被捕，秘密警察逼她承认是美国间谍的时候，她说，间谍只能悄悄地做，我们到美国使馆去，每次都是公开的，有这么当间谍的吗？当然，罪名是早就坐实了的，这样的辩护就像马顿夫妇早先的故意招摇一样，是不能为他们免除牢狱之灾的。

马顿夫妇不过是美苏冷战中的一枚棋子，他们越是在美国人那里吃得开，匈牙利当局迫害他们就越是有所顾忌，需要三思而行。但是，他们越是与美国人来往甚密，官方也就越是怀疑他们是为美国服务的间谍。马顿夫妇对此心知肚明，匈牙利当局也知道他们心知肚明，彼此不捅破这层窗户纸，是因为双方都在玩一场特殊规则的游戏。而且，也正是因为马顿夫妇与美国人的特殊关系，匈牙利当局认为他们可能有利用价值，给予他们特别的待遇，也许可以交换他们的某种合作。卡蒂在秘密档案里发现，秘密警察曾经把她父母当作"告密者招募"的对象。这是典型的冷战渗透。

匈牙利人充满恐惧，这不仅是因为国家镇压的暴力手段，更是因为他们明白，神通广大的秘密警察在他们周围布下了一张由无数告密者构织而成的大网。这是匈牙利执行苏联化的结果，它依靠的是制度化的恐怖。作为恐怖统治的主要执行者，匈牙利秘密警察"直接汇报于斯大林的特务机关——内务人民委员会及后来的克格勃。它于1946年9月成立……下设十七个科，发挥各自的特别功能。大家都知道，苏联红军是它的后台。事实上，它是匈牙利共产党内的苏维埃党派"。卡蒂心有余悸地回忆："我在长大过程中渐渐认清，其［秘密警察］主要特征是残忍，普通的政治和外交行为都对之束手无策。它的第一科试图通过庞大的告密网，来渗透控制匈牙利的政治生活。招募告密者靠的是恐吓：秘密警察会在深更半夜把对象从床上带走；他只要甘愿充当告密者，就可获释。我现在知道，这个告密网包括我家的大部分亲友；有些比较特殊且敏感的告密者——比如我家的保姆，因此而获得优厚报酬。"

苏联式的秘密警察是从俄国革命后的"全俄肃反委员会"（简称"契卡"）发展而来的，但是，"契卡"的创始人，素以正直、清廉著称的捷尔任斯基似乎早就察觉到,秘密警察是一个需要恶棍,也生产恶棍的体制。他说,为契卡工作的只有两种人,"圣人和恶棍,不过现在圣人已经离我而去,剩下的只有恶棍了","契卡的工作吸引的是一些腐败或根本就是罪犯的家伙……不管一个人看上去多么正直,心地如何纯净……只要在契卡工作,就会现出原形"。*苏联将军,曾在叶利钦总统任期内担任俄罗斯总统特别助理的德米特里·沃尔科戈洛夫(Dmitri Volkogonov)说,1930年代中期苏联政治警察(NKVD)军官里只有两种类型的人,"冷酷无情的犬儒和丧失了良心的虐待狂"。†苏联间谍尼古拉·霍赫洛夫(Nikolai Khoklov)回忆道,他负责招募新手时,他的上司克格勃高官帕维尔·苏朵普拉托夫(Pavel Sudoplatov)给他的指示是,"找那些因命运或天性受过伤的人——那些性格丑陋、有自卑情结、嗜权、有影响欲但又屡遭挫折和不顺利的人。或者就是找那些虽不至于受冻饿之苦,却因贫困而感到羞辱的人……这样的人会因为从属于一个影响大、有权力的组织而获得优越感……他们会在一生中第一次尝到自己很重要的甜头,因而死心塌地地与权力结为一体"。‡

秘密警察统治使得整个国家的人民陷入一种近于歇斯底里的焦虑、捕风捉影的猜疑和非理性的恐惧之中,对他们有长久的道德摧残(demoralizing)作用。秘密的暴力比公开的暴力更令人恐怖,它会使人失去思考能力、道德意识和抵抗意志,因此退化到最低等原始的动物保命本能中去。为了保命求生、避免肉体折磨,人会变

---

* Quoted in Robert Conquest, *The Great Terror*. London: Macmillan, 1968, p. 544.

† Quoted in Paul Hollander, *Political Will and Personal Belief: The Decline and Fall of Soviet Communism*. New Haven CN: Yale University Press, 1999, p. 216.

‡ Nicolai Khokhlov, *In the Name of Conscience*. New York: McKay, 1959, pp. 165-166.

得全无廉耻、奴性十足、无所不为。秘密统治对政府权力的正当行使和合道德性同样有着严重的腐蚀作用。美国伦理学家希瑟拉·博克（Sissela Bok）在《秘密》一书里说，行政统治运用秘密手段，这会增加官员，"尤其是在那些自以为有使命感，因此罔顾常规道德考量的官员，滥用权力的可能性"，"一旦国家发展出秘密警察力量或实行全面审查，滥用权力的危险就会增高。秘密本身就会变成目的，行使秘密权力的人也会不知不觉发生变化"。* 秘密政治迫害的卑劣和败坏，及其对全体国民的良心摧残，正是苏联式统治给所有前东欧国家和其他类似国家带来的一大祸害和道德灾难。

二、无处不在的"告密者"

希瑟拉·博克在《秘密》一书里还说："权力来自对秘密和公开的控制力：它影响着人们思考什么，并影响他们选择做什么；而反过来，越有权力，也就越能控制什么是秘密，什么可以公开。"† 匈牙利这种统治是一种对"秘密"和"公开"拥有绝对控制的权力。它可以强行规定什么是不能对外国人泄漏的"国家机密"，也可以用各种手段，特别是利用告密者和强制"交心"、"坦白"、"认罪"来强迫人们公开自己所有的隐私。卡蒂的父亲以间谍罪被逮捕，是因为他向美国人传递了一份匈牙利的国家预算，这种在民主国家里公民知情权之内的信息足以在一个极权国家成为"非法获得"和"出卖国家"的重罪证据。

---

* Sissela Bok, *Secrets: On the Ethics of Concealment and Revelation*. New York : Pantheon Books, 1982, p. 177.
† Sissela Bok, *Secrets: On the Ethics of Concealment and Revelation*., p. 282.

这种国家一面以"秘密"的名义对外封锁一切被它视为"不方便"的真相（inconvenient truth），一面千方百计地打探每个国民的隐私，不只是为了知道他们究竟在想些什么，而且还想抓住他们的弱点和把柄，将之用作要挟、控制的手段，讹诈他们，把他们变为权力统治的顺从帮凶。帮凶的主要任务就是告密，随时随地充当政府的眼线，监视别人，向政府汇报他们的一举一动。"告密"是一种特别加剧人们恐惧心理的人际背叛行为。策动和强迫人们相互告密是专制权力一箭双雕的统治策略，它既能尽量获取隐秘的情报，又能有效瓦解任何团结抵抗的可能。

一个人因为害怕被周围的人，尤其是朋友和亲友告密，会对所有人失去信任感，因而变得彻底孤立、渺小、无助。"告密"尤其是知识分子最害怕的事情，因为他们难免有言论的把柄会落在什么人手里。许多知识分子在回忆录里都不断流露出《布达佩斯往事》里那种令人惶惶不可终日的被告密焦虑和恐惧。最可怕的告密往往就发生在亲朋好友、同事熟人之间，这种出卖和背叛往往会使人万念俱灰、绝望厌世。知识分子之间的相互揭发、检举、向组织汇报，我们也曾司空见惯。陈徒手的《故国人民有所思》中有许多这样的例子。告密必须制造一个告密的环境，告密是一种典型的犬儒行为，告密的人并不以告密为荣，所以总是偷偷告密，但他又并不真的以告密为耻，所以只要有机会，就一定会继续不断地告密。邵燕祥在《故国人民有所思》的序言里指出，告密在1953年就已经成为一种惯例，也成为无数知识分子的噩梦，他称之为"暗箱作业"，"这些规定、布置、执行都是暗箱作业，从不告诉当事人的"。

《布达佩斯往事》里，对马顿夫妇一举一动进行告密的，不仅有他们的记者同事，还有家里的保姆、他们所去的理发店服务员、牙科医生、周围的邻居（有觉悟的"治安志愿者"）、马顿先生被捕后的狱友，甚至美国驻匈牙利大使馆的一名外交人员。一开始，"秘密警察在静静等待，只在父母周围编织愈来愈密的告密网，监视他们的一举一动，譬如在哪家餐馆、点什么菜（餐馆服务员是秘密警察告密网的重要环节）、在邻里杂货店购买什么。邮递员送来的每封信，都已被蒸汽打开过"。其中，特别令人印象深刻的是那位给马顿家带孩子，还教她们讲法语的保姆，"秘密警察档案显示，她是一名勤奋的告密者，跟我们一起生活的那些年里，她的真正工作是以代号'加什帕尔'，细针密缕地向秘密警察汇报我家的一切"。

很难知道告密者们的真实动机（那应该是复杂而纠结的），不过他们有的确实十分"尽责"，汇报事无巨细，详尽到了令卡蒂难以置信的地步。例如：

监视记录，1954年8月27日：

上午10点05分，[马顿]身穿黑灰色条纹西装[我记得是他最喜欢的泡泡纱面料]和他的两个小女孩离家上车（牌照CA894），开车去阿尔克特斯街1号，我们拍摄到他走出汽车，与两个小女孩一起走进一家文具店。到了里面，他给她们买了学校用品。十分钟后，携带学校用品和两个小女孩，离开商店。

11点43分，马顿开车去捷巴德，找到一张桌子后，叫了冰淇淋，三人边吃边聊。

中午12点20分，马顿牵着小女孩们的手，步行回到车上。他们开车去瓦齐街7号，走进一家玩具店。

12点30分，牵着女儿们的手，马顿离开商店。其中一个女儿怀抱一个包裹，外面有粉红色的纸包装。

13点20分，马顿和他的两个小女孩开车去多瑙河宾馆。他们坐在宾馆花园里的桌子旁吃午餐，我们继续监视。

卡蒂感慨地写道："多亏秘密警察，很久以前的这个夏日，早被后续的戏剧性事件淹没了，现在却又恢复原状，呈现在我眼前。"

许多告密者都是被威逼的，卡蒂在记叙他们时，没有怨恨，也没有道德谴责。她的父母也能理解一些告密者的处境，甚至同情他们，并帮助他们完成组织上交代的告密任务。卡蒂回忆道："我记得面色苍白的乡下女孩向我父母含泪承认，只有答应做告密工作，才能继续为我们打扫或烹饪。来自特兰西瓦尼亚地区的埃陶，陪伴我们数月就选择了回家；随后是泰雷兹，度过一段紧张时期后也返回自己的村庄。我父母竭尽所能想让她们放心，劝她们留下来。一名打扫卫生的女子要求我缺少艺术细胞的母亲，为秘密警察画一幅公寓平面图，罗列每一件家具；还有一名女子，被要求收集我们拆信后扔掉的信封。这似乎尤其浪费时间，因为我们所有的邮件，早已经受过审查官的检视。父亲经常为她们草拟要交给秘密警察的报告。"

还有一位叫豪洛希·梅琳达的朋友，她是马顿先生的秘书，她的未婚夫叫豪洛希·贝拉，是一位在德国纳粹时期保护过马顿的老朋友。秘密警察胁迫梅琳达监视并汇报马顿家的情况，威胁说，如果梅琳达不汇报马顿在每周桥牌聚会中的闲谈内容，就要逮捕贝拉。他们命令她不准透露此事。但她一回家，就把这件事告诉了马顿夫妇。马顿先生说，为了不让你们为难，我们可以不来。可是，贝拉说，秘密警察可不蠢，他们马上就会知道真相，梅琳达也会有危险。于是，马顿先生说："好吧，我们继续来，并带上我们一周活动的报告，让梅琳达照此汇报。"卡蒂记叙道,"因此,每星期打桥牌前,父亲拿出关于他和母亲的打字报告,梅琳达用笔抄下,然后再把原件烧掉。(我真佩服父亲,他一定很忙,因为他同时要为秘密警察、美联社、合众社三家写稿。)梅琳达记得,殷勤的父亲还负责她每周去'安全房'的计程车费,而秘密警察只允许公交车的报销"。

像这样的细节展现了当时匈牙利人日常生活的真实图景。人们生活在恐惧之中,常常不得不违背自己的良心,出卖朋友,充当秘密警察的走狗和帮凶。但是,《布达佩斯往事》所展现的人性图景并不是悲观绝望、犬儒主义的。它让我们既看到人性中的阴暗部分,也看到人性中善良的一面;既看到极权环境力量对人性的扭曲和摧残,也看到不向它屈服的可能和抵抗它的希望。正因为这种环境力量十分强大,不向它屈服的人和对它进行抵抗的行为才更加难能可贵,也形成了一种与一般意义不同的勇敢。这种勇敢可能与理想化、浪漫化的"无畏无惧"相去甚远,它不是从来不曾软弱,不是从来不曾因迷茫而失去清醒的判断,也不是从来没有逃避的意愿和幻想,而是在几乎所有人都当告密者的时候,守住最后的道德底线,那就是,不出卖,不背叛,不当告密者。这正是卡蒂在阅读她父母档案中在他们身上了解到的那种勇敢。

三、极权统治下的"勇敢"和"人性"

卡蒂是一个在极权统治下长大的孩子。她说,"我们是政治化了的孩子","在这种国家长大的孩子很早就懂得,与国家权力相比,她,甚至她的父母,都是微不足道的。不管父母多卓越、多机智、多有魅力——我父母就是如此——到头来只是掌中的玩物"。卡蒂是怀着忐忑不安的心情决定阅读她父母的档案的。既然每个人都可能在这样的环境中背弃自我、丧失良心，那么，自己的父母也是如此，又会有什么好奇怪的呢？

匈牙利秘密警察档案部门的主管库特鲁茨·卡塔琳博士向准备前去阅读档案的卡蒂几乎带有温情地建议："这次，你如果能单独来，会更好。"这让卡蒂觉得不安，她彻夜未眠。她会在档案里看到自己怎样的父母呢？她担心、忧虑和害怕，是有理由的，"前不久，一位备受推崇的匈牙利作家获得他父亲的档案，旋即发现一连串令人惊叹的阴谋和背叛，有的甚至来自家人"。卡蒂申请要看父母的秘密档案，秘密警察的首席历史学家提醒她，这是在冒"打开潘多拉魔盒"的风险。卡蒂也知道，一旦打开父母的档案，也许就会看到他们"某种妥协或叛变的证据，从而永远打碎父母的形象"，"这风险是实实在在的。从君特·格拉斯到米兰·昆德拉，盖世太保和克格勃的秘密档案已陆续披露出长达半个世纪的背叛。我理解，为什么这么多的人不愿直面过去；他们对我说：让睡着的狗躺着吧，不要自找麻烦"。

卡蒂确实在档案里看到了许多她父母从来没有告诉她，也不愿意让她知道的事情，包括他们在被捕前就已经出现的婚姻裂痕。她也看到了自己一向尊敬和崇拜的父亲如何在监狱里进退失据、落寞彷徨、唾面自干、检讨认罪、软弱屈服、绝望放弃，甚至准备结束自己的生命。她母亲也同样"招认"为美国人刺探情报，"母亲左右摇摆，一方面极想救她丈夫，另一方面又对他深怀愤恨，将我们所受的苦难都怪罪于他。她告诉牢房难友：'我丈夫忘记了自己是一位父亲，盲目为美国人服务，把我也拖下水'"。卡蒂更在乎的还是父亲，他是个体面、矜持、自尊心和荣誉感很强的人，但是，在权力的威逼下，为了保全妻女，他最后还是不得不屈服了。人对权力恭敬顺从、没有自尊、羞耻心尽失，是因为受辱和恐惧。社会名流、教授、学者莫不如此，这样的事情至今还在有的国家发生。然而，卡蒂的父亲毕竟是一位与众不同的人物，因为他守住了极权统治下一个正直的人所能坚守的最后的道德底线，那就是：无论如何也不对他人落井下石；就算在最绝望的时候也不能掘泥扬波、为虎作伥；在任何情况下都不当施害者的帮凶，不助纣为虐，不做告密者。

卡蒂的父亲有过在反纳粹抵抗运动中的经历，这是她从档案里，而不是从她父母那里得知的。她写道："爸爸为何不告诉我们他在黑暗岁月中不寻常的英勇事迹？秘密警察档案告诉我，他不仅躲避了盖世太保和箭十字党，还在小规模的反纳粹抵抗行动中扮演着活跃角色。他自愿护送潜伏在匈牙利的法国军官到斯洛伐克，去组织反纳粹的武装起义，这可是一项非常危险的任务。根据档案，抵抗运动中一个著名领袖被人发现离开我父母在布达的藏匿之处，迫使父母赶在盖世太保之前一步迅速逃逸。父亲是一名战争英雄？我一点都不知道，因为父母从没谈起这样的事。"就是这样一位"英雄"，在秘密警察的监狱里，最后也是"筋疲力尽"、"心胆俱裂"。父母没有告诉卡蒂过去的"英雄经历"，是不是因为他们自己的监狱经历让他们看穿了"英雄"？

许多经历了敌人枪炮甚至酷刑考验的"英雄"都在秘密警察的监狱里变成了懦夫和厌世者，或者更糟，变成了邪恶迫害的帮凶和辩护士。美国社会心理学家菲利普·津巴多（Philip Zimbardo）在《路西法效应：好人是如何变成恶魔的》一书里向世人发出警告，人类有着本质的黑暗面，极权统治诱发和利用人性的黑暗面，完全侵蚀掉人类美好、高尚的一面，让几乎每一个人都随时可能充当恶势力的附庸和作恶机器。津巴多称之为"情境作恶"。就算不直接作恶，作恶情境对人的心智、良心和道德判断的控制也能造成严重而长远的伤害。人在作恶情境下的软弱、动摇、放弃、顺从，用津巴多的话来说，"就像诗人弥尔顿所说的'看得见的黑暗'，带领我们看清邪恶，借由对于邪恶的定义，衍生出许多意义。许多曾对他人犯下恶行的人，通常是意志坚强、有最佳意识形态与道德的遵从者。人们被警告要小心路上的坏人，但这些坏人往往平庸一如邻人"。*《布达佩斯往事》一书中，马顿一家的生活世界里有太多平庸一如邻人的告密者，尽管马顿夫妇没有堕落到这个地步，但是，在他们身上，邪恶还是发生了作用，衍生出许多值得读者思考的意义。

在任何一个与《布达佩斯往事》类似的政治和社会环境里，都不可能存在能够独自对抗极权邪恶的英雄，因为人性之中本来就有足以供极权统治控制和利用的私欲和软弱。弥尔顿在《失乐园》里写道，"心灵拥有其自我栖息之地，在其中可能创造出地狱中的天堂，也可能创造出天堂中的地狱"；帕斯卡（Blaise Pascal）说，人一半是天使，一半是魔鬼。这两位伟大的思想家从神学对人性两面性的洞见再深刻，也不可能预见 20 世纪那种史无前例的极权统治。这种统治以政治制度的力量迫使人心灵失控、服从残暴、自我怀疑和放弃选择自由。这也是一种迫使每个人放弃抵抗的致命的制度力量。秘密警察的审讯报告里说，马顿先生告诉牢房难友（一名告密者），"我不认为，我的神经还能坚持下去"，"审讯者很快就获悉此事。父亲三天后凄惨地说：'他们告诉我，他们必须把我所有的英

---

* 菲利普·津巴多：《路西法效应：好人是如何变成恶魔的》，孙佩妏、陈雅馨译，生活·读书·新知三联书店，2010 年，第 19 页。

文稿件都译成匈牙利文,这永远都不会有尽头!'牢房难友汇报,'当时,他扑倒在小床上,忍不住抽泣……伤心透底,他的抽泣声持续了十五分钟'"。这时候,那个曾英勇抵抗过纳粹的马顿先生已经彻底精神崩溃了,用卡蒂的话来说:"分明出自一名已身处悬崖边的人,愿意放弃自己最珍贵的:他的家庭。……为了证明爱和无私,他却要敦促妻子和小孩逃离,把自己彻底遗忘。"

卡蒂在叙述这段往事时说:"我读这份审讯报告时,父亲已去世两年。我俩都喜爱拉赫玛尼诺夫的第二钢琴协奏曲。他对此的一句评语,现在以全新的意义在我脑海重现。爸爸有一次说:'对我来说,这是男人哭泣的声音。'我那时很是惊讶,从不哭泣的他怎会知道。现在我想,我终于明白了他的意思。"苦难,个人的苦难和群体的苦难都可以对他们自己和后代有救赎的作用。在马顿夫妇双双被捕之前,他们的婚姻已经濒临破裂的边缘,反倒是一场牢狱之灾让他们更好地认识了彼此,重新爱上彼此,直到生命结束,"监狱把他们带至人生低谷——父亲已到自杀的边缘——又把他们捏成一体"。这种统治下的恐惧、屈辱、压抑和绝望,这样的苦难让熬过来的和还未熬过来的人们都更加期待一个能让所有人自由、平等、有尊严的生活世界,也更加期待一种人与人能够彼此信任,而不是相互背叛、出卖的生存方式。这种期待中包含着对人类未来的希望,《布达佩斯往事》之所以感人,正是因为它传递了这样的希望讯息。

中文版自序
送给我的中国读者

我的回忆录译成中文，在一个引起我独特共鸣的国家中与读者见面，这深深打动了我的心。我第一次来到中国，是在1973年秋天。其时，我刚刚大学毕业，来华拍摄费城交响乐团访华纪录片，那是二次世界大战后美中之间第一次重大的文化交流。这次历史性的访问，让有幸躬逢其盛的我们大开眼界，认知大为改观。当然，那时的中国是个完全不同的国度，美中人民的相互隔绝已有二十多年。我观察（并拍摄）到，在共通的音乐语言面前，我们之间的差异——语言、文化、政治和地理——几天之内就涣然冰释了。美国的音乐家和三名新闻人，中国东道主，以及每晚来聆听贝多芬、莫扎特和海顿的美妙乐声的数百名中国观众，即使没有言语往来，也已获得了大量沟通。很简单，在被迫的多年隔绝之后，双方都燃起了重新交往的热望。这一次旅行从来没有在我的记忆中消失，也彻底改变了我的职业轨迹。我当即就下定决心，当一名驻外记者：从摄像机的背后，来观看尽可能多的世界；在人类大家庭的遥远成员中，交上尽可能多的朋友。我还承诺有朝一日会回来，对中国做进一步的探索。

我在1999年兑现了这一承诺，陪伴丈夫理查德·霍尔布鲁克（Richard Holbrooke）——时任美国驻联合国大使——对中国做正式访问。理查德在自己外交生涯的初期就有改善美中关系的激情，从1970年代起，又在华盛顿和北京的和解中发挥关键作用。与我丈夫一起走进中国的外交部大楼，是另一次难以忘怀的经历。许多高级官员从办公室里涌出，口中高叫"迪克！"（他的昵称），与他拥抱相贺，像大学同学重聚时一样。在过去三十年中，这些人与我丈夫一起，努力克服历史和政治上的分歧，使美中人民走得更近。这一次，他们又有机会在一起并肩工作，为此而感到兴奋。理查德一直对外交事务情有独钟——在特定时间内与一名对手折冲樽俎——尤其是美中外交，他对中国怀有深深的依恋。

我眼前的一大喜悦是，随着我的回忆录在中国出版，我似乎又重新回到中国。这虽是我自己的故事，但也是经历过冷战特定时期的数十万人的普遍遭遇，前车之鉴，值得铭记。

我的童年结束于六岁，其时，匈牙利秘密警察将我父母从我身边夺走（这是孩子的直观感受）。那是1950年代，冷战冻结了莫斯科和华盛顿之间的关系，个人和家庭——父母和我——都变得微不足道。我将近两年看不到父亲，整整一年看不到母亲——非常漫长的一年。他们被指控和定罪为美国间谍，关在看守最严密的监狱中，无法看到彼此和他们的女儿。他们的真正"罪行"，其实不是偷窃情报，而是做了尽职的好记者——诚实无畏地报道日常发生的真实事件。当时有太多的坏消息——政治和经济上的肆意迫害——父母被认作危险分子，即国家的敌人。然而，他们是骄傲的匈牙利人，热爱自己的祖国，从来没有想去他国避难。（父亲认为，以匈牙利

中文版自序　送给我的中国读者　　　　　　　　　　　　　　　　xix

语来上演莎士比亚戏剧，会更精彩！）他们还坚信，如果害怕人民的不同意见，如果视异议为犯罪行为，如果将不赞同高官的人打入监狱，一个国家就不能自称是伟大的。

《布达佩斯往事》涉及国家发起的残酷。为了征服我父母，匈牙利当局故意封锁他们两名幼女的任何信息（父母被捕前不久，祖父母突然获得去澳大利亚与我叔叔团聚的移民许可，从而确保我们姐妹孤苦伶仃）。甚至在监狱里，父母都无法享有内心深处的思维或情感。父亲的牢房难友／告密者汇报："[马顿]说他已不抱希望，他对孩子们的处境一无所知……在审判时，他将使用最后的发言机会来保护妻子，希望给她的案件提供转机。对自己的案件，他则不存丁点的奢望。"

当我父母在十年前先后去世时，强加于我们过往经历的禁忌终于解除。我回到自己的故国，直奔那个黑暗时代的心脏——匈牙利秘密警察的档案。所找到的监视记录触目惊心，几近全方位，这促成了这本回忆录的问世。我父母不会喜欢这本书，因为它袒露了他们最为隐私的秘密。但这是一个国家的所作所为，他们是在收集不利于我父母的证据，而我是在寻找真相。在这过程中，我翻译了数千页监视记录：当父母以为自己"自由自在"时，他们的每一通电话和信件，其实都在受严密的监视。我在这个研究过程中，真正认识了父母：不再是我儿时推崇的高大人物，而成了有血有肉的普通人——既有缺点又有失败——犹如我们每一个人。我现在觉得，自己离他们更近了。例如我了解到，超脱、矜持、不动声色的父亲，其实是非常关爱自己女儿的——在开学的第一天，他因为不知道我们能否上学，而在牢房中向隅而泣。事实上，我曾考虑过将此书献给匈牙利秘密警察，以感谢他们巨细无遗的监视，让我真正认识了自己的父母。理查德提出明智的反对，他担心有些读者可能会误读其中的讽刺。

那是一个可怕的年代，我们姐妹与雇来照看我们的陌生人同住，没人提及我们的父母，好像他们从人间蒸发了。小孩子是富有韧性的生物，会在意想不到的地方找到爱，我就在那两年中转向了宗教。一名天主教修女，当时只能被叫作"阿姨"，不得穿修女袍、戴十字架，却向我传授了教义问答，以及对圣母玛利亚的祷告。我一整天咕哝这样的祷告，希望受到不公正囚禁的犯人（如此之多！）能得到佑护。等到父母终于出狱，我反而有点失望，因为他们并没有对我的祷告表示感谢。一旦我们抵达美国，当地人星期日都去教堂，宗教失去禁果的魅力，我也就变得兴趣索然。

尽管有一个皆大欢喜的结局——我家有机会在美国开创新生活——但幼时被迫与父母分离，却在我身上留下了深刻的烙印。我讨厌例行的告别，无法克服自己取悦于他人的难民心态，亟欲证明自己无愧于美国的热情好客。流亡不是自然状态，孩子应在自己的国家长大；周遭的人不但知道如何叫出小孩的名字，而且熟悉小孩的家族轶事。

众多的秘密在读者面前暴露无遗，对此，父母可能不尽满意；但我认为，他们最终还是会准许的。在《布达佩斯往事》中，父母是20世纪人类最糟糕的试验中的英勇幸存者。写出他们的故事，又让中国读者获悉这一切，我希望为确保那些黑暗日子的一去不复返，略尽自己的一份绵薄之力。

卡蒂·马顿
美国纽约，2015年8月15日

献给妈妈和爸爸

是他们引领我们踏上了我们的旅程

同样献给理查德

目 录

导　读　见证冷战历史的家庭故事 / 徐贲 i
中文版自序　送给我的中国读者 xvii

引　言 001
第一章　从热战到冷战 009
第二章　幸福的童年 037
第三章　妈妈和爸爸 053
第四章　美国人 061
第五章　罪上加罪 071
第六章　缓　刑 083
第七章　童年的终止 097
第八章　囚　犯 103
第九章　我们仨 117
第十章　可怕的夏天 133

第十一章　父亲的屈服	149
第十二章　我们的新家庭	161
第十三章　父母的审判	171
第十四章　大洋彼岸	183
第十五章　重　聚	191
第十六章　革　命	207
第十七章　美　国	229
第十八章　"花"	241
第十九章　往返布达佩斯	251
第二十章　又一惊奇	265
尾　声	271
致　谢	279

引 言

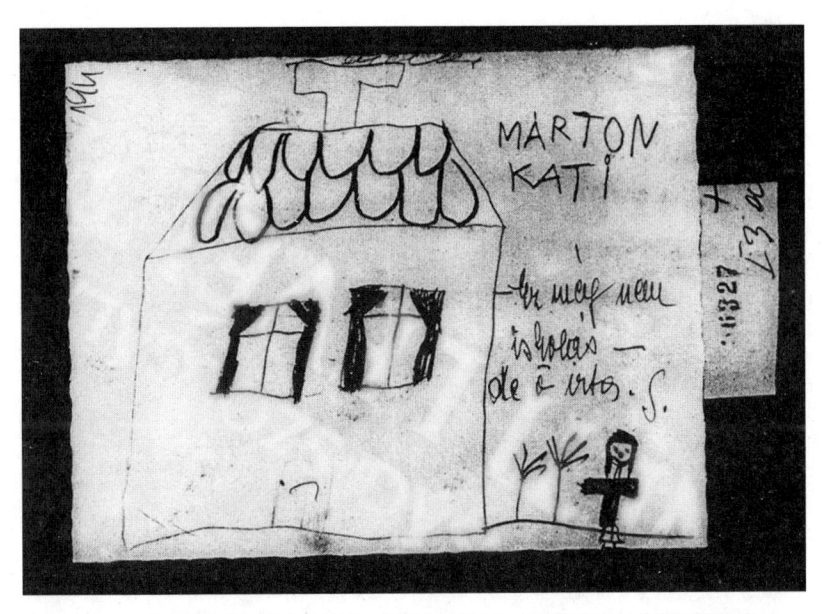

我儿时的画,却在秘密警察档案中找到。祖母在旁补注:"卡蒂所画,还没上学呢!"

"这次,你如果能单独来,会更好。"匈牙利秘密警察档案部门的主管库特鲁茨·卡塔琳(Katalin Kutrucz)[*]博士在电话中如此建议。上次见面是一位精通此道的律师朋友陪我一起去的。当时,库特鲁茨博士办事一本正经,说话简短冷淡,不露一丝温情。我猜想,老式官僚的她只是在例行公事。匈牙利共产党谢幕后的新法律,使我有权利浏览父母的秘密档案。现在她的声音听起来不同,变得更有人情味,更具同情心。这全新的语调,使我不禁忧虑起来。

前不久,一位备受推崇的匈牙利作家获得他父亲的档案,旋即发现一连串令人惊叹的阴谋和背叛,有的甚至来自家人。我首次申请要看父母的秘密档案时,秘密警察的首席历史学家便警告:我是在"打开潘多拉魔盒"。但我渴望了解关于父母的真相,还有我和姐姐幼时——那遥远的冷战岁月——在布达佩斯生活的实情。父母掩饰了家史的大部分——虽然父亲是当时著名的新闻人,因报道1956年的"匈牙利革命"而赢得奖项和认可。父亲会说:"你是个美国人,永远都不会理解法西斯和匈牙利当局统治下的生活。"

那天晚上我睡得很不踏实。我最害怕的是什么呢?应是某种妥协或叛变的证据,从而永远打碎父母的形象,这风险是实实在在的。

---

[*] 匈牙利人名与中文类似,姓在前,名在后。如库特鲁茨为姓,卡塔琳为名。本书出现的译名均按匈牙利姓名顺序。——编注

从君特·格拉斯*到米兰·昆德拉†，盖世太保和克格勃的秘密档案已陆续披露出长达半个世纪的背叛。我理解，为什么这么多的人不愿直面过去；他们对我说：让睡着的狗躺着吧，不要自找麻烦。但我要真相，即便它会令人痛苦不堪。

部门主管变更的语调，使我彻夜未眠。第二天，眼睛仍在焦虑中烧灼，我爬上一栋意大利文艺复兴式建筑物的壮观楼梯。这栋建筑是1946年匈牙利秘密警察的诞生地，也是国家恐怖中某些最卑鄙罪行的现场。到了1950年，它已无法容纳数以千计身着制服或便衣的工作人员，以及他们手下的渗透于同胞生活每一角落的告密网。于是，秘密警察在雅致的安德拉斯街附近征用其他上等房产，只不过当年那条街的名字还是斯大林大街。今天，这栋文艺复兴式建筑物的顶上，飘扬着蓝、金两色的欧盟旗帜，与之合占一个街区的是两个健身温泉疗养所。

库特鲁茨·卡塔琳博士是一个偏矮、高度紧张、忙忙碌碌的女人，身穿人造纤维的长裤洋装，脚蹬像是爽健牌（Dr. Scholl's）的露趾鞋，穿在里面的袜子清晰可见。她把我带进一个椭圆形的房间——高高的天花板、精细繁复的装饰条，像是一个适宜举办小型音乐晚会的场所。我们在一张仿木桌子边坐下，她眼神忽闪忽闪地说："我

---

* 君特·格拉斯（Günter Grass，1927年10月16日—2015年4月13日），德国人，生于但泽利伯维尔（今日波兰的格但斯克），1999年获诺贝尔文学奖，最著名作品《铁皮鼓》是欧洲魔幻现实主义的代表作品；因在2006年出版的自传回忆录《剥洋葱》中披露自己曾是纳粹党卫队的成员而引起广泛争议。——译注

† 米兰·昆德拉（Milan Kundera，1929年4月1日— ），捷克裔法国作家，出生于捷克的布尔诺，1975年移居法国，1981年加入法国国籍，著名作品包括《生命中不能承受之轻》、《玩笑》等。——译注

们发现，你要的档案是我们的大部头档案之一。"我应该感到骄傲吗？穿白外套的职员们用购物车搬来我父母的档案，受惊之余，我如饥似渴地一头栽入这小山般的文件堆。库特鲁茨博士面无笑容，但称我为"卡蒂卡"（Katika）——我名字的匈牙利昵称，这徒增了我心灵的颤抖。

父母向匈牙利当局挑战，顽强勇敢地承当铁幕后硕果仅存的独立新闻人，直到被逮捕、审判和定罪为美国中央情报局的间谍，这一直是我们的家庭身份的核心。1955年2月25日的凌晨2点，在美国公使馆武官家里打完桥牌，父亲遭到匈牙利六名秘密警察的劫捕。他的被捕成了《纽约时报》的头版新闻。四个月后，秘密警察又找上母亲。将近一年后，1956年1月，《纽约时报》在另一篇头版新闻中报道："美联社驻共产党治下匈牙利的通讯记者安德烈·马顿，因间谍罪被判六年监禁。他的妻子——为合众社工作的伊洛娜（Ilona），被判三年徒刑……马顿家有两个年幼的女儿，卡蒂和朱莉（Juli）。"随文附有一张照片，就是这对英俊优雅的夫妇和他们微笑着的女儿。这张照片摄于变动之前，是我们最后一次在匈牙利欢度圣诞节；它展现了一个幸福家庭，自给自足，看上去坚不可破。这虽是我在新闻报刊上初次亮相，不过我自己读到这个故事，还要等到数十年之后。

父母喜欢向前看，有选择地回眸往事。父亲生命快到终点时，自由、民主的新匈牙利让它的外交部长向他颁发匈牙利的最高文职奖。父亲自己没来纽约，委托我代领。那晚，外交部长让我大吃一惊，因为他还带来匈牙利秘密警察关于父亲的一大袋资料。父亲从没打开那个档案袋，实在是不堪回首。对他而言，历史真是重荷如山——至少他自己的历史如此；对我而言，却是探索的出发点。

有人说童年是一块异地他乡，对我来说尤其如此。我从小被迫离开熟悉的家乡，搬到一个没人知道如何叫出我名字的国度。父母去世后——母亲死于2004年，父亲在一年之后跟着离世——我变得情不自禁，一心想弄清当初在故国父母和我们姐妹到底遇到了什么。我人生中的布达佩斯岁月，是我们一家人最为相亲相爱、最为团结的时候，之后的任何阶段都无法与之相比。部分原因是当时的外部世界充满敌意，父母和我们姐妹因此抱成一团。一旦安居在美国，我们每人都追求着自己的理想，家人关系不可避免地变得松散起来。我们都顺利走出新移民的困境，但很奇妙，我仍向往那段身处危险和痛苦之中却又休戚与共的岁月。我怀念家人在布达佩斯的那种亲密无间。

在这种国家长大的孩子很早就懂得，与国家权力相比，她，甚至她的父母，都是微不足道的。不管父母多卓越、多机智、多有魅力——我父母就是如此——到头来只是掌中的玩物。在这块土地上，一个孩子是没有权利的，甚至没有拥有父母的权利。因此当我父母被人夺走时——在孩子的眼中，他们是"从我身边被夺走的"——这一离别不仅影响他们，更在我的身上打上永久烙印。我要打开这些档案，抚平这一创伤。

随着档案吐出的一个又一个秘密，我被另一种困惑攫住：父母为何要承担这么大的风险？冷战期间，大多数匈牙利人特意穿街过巷、绕道而行，为的是避免让人看到自己在跟美国人打招呼，而我父母最好的朋友都是美国外交官和新闻人。我认识的每一个匈牙利成年人都学会了窃窃耳语，而我父母却在响亮地发表意见。其时，匈牙利大约有两千辆私人汽车，而我家却开上一辆白色敞篷的斯图贝克美国车！太招摇太显眼了，好比我们是在乘坐一枚火箭。

所以几年后，当匈牙利政府颁予我同样的最高文职奖时，我便返回布达佩斯，来到这栋庄严而又恐怖的文艺复兴式建筑，填写必不可少的表格。持续几个月，我都在纽约焦虑等待这些档案的主管人库特鲁茨·卡塔琳的召唤。

现在，卡塔琳鼓励我直呼其名。她不时沾湿手指，快速翻阅我家的数百页档案，她太熟悉里面的内容了。随着纸张的翻飞，我童年时熟悉的名字逐一跳出。很多名字带有引号，表示只是告密者的代号。卡塔琳领会我的思路，耸耸肩说："不管你父母信任他们与否，你们生活圈里的人都在告密。那时就是这样。"我翻阅代号"加什帕尔"（Gaspar）的一系列报告时，为我们姐妹名字的频频出现而感到吃惊。我不想让这些报告瞬间消失于成千上万的文件中，赶紧按住她的手："请等等。"她停顿片刻说："这些都是你的，可以带走，由你随意处置。"她像是在说："我们现在已是截然不同的国家！"但我等不及，这位积极的告密者"加什帕尔"究竟是谁？为什么持续不断提及两个小女孩的名字？卡塔琳紧紧抿住嘴唇说："嗯，我不能告诉你告密者的真实姓名。不过我可以告诉你：代号往往与真实姓名有一定的关联。"加什帕尔，当然啰，那就是我们的法国保姆加布丽埃勒（Gabrielle）！以这份档案的贡献看，她真是个热心的告密者。愤怒之余，我还感受到了一丝慰藉——我一直就不喜欢她。我和她的敌意是相互的，我至今仿佛还能听到她高跟鞋的嗒嗒声响。她每天早上来我床头卷百叶窗，总是发出最大的"咔哒咔哒"的声音；还有她严厉的尖叫："*Levez-vous, mes enfants!*"（"起来吧——你们，我的孩子们！"）难怪她总是匆匆忙忙的，原来她肩

我两岁或三岁时的照片,是我在秘密警察档案中找到的。

上有更重要的任务。

我们姐妹的手绘图从另一个档案袋中掉落:一栋烟囱冒着烟的房子,前面有一些硕大如人的鸟儿在逛街;另外一幅上,一长排蜗牛正在爬一座小山,旁边的题词是"Mamikanak"("献给妈妈")。还有一幅简易的线条人物图,我一眼就认出来了,其边缘还有奶奶的笔迹——"卡蒂所画,还没上学呢!"更教人胆战心惊的是父母在街头的照片,显然是用长焦镜头偷拍的。我感到震惊,尽管是偷拍,照片上的父亲仍像旗杆一样笔直挺拔,脸容泰然,表情深不可测。他侥幸从纳粹的魔掌中死里逃生,却又一次陷入输家的行列,只好以犹如盔甲的镇定自若来面对凶险的外界。但要对付一个竟连他孩子的手绘图都要收集的国家,任何盔甲都是无济于事的。

我的向导在加快速度。一份新档案,封面上有个粗体字母"B",我知道那个"B"字代表秘密警察的"告密者招募"。"伊祖契"(Izorche)是这份档案上的代号。"那个,我可以告诉你,是你父亲的代号。"我的嘴唇干涩得说不出话来。她竟敢做如此暗示！难道这就是她变换语调聊表同情、劝我单独来访的原因！父亲的"告密者招募"档案中，最后一份报告的日期是1967年，这不可能！——1967年，我们已在美国，我们是安全的，至少我是这样想的。

这太可笑了，但我不想与她争辩。父母在匈牙利时，极力抵抗无所不在、无所不能的秘密警察；等他们安全抵达美国后，秘密警察怎么又异想天开，竟把他们当作"告密者招募"的对象？

卡塔琳合上最后一份档案，转向我说："这些都是你的了。"她像一名惯于宣布噩耗的医生，脸上浮起久经锻炼的同情，警告说："但不要评判他们，只能评判这个制度。"她拿起一张从档案袋里掉出的照片，上面是一个三四岁的鬈发小孩，系着蝴蝶和樱桃图案的围兜，手边一把勺子。我认出，这个胖乎乎、一脸认真、不露笑容的小孩，就是幼时的自己。首席历史学家的警告又在我脑中响起："你是在打开潘多拉魔盒。"

第一章　从热战到冷战

我的父母，安德烈·马顿和伊洛娜·马顿，站在巴黎凡尔赛宫前。这是他们在匈牙利当局1948年停发护照之前最后一次出国。

小孩不可能完全认识父母。父母在我们幼童眼中恰似庞然大物，之后慢慢缩水，到了我们青春期和成年初期，往往变得讨厌，最终又作为凡人出现。匈牙利秘密警察的档案，却在父母去世后以出乎意料的方式，打破了这一正常顺序。成千上万页的文件，记载了对父母的监视、逮捕和审讯，以及对他们幸存的朋友的调查讯问。它们揭示出，父母的错综复杂远远超出我的想象。

颇具讽刺意味的是：我获得一个进入父母的宝贵窗口，竟归功于20世纪最残忍的机构——匈牙利秘密警察。我不是说我得感谢秘密警察——他们盘剥父亲直达他情感的核心，逼迫他透露对母亲的真心感受。然而，档案将当初的情景保存得那么翔真、那么生动，以至没有一种回忆或日记可以与之相比。

我记得父亲是个温文尔雅的人，喜欢抽烟斗，在各种场合都显得超然自逸，游刃有余。但在事实上，他有时又会不顾一切。表面上，他冷眼旁观，超脱矜持，实际上却并非如此。（他喜欢说："对我来说，事情发生得很自然，朋友、工作和机会，全都是自己找上了我。我在生活中，从不需要做出特别的努力。"）装扮成随遇而安是保护自己的精神疗法；摆出一副满不在乎的样子，你也许就真的不在乎了。

父亲在奥匈帝国的末期出生。其时，弗兰茨·约瑟夫[*]仍是让人宽慰的皇帝，他红彤彤的脸颊上蓄有庞大的腮须。在布达佩斯的黄金时代，我的祖父母发达起来。那是19世纪的最后三十年，自

---

[*] 弗兰茨·约瑟夫（Franz Joseph I，1830年8月18日—1916年11月21日），奥地利皇帝兼匈牙利国王，奥匈帝国的缔造者和第一位皇帝（1867—1916年在位）。——译注

第一章　从热战到冷战

由价值和包容精神相对流行，犹太人能获得全部权利——至少在书面上是如此规定的。祖父母并不隐瞒自己的犹太出身（像许多人一样，他们只是在20世纪初将自己的德国名字匈牙利化了。他们觉得，当了匈牙利人就该有匈牙利的名字），但不是虔诚的教徒。他们在欧洲各国的首都、在温泉和滑雪胜地都能感到舒适自在，但最喜爱的还是多瑙河旁的布达佩斯。这座城市的繁荣，与他们的财富、地位和安全紧密相连。他们的布达佩斯是奥匈帝国第二大城——仅次于维也纳，洋溢着第二帝国时期巴黎的气氛，也同样拥有巴黎的宏大抱负。对我父母和祖父母来说，威尼斯——还有其壮观的宾馆——是西方文明的最高荣耀。前不久，奥匈帝国的军队没经太多战斗就占领了奥斯曼帝国的一个省，名叫波斯尼亚，但是其首府萨拉热窝大街上的一声枪响，将改变历史的进程和我家的传奇故事。

父亲身处20世纪，但他被遵照19世纪的方式抚养长大，犹如托马斯·曼*《布登勃洛克一家：一个家族的衰落》中的人物。第一次世界大战已经把该作品中的舒适世界和相关礼仪打得粉碎。等到父亲成年，海军总司令霍尔蒂·米克洛什[†]的铁腕政权正在收缩

---

*　托马斯·曼（Thomas Mann，1875年6月6日—1955年8月12日），德国作家，《布登勃洛克一家：一个家族的衰落》为其代表作；1929年获诺贝尔文学奖；1938年2月21日逃避纳粹德国到达纽约，发表"我在哪里，哪里就是德国"的名言。——译注

†　霍尔蒂·米克洛什（Miklós Horthy，1868年6月18日—1957年2月9日），匈牙利军人、政治家。第一次世界大战时因击溃意大利海军而驰名，1918年任奥匈帝国海军总司令，1919年率军队驱逐库恩·贝拉（Béla Kun）为首的共产政权，1920年成为匈牙利王国摄政，开始其对匈牙利的统治。"二战"前期，他与希特勒合作，匈牙利加入轴心国阵营；1944年10月，匈牙利退出轴心国阵营，之后霍尔蒂遭党卫军捕获、软禁；德国投降后被美军逮捕，后获释。1949年移居葡萄牙，生前再未踏入匈牙利。——译注

仍是翩翩美少年的父亲。第一次世界大战后的若干年,布达佩斯仍是开放、繁荣和宽容的社会,马顿家族属于兴旺的中产阶级上层。

已被同化的犹太人的机会。对将临的狂热乌托邦年代,父亲毫无准备。

父亲的老朋友和旧日的击剑伙伴佐德·费伦茨(Ferenc Zold),六十年后还能清晰记得:"他的容貌、仪态、性格以及广泛的兴趣,使他获得周遭他人的尊敬。在击剑俱乐部里,我们都叫他'我的勋爵',因为他如此强烈地推崇英国。你父亲的亲英,属于那种理想化但已不切实际的版本。大家接受他的这一倾向,并为此而迁就他。他在自己投入的一切领域——学习外语、博士研究、剑术等——都好胜要强。他之所以受欢迎是因为一向乐于助人。我记得,我们要给在欧洲击剑运动会上遇到的女孩子写情书,就要麻烦到他,他可随意运用三种语言。至于他自己的恋情,你父亲却又相当谨慎。"

我现在知道,他是个充满矛盾的人,自傲几达傲慢的地步。他是个专注而忠诚的丈夫和父亲,却不大愿表露自己的情感。他的犹太出身使他在自己的祖国遍遭歧视,但他又是个满腔热忱的爱国者。

父亲的标准姿态——永远优雅，1940年代后期。

父亲坚持认为，莎士比亚的剧作译成匈牙利文后变得更美。他十八岁时响应征兵号召，尽管体格健壮，又是击剑比赛的获奖者，却由于犹太出身而被认为"不适合"。父亲心怀抱负，颇为聪慧，严于律己，又仪表堂堂。相貌在历史上某段时期是非常重要的，生死存亡就取决于你是否长得符合规范。他生来勇敢，执意凭借自己的勤奋和敏捷，在高山滑雪和击剑的比赛中给人留下深刻印象。如此骄傲的男人，却要时时面对社会的回避和歧视，这一定造就了很多强忍的愤怒。我还不能完全诠释父亲对勉强继承下的犹太出身的复杂心态，更弄不懂他偶尔做出的鲁莽的冒险，有时还会陷家人于危险之中——正如秘密警察档案所显示的。

击剑——一项贵族的运动，起源于决斗和英勇——是父亲宣泄自己的一种方式。他赢得过布达佩斯高级中学击剑锦标赛，当时他的照片还曾张贴在学校的大厅。到大学里，他的剑术又找到了新的用途。数年后他告诉自己的孩子："大学里每年都有一次反犹游行，一次持续好几天。我把受惊吓、遭暴徒追逐的犹太姑娘和小伙拉进我的办公室（他是博士候选人），然后向暴徒的带头人挑战，以决斗来定输赢。"他微笑着回忆："赢的当然是我。"

那种骄傲是他终生的护盾，却也妨碍了他对自己的清醒认识。在这一点上，秘密警察档案倒是看得一清二楚：反犹主义造就了父亲一生的选择。尽管他有傲人的学习成绩，但由于匈牙利对犹太学生声名狼藉的"总数限制"，法律学院仍不予录取。他跟同样是犹太背景的母亲结婚，当然是因为爱；但还有许多女孩子，他是无法迎娶的。到了晚年，他向孩子们解释，他为何要戴一枚刻有奥地利伯爵夫人家徽的戒指。"由于婚姻已属不可能，在最终劝服她回老家维也纳时，我只得发誓我会一直戴着它。当时，德国已在希特勒的统治之下。"

父母在第二次世界大战的最后一年得以幸存，全靠他们的要强、足智多谋和运气。其时，阿道夫·艾希曼[*]正在迅速围捕匈牙利的犹太人。在匈牙利法西斯的统治下，那些长处仍可发挥作用。蹊跷得很，每当父亲谈到"大灾难之前"的年份时，总会流露出一种奇怪的怀旧之情。应付大灾难，任何个人的主观努力都是徒劳无益的。

父亲对 1930 年代留有很多美好的回忆，这常使母亲感到恼怒，因为其时她尚未进入他的生活。这一时期是父亲"金色"的青春年华，我研究这个阶段时，也感到异常困惑。对讨厌的真相视而不见，成为爸爸赖以生存的又一精神疗法。1938 年德奥合并后，在维也纳

---

[*] 阿道夫·艾希曼（Adolf Eichmann，1906 年 3 月 19 日—1962 年 6 月 1 日），纳粹德国高官，在对犹太人大屠杀中执行"最终方案"的主要负责者，被称为"死刑执行人"。"二战"后被美军俘虏，后逃脱，流亡至阿根廷。1960 年被以色列擒获，经审判后被处以绞刑。——译注

第一章 从热战到冷战

发生的，他都视而不见。他在维也纳的那些富有修养的犹太朋友，像动物一样遭到追捕；维也纳卡琳瑟大街的商店橱窗，被用焦油涂上了"犹太商店"字样。所有这一切，他会想方设法在自己的记忆中抹去。德奥合并数天后，匈牙利的摄政和海军总司令霍尔蒂向全世界宣布，匈牙利发明了法西斯主义，早在 1920 年，匈牙利就通过了现代第一条反犹法律。霍尔蒂一派争辩，"我们必须要有人道、体面的反犹法律，这样希特勒派就不会来打扰我们"。事实上，每通过一次"体面"的反犹法律，我父母所在大学里的犹太学生便会遭到殴打。希特勒的帝国很快将匈牙利三面包围，决斗的年代迅速让位于军靴的年代。

父亲的文学英雄是兰斯洛特*、罗宾汉†、红花侠‡。他倾慕加里·库珀§，模仿弗雷德·阿斯泰尔¶的优雅。但父亲最敬畏的还是自己的地理学教授泰莱基伯爵（Count Pal Teleki），他在 1940 年初当上霍尔蒂政府的首相。"Sub pondera crescit palma"——棕榈长于险境，是泰莱基给我父亲的忠告，也是我自父亲处学到的第一句拉丁文。泰莱基属于"体面"的反犹派。他认为，只要匈牙利以自

---

* 兰斯洛特（Lancelot），亚瑟王传说中圆桌骑士团的成员，在众多法国文学作品中，被描述成亚瑟王最伟大最受信任的骑士，为亚瑟王的诸多胜利做出贡献。——译注
† 罗宾汉（Robin Hood），英国传说中劫富济贫、行侠仗义的绿林英雄，最早出现于 1227 年英国法官的案卷，意指任何逃犯或亡命之徒，14 世纪以后广泛流传于民间，后成为著名文学人物，大仲马即有作品《侠盗罗宾汉》。——译注
‡ 《红花侠》（The Scarlet Pimpernel），一部冒险侠义的小说，以法国大革命的恐怖年代为背景，作者是匈牙利裔英国作家、剧作家、艺术家艾玛·奥希兹女男爵（Baroness Emma Orczy，1865 年 9 月 23 日—1947 年 11 月 12 日）。——译注
§ 加里·库珀（Gary Cooper，1901 年 5 月 7 日—1961 年 5 月 13 日），美国著名电影演员，获两次奥斯卡最佳男主角奖和一次金球奖最佳男主角，1961 年获奥斯卡终身成就奖。——译注
¶ 弗雷德·阿斯泰尔（Fred Astaire，1899 年 5 月 10 日—1987 年 6 月 22 日），美国电影演员、舞蹈家、舞台剧演员、编舞家、歌手，1950 年获得奥斯卡终身成就奖。——译注

己的方式解决犹太"问题",希特勒就不会来横加干涉。1941年,霍尔蒂允许希特勒穿过匈牙利国境,去攻打匈牙利的同盟国南斯拉夫,事先又没有咨询泰莱基。一怒之下,泰莱基写给他老板一封慷慨激昂的抗议信,随即开枪自杀——可敬但又是无用的举措。尽管如此,父亲谈起泰莱基时总是怀着敬意,甚至充满感情。

战争的最后几个月,纳粹在匈牙利的翻版——箭十字党(Arrow Cross)经常与希特勒在布达佩斯的特使阿道夫·艾希曼携手围捕犹太人,再把他们送去多瑙河旁的枪毙执刑队。我的父母却活了下来。秘密警察档案揭示出他们得以幸存的原因:他们不断在基督徒朋友们的家中搬来搬去,从不佩戴犹太星(这一行为本身就是死罪),而且使用伪造的身份证。

父母几乎从不讨论这些,也从不告诉孩子们有关他们自己以及妈妈的父母——我的外祖父母的真相。我们在美国马里兰州贝塞斯达镇(Bethesda)安全地长大,几乎成了典型的美国青少年。我们姐妹和弟弟一直听到的说法是,外祖父母死于战争结束前的布达佩斯空袭。直到今天,我从未看过他们的相片——这是件很悲伤的事。我非常细心地保存着家庭相册,只需朋友稍作暗示,我就会拿出自己的相册介绍:"这些是我父母、我小孩、我丈夫当时的模样。"这种执迷在我家是有传统的。我们离开匈牙利时只带走很少东西,除了一些衣服,就是一只装满相册的"情感"手提箱。现在我在档案中读到,在秘密警察抄走的东西中,牢中父亲所害怕失去的,就有书桌上我们姐妹的照片。我们的家庭相册有个永远无法填上的黑洞——那就是消失了的外祖父母。

父母告诉我们的关于外祖父母的故事,其实都是假的。我们是在1956年的革命之后逃离匈牙利的,到1979年我首次重返布达佩斯，才得以发现此事的真相。其时，我在写罗尔·瓦伦堡*的传记，他是一个勇敢的瑞典人，救了数千名匈牙利犹太人，最后失踪于苏联的古拉格系统。当我在布达佩斯访问一名获得瓦伦堡搭救的妇女时，她很随意地说："当然，瓦伦堡来得太晚了，无法帮助你的外祖父母逃脱毒气室的厄运。"这不仅是我第一次听到外祖父母的实际遭遇，也是我第一次意识到自己是犹太出身。我从布达佩斯给爸爸打电话，报告我的"新发现"，他似乎一下子变得冰凉，这是他第一次无法自圆其说，因为他的秘密被女儿揭穿了。这给我们此后二十五年的父女关系罩上了阴影。

母亲对这些话题也是避而不谈的。如果我提出来，她就会热泪盈眶，这让我只能保持沉默。也许她因为自己活了下来却无法救出自己的父母，而感到深深的愧疚。这可能是她终生依赖安眠药的原因之一。没有死亡证明书，没有她父母在奥斯维辛集中营遇难的记录，是否在帮助她抹去这一痛苦的记忆？她从没回过自己的诞生地米什科尔茨（Miskolc），那是位于匈牙利东部的一座乏味的工业城。外祖父母一直住在那里，直到被送去死亡集中营。我跟我丈夫在2003年艰苦跋涉去了这座讨厌的城市，找到了外祖父母曾做礼拜的犹太教堂，如今虽已失修，却还完整无缺——他们是从那里，开始了前往奥斯维辛集中营的旅程。犹太教堂的庭院里，墙上的一块匾列出阿道夫·艾希曼的受害者名单，上面就有他们的名字——安娜·诺伊曼和阿道夫·诺伊曼（Anna and Adolf Neumann）。

我三十岁那年才发现自己的犹太出身，却划下一条悲哀的裂缝，

---

* 罗尔·瓦伦堡（Raoul Wallenberg，1912年8月4日—1947年7月17日），瑞典驻匈牙利布达佩斯的外交官。第二次世界大战期间，以签发保护性瑞典护照等方法，自反犹大屠杀中拯救出数以万计的犹太人。——译注

一边是我，另一边是父母。我想要知道更多家史的细节，但父母认为，这样的探索只是"美国人的奢侈"。父亲一再重复："你永远都无法理解我们当时的情况，这不是你所能理解的。我们不是犹太人，而是完全同化了的匈牙利人。"我尽量抑制自己不说出这显而易见的事实：希特勒及其匈牙利同伙，跟他想的可不一样。对父母来说，这个讨论已经结束。我执着的探索——即便没有他们的帮助——破坏了我们之间的信任。生前最后一年，即母亲过世之后，记忆力开始衰退的父亲搬来与我和我丈夫同住。一直到那时，我才觉得我们终于弥合了这条裂缝。

发现我们是犹太出身，我自己的反应是一大解脱，内心的一块空白已被填补。以前，我寻觅不到母亲祖上的照片或纪念物，总感觉遗漏了什么。这一发现——即便是纳粹谋杀外祖父母的悲剧——使我感觉在历史的长河中有了着落；并让我觉得，与那些家史在抵达美国时才开始的其他难民相比，自己享有更丰富的内涵。毋庸置疑，这是痛苦的，但我终于真相在握。至于我们的犹太背景，我一点也不在乎，甚至为它而感到骄傲。专业人士、中产家庭、重视教育，家住布达佩斯，后来发现是犹太人，这太顺理成章了。不过当时，我是新世界的幸运女孩，而父母是伤痕累累的幸存者，受到了反犹大屠杀和冷战的双重摧残。

爸爸为何不告诉我们他在黑暗岁月中不寻常的英勇事迹？秘密警察档案告诉我，他不仅躲避了盖世太保和箭十字党，还在小规模的反纳粹抵抗行动中扮演着活跃角色。他自愿护送潜伏在匈牙利的法国军官到斯洛伐克，去组织反纳粹的武装起义，这可是一项非常危险的任务。根据档案，抵抗运动中一个著名领袖被人发现离开我父母在布达的藏匿之处，迫使父母赶在盖世太保之前一步迅速逃逸。

父亲是一名战争英雄？我一点都不知道，因为父母从没谈起这样的事。

档案也列出父母——两人都有博士学位——由于"血统"关系而遭到解雇的各式工作。五十多年后，我还在为这20世纪的根本荒谬而感到无比愤慨。对我而言，这不仅是历史事实，而且是我父母的亲身经历。我的愤怒是全新的，因为这是我第一次获悉，父母从不谈论他们受到的迫害和展现出的勇敢。他们不让我们了解家史，曾使我感到恼怒和受挫。现在，真相出现在秘密警察的官方文件中。他们编纂我的家史有自己的目的，与我的迥然不同。他们想在我父母身上寻找可以利用的弱点，而我是在寻求真相。

父母的恋爱是一段战时浪漫史。他们在我未来的教父豪洛希·贝拉（Bela Hallosy）的家里相遇，都去参加桥牌游戏。其时，同盟国正在对布达佩斯实施频繁的空袭。我那擅长挑逗、为爱情不顾一切的母亲，遇上了旗鼓相当的对手，无论是在桥牌桌上，还是在人生之中。父亲是经济学家，母亲是历史学家。两人都因为最新公布的反犹太法律而失去工作，仅靠教人英语来维持生活。他俩的性格迥异：她情绪化，情感浓烈；他耿介严实，严于律己，自命不凡。他俩都喜爱书籍和新颖的思想，但风格上的差别仍然极为鲜明。我曾感到惊奇，是什么让他们聚在一起？多亏了秘密警察档案，我现在懂得：他们都在向盖世太保、箭十字党和秘密警察提出挑战，从中锻造了志同道合的纽带。我不敢想象，没有相互的支撑，他们中任何一个能得以存活。

他们不愿承认受苦，因为受苦意味着尊严的丧失。我曾向他们追问战争后期在箭十字党统治下的噩梦年代的一些细节，父亲告诉我，他曾写信给反犹击剑俱乐部，主动要求退出，以避免遭到驱逐，但"教练只是把信存档,允许我继续击剑,直到战争的最后几个月——那时箭十字党已无孔不入,使之难以为继"。他把此事讲得好像是打了一个胜仗。另一次,他遇上身穿箭十字党制服的前击剑伙伴,在对视一刹那后擦肩而过,没有停下脚步。还有一次,父亲以机智战胜了一名借醉酒追求我母亲的俄国"解放者"。他们只叙述这些插曲,而从不详谈自己生活中司空见惯的恐怖。

这触及我童年生活中的极大迷惑:父母勉强幸免于纳粹的暴政,按理说,应保持低调。但是共产党接管匈牙利时,父母却肆无忌惮,公开站在已成为新敌人的美国一侧。他们怎么敢承担如此大的风险呢?瞒过了盖世太保和箭十字党,是否就天不怕地不怕了?或只想再一次享受美好人生?那时的他们才三十几岁,充满青春活力。美国和英国的外交官和新闻人赶来见证中欧这个不幸角落的苏维埃化,需要他们的服务。他们英语流利,举止和桥牌更属上乘。交上这些"强大的"朋友,父母可能由此产生了确保无虞的安全感。在反犹太社会中含垢忍辱的犹太人眼中,这必定是一帖灵丹妙药。

战后的照片中,父母脸上洋溢着欣喜和解脱。布达佩斯幸存于五十一天残酷的围攻,以德军投降于苏军而告终。市民是欢天喜地的,但美丽的城市已成瓦砾一片。我家在玫瑰山上(Hill of Roses)的房子已被苏联军官占用。多瑙河上的天际轮廓是无法辨认的——德军曾固守到底的城堡小山是一片月球景色。曾经优美的桥梁都已倒塌在多瑙河中。

支离破碎的景观下,却涌动着勃勃生气。同盟国、苏联和德国的炸弹所留下的残骸迅速得到清除,远远快于任何人的预期。西装革履的男人和身着裘衣的女士——包括我的父母,都自愿一个月中抽出几天参与清理，或清扫场地，或堆砖砌墙。贡德尔餐馆（Gundel's）——市公园中的著名餐馆（德国国防军曾把它当作马厩使用）——再次挤满顾客，他们奇迹般地穿上了欧洲最新款的服装。纽约咖啡屋又从地窖中拉出红色毛绒的长座椅。这里的舞池曾是父母谈情说爱的地方，而当时阿道夫·艾希曼正在几条街区外敲定屠杀计划。如今，他们随着母亲心爱的科尔·波特*的歌曲《白天和夜晚》（Night and Day），再一次翩翩起舞。他们对未来充满信心，作为乐观的最高标志，他们在计划下一代的诞生，这在朋友圈里几乎是绝无仅有的。

战后一段时间，他们有机会再次前往欧洲的各个首都，并去匈牙利巴拉顿（Lake Balaton）湖畔幸存的豪华宾馆避暑。后来，这些宾馆国有化，变成了党内精英的疗养所。苏联占领军首次注意上父亲是在1946年，其时他为一家匈牙利报社工作，报道了弗拉基米尔·斯维里多夫（Vladimir Sviridov）将军的最后通牒。战争刚结束的混乱时期，统治匈牙利的是同盟国管制委员会（Allied Control Commission），而斯维里多夫是该会的苏联主席。他命令匈牙利当局解散包括童子军在内的青年组织，并禁止反苏的政客担任公职。父亲在新闻稿中指出，这是自德国占领终止后，外国力量首次公开干涉匈牙利内部事务。这份新闻稿导致秘密警察建立了父亲的档案，更开启了对父母近二十年的全面监视。

让我介绍一下匈牙利秘密警察，其正式名字叫国家安全局，简称AVO。我一生中，每听到这三个字母，就会产生强烈的反感。我

---

* 科尔·波特（Cole Porter，1891年6月9日—1964年10月15日），美国音乐家，著名作品包括音乐喜剧《吻我，凯特》、《五千万法国人》和歌曲《白天和夜晚》、《切肤之爱》等。——译注

也从没听到，有人用中立的语调读出这三个字母。父母提起这个简称时，混合着厌恶、害怕、蔑视的感受，一旦提及，这种气氛就会弥漫在空气中久久不散。小孩子们都认为，父母能保护他们免遭威胁。一听到这个简称，我就知道其代表的力量远远超过父母的能耐。我很害怕。

一些重要的年份、日期和名字，像家庭成员的生日一样，深深铭刻于我的记忆。我是何时弄懂1946年是苏联和其匈牙利盟友的关键之年的？（从童年记忆最深处浮起的另一个词是："Moscovite"，"莫斯科人"。父母说到此词时老是带有特别的蔑视，它是指随苏联红军回到布达佩斯的匈牙利共产党人；其中最为重要也最惹人讨厌的，就是匈牙利未来的总理拉科西·马加什［Mátyás Rákosi］。）

匈牙利共产党无法赢得战后的首次大选，便迅速采取行动，防止可把匈牙利推入欧洲民主大家庭的另一次选举。执行苏维埃化的主要工具是AVO，直接汇报于斯大林的特务机关——内务人民委员会及后来的克格勃。它于1946年9月成立（就在我阅读父母档案的文艺复兴式建筑物里），下设十七个科，发挥各自的特别功能。大家都知道，苏联红军是它的后台。事实上，它是匈牙利共产党内的苏维埃党派。我在长大过程中渐渐认清，其主要特征是残忍，普通的政治和外交行为都对之束手无策。它的第一科试图通过庞大的告密网，来渗透控制匈牙利的政治生活。招募告密者靠的是恐吓：秘密警察会在深更半夜把对象从床上带走；他只要甘愿充当告密者，就可获释。我现在知道，这个告密网包括我家的大部分亲友；有些比较特殊且敏感的告密者——比如我家的保姆,因此而获得优厚报酬。

到1946年，父亲出现在苏联的雷达屏幕上。父母知道吗？他们以惊人的勇气向新政权挑战，穿着入时，与西方人交友。也许命

第一章　从热战到冷战　　　　　　　　　　　　　　　　　　　023

定论已渗入他们的思维：如果能从希特勒和艾希曼手中死里逃生，就能渡过任何难关。1948年，他们随匈牙利击剑队去了伦敦，回来后，他们好像是在公开展示对英国货的偏爱。（在那些照片中，他们就像在为英国巴宝莉精品公司做广告。）自他们第一次见面起，母亲就一直用英文名字安德鲁来称呼他。

愈来愈多的英国和美国新闻人，抵达布达佩斯后，总要来见一见马顿夫妇。美国《时代》杂志的年轻记者西蒙·布尔金（Simon Bourgin），是个来自亚利桑那州依莱镇（Ely）的瘦高个，战后被派驻布达佩斯，父母带着他四下游览。他在2008年回忆道："布达佩斯仍有灵气。在没被肃清之前，这种灵气使之成为欧洲最令人激动的胜地。整个社会像凝固在古色古香之中。美丽的女人，只要看上一眼就能在一两天内照样缝制出西方款式的裁缝们，等等。她就像今天的香港，却有自身的魅力和智慧。布里斯特尔宾馆（Hotel Bristol）虽遭轰炸，仍耸立在多瑙河旁。它是新闻人的总部，散发出怪异的魅力；大厅里有旧式家具，坐在桌旁的人都有风度。它像布达佩斯城一样，久久保留着自己的风采。"

布尔金还说："你父母是不可或缺的人物，他们提供我们无法得到的新闻，应该是险境中新闻人的楷模。他们聪明，富有魅力，内行，尽责。我们建立了亲密的互信，真心关心他们。我们知道他们如履薄冰，却还是在勇往直前。"

我幼年印象中的另一个人物有点神秘——他既不是新闻人，也不是真正的外交官；在我们定居华盛顿后，他又一次出现。他叫詹姆斯·麦卡格（James McCargar），衣着整洁，总是身披一件剪裁得体的蓝色夹克，身材高大，令人印象深刻。以我小孩的眼光看，他是很典型的美国人，但缺乏那些在我家来来往往的记者们的随和。

现在我知道，麦卡格是一名美国中央情报局官员，享有外交豁免权，曾为代号"池塘"的绝密计划招募匈牙利人。到1947年，他已将七十五名匈牙利反对派政治人物从匈牙利带到西方。麦卡格有真才实干，是个很有派头的秘密探员，酷似詹姆斯·邦德，但我始终没有弄清他跟我父母的关系。（美国中央情报局拒绝向我透露有关我父母、麦卡格和其他任何信息。）

麦卡格首次看到布达佩斯是在1946年，这是他的回忆："我在1946年夏天抵达，只要将布达佩斯和维也纳比一比，匈牙利人的活力就会有最为显著的展示。在维也纳，市民心惊胆战于四国占领军，只不过是在勉强度日……在布达佩斯，虽遭受了等同于德国主要城市所受的摧毁，又要察看不甚仁厚的苏联红军的脸色，但仍有搅打奶油来配备频繁的日常咖啡——还有婴儿牛奶，战后的重建项目生气勃勃……只要能找到舞台，就会有喧闹的剧院，夜总会更是颇负盛名。"[*]

1947年，根据秘密警察的档案，麦卡格在他布达佩斯居所举办的午餐聚会中与我父亲展开激烈争辩。麦卡格激怒了我父亲，因为他说匈牙利人易于容忍外国占领，不管是德国的，还是苏联的。最终，他向我父亲道了歉。很久以后，已从中央情报局退休的麦卡格仍是我父母的朋友，更是我研究情报工作的宝贵信息来源。2008年春天，我拨通了他在华盛顿的电话，接电话的是他的法裔妻子莫妮克（Monique）。她断断续续告诉我，麦卡格前不久去世了，"临终前他还谈起你，带着很特别的感情"。又断了一条线索。

---

[*] Christopher Felix, *A Short Course in the Secret War*. New York: Dutton, 1963, p. 163.

到 1949 年，拉科西·马加什以自称为"意大利腊肠"（salami）的策略成功战胜反对党，成为匈牙利无可争辩的统治者。此时，从字面上讲，公开钦慕西方已是一桩罪行。率直批评当局的评论家，被斥为法西斯主义者；他们一个个消失，或遭折磨，或被杀害。父母的犹太出身，曾使他们成为旧政权的靶子；现在，"资产阶级"出身再加上对西方的情有独钟，又使他们成为新政府的目标。秘密警察关于他们的每一份文件，都是以"高级资产阶级出身"起头。纳粹统治与共产政权之间有一个短暂时期，母亲尚可参加工作。到了 1948 年，她就遭到教育部解雇，她的名字出现在"政治上不受欢迎者"的名单上。一年之后，父亲经营的独立的、政治态度温和的报纸《克斯·乌萨格》（Kis Ujsag）也被取缔，他也加入了失业队伍。

选择愈来愈少，但因为有良好的英语（与德语和法语一样流利），父亲当上英国《每日电讯》驻布达佩斯的通讯记者。1948 年他赴伦敦参加击剑比赛——那是十年中他们最后一次在国外旅行，当时他就发现，如果不愿开计程车，匈牙利人在伦敦便找不到"合适"的工作。

档案里也有令我大吃一惊的事情。我父母有时会完全绝望，但总是对孩子隐瞒。秘密警察在 1948 年记录，父母曾申请移民去新西兰。父母是彻头彻尾的中欧人，酷爱咖啡屋文化——俗称布达佩斯的氧气，由玩世不恭的幽默和高级八卦混合而成——再加上对桥牌和歌剧的情有独钟，竟然考虑在平静如水的新西兰的威灵顿开始新的生活！尝试移民到新西兰是家史中故意删减的又一章节，犹如外祖父母死于奥斯维辛集中营、父亲在反纳粹抵抗运动中的角色，以及父母的犹太出身。

移民新西兰的计划破灭之后（缘于支持该移民计划的英国驻布达佩斯领事突然离职），一名荣获普利策奖的记者从美国亚利桑那州的尤玛镇（Yuma）来到布达佩斯。他是美联社著名的欧洲通讯记者，名叫丹尼尔·特鲁斯（Daniel De Luce），向我父母提出了原地不动的危险建议。他劝说，匈牙利新闻环境可能很严酷，但新闻资源也极为丰富。做秀公审、关闭教堂、对所有反对党的野蛮清算、旧"资产阶级"被放逐到残酷的劳改营，等等，条条都是大新闻；薪资将与工作的艰辛相匹配。于是，父亲与世界通讯社中的佼佼者美联社签约，充当它的特约记者。

父亲喜欢和这名低调的美国人共事，称特鲁斯教会他成为一名"美国新闻人"（他总是这样称呼自己，也以此为荣）。他可能认为，为世界最强大的新闻组织工作，可能会给他提供保护，毕竟他的其他选择一个个都已泥牛入海。除此之外，其时只要收到美国来信便可让人遭到解雇，他却与"敌人"签约，其中还有一个更符合人性的动机。母亲在回忆录中写道："与我们单调、暗淡的存在相比，这些男女像是在过着魅力四射的生活。前所未闻的奢侈品，如尼龙袜、口红、匈牙利人只能在黑市上看到的食物，却是他们的日常消费。尤其是各式书籍和报纸，自由思想和理念的相互交流，使他们的生活充实、富有。而在匈牙利，精神生活是空虚的，我们要一直忍受智力上的饥馑。"这份回忆录写于1950年代晚期，从未发表，在1970年代交托给我。我很惭愧，其时我对家史还无动于衷。

1948年初，特鲁斯有关匈牙利推行残酷的苏维埃化的报道，成为全世界的头版新闻。在匈牙利，它刺痛了一根神经。特鲁斯接到电话，来自令全匈牙利人发抖的拉科西。这位第一书记警告特鲁斯，如果他再写一篇类似的报道，将被驱逐出境。特鲁斯回答说，无法在如此威胁下工作。他只知道一种报道方式。他不愿被踢出去，便告诉我父母他将离开。由于特鲁斯的建议，我父亲接替了他的工作——就爸爸而言，这是改变他人生的大事。

担任持记者证的美联社全职通讯记者，听上去很滋润。很快，父亲说服母亲接受了合众社（UP）的类似职位。该社是美联社的对手，后来改名为合众国际社（UPI）。母亲写道："我们经常因担忧而难以入睡。如果遭监禁，我们的两个小女孩怎么办？她们的健康成长仍是我们的首要考虑。就自己而言，我们的处境本来就不妙，不会因我追随（丈夫）而变得更糟。所有的经验显示，如果当局要监禁一名涉外人士，他的妻子一定逃不脱同样的命运，不管她知不知情，参不参与。"这样，她便成为父亲的"对手"，当上了合众社驻布达佩斯的通讯记者。（实际上，母亲虽对重大事件有敏锐的观察和机智的评论，却不是一名作家。外人不知道，其实是父亲，在同时向美联社和合众社送交各自的新闻稿件。）

父母并肩报道了1949年恐怖的做秀公审。在这次对司法的践踏中，主角是一名杰出的公众人物，屈打成招，被迫承认自己犯有一系列"反国家、反人民的罪行"。此类做秀公审，因阿瑟·库斯勒[*]的小说《正午的黑暗》而永垂不朽。父母很快成为铁幕后最后一批独立的常驻新闻人。"你对劳伊克公审[†]的报道是个漂亮的起点。"这是他美联社老板1949年10月1日发来的电报。父亲骄傲地回答："在法庭上，看到我们竞争对手都有两名记者，路透社甚至有三名，

---

[*] 阿瑟·库斯勒（Arthur Koestler，1905年9月5日—1983年3月1日），匈牙利裔英国作家、记者、批评家，犹太人，前共产党员，出于对苏联大清洗的反应而逐渐趋向自由主义，最终写出指责大清洗、起诉斯大林主义的政治小说《正午的黑暗》。——译注

[†] 对匈牙利外交部长劳伊克·拉斯洛（Laszlo Rajk）的做秀公审发生于1949年，指控他是南斯拉夫总理铁托（Tito）的"代理人"。其时，约瑟夫·斯大林已开始公开攻击铁托。受尽折磨的劳伊克，因相信自己、妻子、刚出生的儿子将获人身安全的许诺，而"承认"叛国。结果，没有得到特赦，反而直接上了绞刑架。妻子被捕，儿子匿名寄养于孤儿院。如今，小劳伊克·拉斯洛是杰出的匈牙利建筑师，也是我的好朋友。

而我却是单枪匹马，真不是滋味……但我帮忙省了不少钱，并抢在他们之前发出劳伊克死刑的新闻。"

不仅是速度，父亲的报道也得益于他的文化背景，还有他深入骨髓的历史感。这一切是美国新闻人无法体会的。他不顾一切想唤醒美国认识到这样一个事实，即战时的同盟国苏联像被击败的德国一样危险。他认为，通过报道匈牙利的日常生活，就能达到这一目的。

父母为纽约至旧金山的读者所写的数百篇新闻稿，每一篇都被译成匈牙利文，接受仔细审查，然后在秘密警察那里归档。到1950年，秘密警察已在马顿的卷宗里积累了一千六百页。

有好一阵子，父母的努力令匈牙利的新闻不离美国报刊的头版，得以击败苏联想在西方的雷达下悄悄行事的企图。他们的报道直截了当，不加修饰，但真实案例的累积仍能发挥谴责的作用。他们是本国人，无法驱逐；又有较高知名度，不容易轻易"消失"。所以，秘密警察在静静等待，只在父母周围编织愈来愈密的告密网，监视他们的一举一动，譬如在哪家餐馆、点什么菜（餐馆服务员是秘密警察告密网的重要环节）、在邻里杂货店购买什么。邮递员送来的每封信，都已被用蒸汽打开过。

秘密警察观察到，作为毫无畏惧的记者，父母的国际声誉在日益增长。他们的档案中有一份美国报纸的剪报，日期是1949年2月10日，但未注明哪家报纸："即使有针对新闻记者的禁令，美联社仍取得关于敏真谛［约瑟夫·敏真谛枢机主教］*的完整报道……

---

* 约瑟夫·敏真谛枢机主教（Jozsef Mindszenty，1892年3月29日—1975年5月6日），罗马天主教会在匈牙利的首席主教，因支持教会自由和反对当局，在1949年做秀公审中被判终身监禁，1956年"匈牙利革命"中获释，之后躲进美国公使馆以求政治避难，直到1971年才离开匈牙利，1975年逝于维也纳。——译注

布达佩斯政府拒绝向美联社颁发记者签证，理由是它已有常驻的安德烈·马顿。之前，匈牙利政府曾自布达佩斯驱逐一名美联社记者[丹尼尔·特鲁斯]。马顿是一名资深记者和编辑，美联社主管人员对他所报道的是法庭内发生的真相抱有信心。这份信心所依赖的，不仅是马顿，而且是与其他西方报道的仔细核对。任何国籍的通讯记者，如有触犯，匈牙利政府都会采取相应措施。令当局不愉快的美国记者，通常是被驱逐出境。而匈牙利公民，就会有牢狱之灾了。"

父母继续向"来访的新闻人"提供简报。刚刚抵达匈牙利的西方通讯记者，第一站就到我们的公寓。我还记得，祖母忙于精心制作晚餐（相较于烹调，母亲更喜欢与同事聊天），以款待这些异常高大（对初学走路的我来说）的客人。他们脚蹬船鞋，身披皱巴巴的衣衫，显得轻松自如。父亲的举止和演讲都中规中矩，他们则截然不同：将胳膊搭在椅背，身子朝后倾斜，悠闲地半坐半躺。他们安全而自在，不受威胁，最坏的结果也只是被驱逐出境，反倒可以提高自己的职业知名度。

1950年9月，秘密警察把我父亲的前秘书自工作场所诱骗出来，带去一栋"安全房"（"safe house"）。数年后，豪洛希·梅琳达（Melinda Hallosy）回忆，那房间还挺"舒适"的，小桌上铺有花边餐巾，装饰有各式古董以及家庭的生活照。秘密警察一边准备咖啡，一边命令她在舒适的扶手椅上坐下。梅琳达至今仍能感受到当时揪心的恐惧。她因小儿麻痹症自童年起就患有残疾（她步行要靠手杖），较之他人，要显得更为脆弱。她的未婚夫是豪洛希·贝拉，我父亲的老朋友，来自一个古老的匈牙利家庭，家境优越，他不是犹太人，并曾在纳粹统治时期向我父母提供庇护。尽管坐轮椅，贝拉在反纳粹地下活动中仍非常活跃，是当局刚刚禁止的一份温和报纸的发行人。他也是我的教父。

秘密警察开始威胁梅琳达,如果她不汇报我父母在每周桥牌聚会中的闲谈内容,就要公事公办,逮捕贝拉。当然,他们命令她不准透露此事。但她一回家,就违背了这个许下的诺言。

到了每周一次的桥牌时间,我父母到达贝拉家,贝拉就披露了梅琳达的困境。父亲回答:"嗯,我们不会让你们陷入困境。我们以后不再来了。"贝拉说,秘密警察可不愚蠢,马上就会知道真相,她就会有危险了。我父亲觉得确实如此,便说:"好吧,我们继续来,并带上我们一周活动的报告,让梅琳达照此汇报。"因此,每星期打桥牌前,父亲拿出关于他和母亲的打字报告,梅琳达用笔抄下,然后再把原件烧掉。(我真佩服父亲,他一定很忙,因为他同时要为秘密警察、美联社、合众社三家写稿。)梅琳达记得,殷勤的父亲还负责她每周去"安全房"的计程车费,而秘密警察只允许公交车的报销。

父母经常带我们参加成人的聚会,包括他们每周的桥牌游戏。除了喜欢我们做伴,他们在亲朋好友中又是唯一一对有小孩的夫妇。在饱受蹂躏、抑郁颓废、几被摧毁的布达佩斯,开始新的家庭生活,需要信心上的高涨。我的教父是业余摄影师,自己没有小孩,总喜欢给我们拍照。

从秘密警察的档案里掉出一张贝拉拍的照片,上面是个很严肃的小女孩,双腿别扭地交叉着,站立在他玫瑰山上的房子的阳台门口。照片上我戴着的草帽是我第一件不带孩子气的头饰,我很为它骄傲。想象一下,秘密警察保管如此私人的纪念物,半个世纪后又回到我的手上。

父母和我的教父母,与秘密警察足足玩了两年的游戏。他们逮捕父亲不久，就找上梅琳达，因为父亲向同狱难友透露了这个小玩笑，那人立即向上汇报。他们把梅琳达整整关了一百零八天，以示处罚。现在她微笑着说："我的婚姻倒是得归功于秘密警察。贝拉认为，他如果跟我结婚，他们就不会再来找我的麻烦。"

1950年9月18日，秘密警察以党的经典用语，正式裁决我父母是"我们人民民主政权不共戴天的敌人，又是美国生活方式的忠实信徒，虽然公开从事自己的职业，但其报道对我们的国家利益不是嘲弄，就是充满敌意"。这份内部备忘录——我发现于2008年，当然不为父母所知——得出一个惊奇的结论："我们正在研究如何吸收马顿，因为他与美国公使馆有持续交往。"起草这份报告的是秘密警察布达伊·安德拉什（Andras Budai），他遗憾地指出："美国公使馆只让匈牙利人工作很短的时间，我们在招募公使馆员工方面，迄今还没遇上好运。"现在有豪洛希·梅琳达作为内应（她被认为是优秀的告密者），秘密警察希望把我父母变成特务——这听起来有点像天方夜谭。

冷战变得更冷。1951年7月3日，美国驻匈牙利公使馆被正式指控"参与……推翻匈牙利人民共和国的阴谋……与箭十字党和霍尔蒂派的反人民分子建立了密切关系，目的是组织和鼓励他们成为间谍，以消灭土地改革"。如其意图不是那么狠毒，这激昂的指控听上去会让人感到滑稽："这些箭十字党的将军、嗜血的犹太区指挥官、无人性的凶手……七年前还在服务于希特勒政权，如今却在《美国之音》上变成民主人士。他们以自由和进步的名义进行嚎叫和煽动，以反对获得解放的匈牙利人民所创造的一切。"

在1951年7月31日递交给美国公使馆的"外交照会"中，匈牙利人民共和国"要求美国政府关闭图书馆，停止播放由美国新闻处组织的［美国］电影和音乐，因为该新闻处已被证明是间谍和颠覆活动的伪装外壳"。

1953年，父亲在美联社的同事理查德·欧里根（Richard O'Regan）来到布达佩斯，采访致力于为国际共产主义宣传的世界和平理事会（World Peace Council）。对于这个监禁其全部人口的匈牙利制度，欧里根的报道打破了美国最后一丝幻想。而对于我的父母（他们当时不顾一切想要离境）而言，欧里根所讲述的故事都与自己休戚相关。以《铁幕长得如何？难民有无逃跑机会？》为题，欧里根在维也纳如此写道：

> 曾经有成千上万的人穿过漫长且荒凉的铁幕，投奔西方的自由。今天，这道铁幕的几乎每一道裂痕和缝隙，都有死神在守候。自波罗的海到黑海，长达二千五百英里的无人村庄、险恶的布雷区、带刺的铁丝网，现在一个月只有几十个难民得以侥幸钻过。他们的逃跑需求极大勇气、详细计划和很多运气……你可能一离开你的家乡，就遇上麻烦。各国的高速公路上，安全警察和民兵竖起永久的哨卡。你离开工作岗位，必须有通行证，不管是真还是假；一旦顺利通过路障和旅馆夜查，就会到达"限制区域"。这是一片荒凉地带，村庄和城镇里几乎空无一人，这种境况覆盖了铁幕的整个沿线……没有特别出入证和特别身份证，你休想进入……愈靠近实际边界就愈危险，很可能踏入布雷区。瞭望塔开始出现，且愈来愈密，哨兵躲在树梢，凶猛的警犬很可能嗅出你。如果你尝试奔跑，哨兵有格杀勿论的命令。

第一章　从热战到冷战

尽管这篇稿件不是父亲写的，秘密警察仍将"诽谤"罪行算在他的头上。

匈牙利政府对我父母的不满在不断升级，一份未标日期的外交部备忘录有如下记录：

> 很可疑，英国或美国通讯记者每次来布达佩斯，即使外交部没发通知，马顿夫妇就已知道。抵达之后，[马顿夫妇]就负责招待，陪他们到处走访，以致外交部有时都联络不上这些外国人。他们说，马顿夫妇会帮忙做所有的事，并为他们安排计划。我们看到，虽然招待外国新闻人是外交部职责，但马顿夫妇故意回避外交部。很可能，他们利用这些时机散布有害国家的消息。有必要提及一个特别案例：爱德华·科里（Edward Korry，合众社驻维也纳的记者）获得签证来采访世界和平理事会，外交部已为外国记者特别准备了有关安排。他却接受马顿夫妇的招待，回避外交部的正式安排，甚至没有造访世界和平理事会，就在三天后离境。返回维也纳后，他写了一篇针对匈牙利现状的最为敌对的诽谤文章，涉及经济危机、各阶层的悲惨生活以及对犹太人的迫害。科里在匈牙利期间没接触任何其他人，他所取得的有关资料很可能来自马顿夫妇。

总体来说，父亲的匈牙利报道提供了一幅政治压制的广泛图景，经常使用微妙的笔触。从体育到剧院生活，再到巴拉顿湖边的宾馆难求——除非是党内精英，他涵盖了这个欧洲遗忘角落从1947年到1955年的一切生活细节。他笔下绝无煽动口气，只用讽刺和幽默来表述匈牙利的荒谬。譬如关于匈德友谊条约，他写道："匈牙利的李伯*在1945年入睡，醒来时已是1952年10月底，他有理由频频揉眼。第二次世界大战后的第七年，他已看到题为'匈牙利和德国人民的永恒友谊'的文章，这实在令人惊叹。"

他的报道以美国人很少拥有的个人背景为基础，以它来阐述当局的伪善。"李伯的惊诧是无须解释的。匈牙利曾是希特勒—墨索里尼轴心国的卫星国，实际上为德国军队所占领……第二次世界大战的终止，意味着从纳粹的惨烈暴行中获得解放……在拉科西先生访问柏林时以及之后，匈牙利报纸已尽责为我们解说了战前德国与战后德国的不同，以及西德与东德的差别。"

父亲在揭露拉科西专制统治时是铁面无情的。1950年9月8日，他报道了一万一千多名教士和修女被逐出他们享有千年历史的修道院。同年，他讥讽拉科西的最新公告，"毋庸置疑，拉科西演讲中最精彩的部分是，他揭穿了社会民主党的'阴谋'。这真是个扣人心弦的故事……虽然没有指名道姓，倒也无所谓。在这方面，大家没有任何疑惑。另一方面，似乎可以稳妥地说，这些人物是不会面对公开审判的。所以，大家必须对［拉科西］容许透露的表示满意"。"至此，一出悲剧最后一场戏的帷幕降下。一个主要的政党，劳工阶级数十年的唯一代表，消失于匈牙利的政治舞台。"

1952年赫尔辛基奥林匹克运动会上，对匈牙利队的突出表现，父亲以不加掩饰的嘲讽写道："所有十六位匈牙利金牌获得者一致认为，他们的第一项职责是给副总理和匈牙利不争的老板发电

---

* Rip Van Winkle，19世纪美国小说家华盛顿·欧文所写的同名短篇小说的主人公，林纾曾将此篇译为《李伯大梦》。李伯醉后一觉睡了二十年，醒来发现人事全非，不仅成为美国的著名文学人物，也变成"桃花源中人"的代名词。——译注

报……以示感谢。'亲爱的拉科西同志！很愉快地向您报告，我为我们祖国赢得了第十六面金牌。感谢匈牙利工人，感谢党，感谢您——敬爱的拉科西同志。'"

父亲1953年9月2日题为《讣告》的文章，综述了匈牙利新闻自由的终结。美国读者知不知道，为报道这样的新闻，他们在布达佩斯的通讯记者要承受怎样的危险？他既不夸张，也不渲染（讽刺是他的主要武器），但直言不讳已属坏透了。日益明显的是，做如此报道的仅有安德烈·马顿和伊洛娜·马顿这两人。1948年，匈牙利有六十五名正式的外国记者；由于逮捕、逃离、恐吓，到1953年仅剩三名。其中两人，就是安德烈·马顿和伊洛娜·马顿，剩下的第三人还是秘密警察的告密者。

第二章　幸福的童年

我爱我的爷爷,我与他一起在布达佩斯公寓阳台上第一次试着说英语。(身后的不透明窗户是美国外交官西德尼·拉方恩安装的,为的是阻止我们两家的交往。)

记忆非常容易误导。我对童年早期的很多记忆，可能源自父母的重新叙述，再混入自己的点滴回忆。即使有这么多天旋地转的严酷事变，我记忆中的童年早期仍是幸福的。在我们的公寓里，父母建造了一个与世隔绝的西方世界，我们四人凝成一体。我们感觉到公寓外的世界不是友好的所在，这更加强了我们之间的亲密互信。此外，妈妈和爸爸都在家中工作；他们写的报道，全用电话送去美联社和合众社在维也纳和伦敦的新闻部；偶尔一两次，也会送到其名字充满魔性的地方——纽约。

即便小孩子也看得出，我家的生活方式与众不同。英国和美国的新闻人和外交官拜访我家，也邀请我们回访；我们雇有厨师和法国保姆；每逢星期天去做礼拜。匈牙利人民共和国明察秋毫的当局，把这一切都看在眼里；但我们依然我行我素，好像这些行为都不是危险且挑衅的。如果父母看起来这样自信，那我们当然是安全的。

战后，祖父母位于玫瑰山的房屋被苏联人征用，他们的小儿子、我的费利叔叔早已迁至澳大利亚，祖父母在等待去墨尔本与他相聚的许可。在等待中，他们搬来与我们同住。我崇拜我的"Nagypapa"（爷爷），我记得，我俩在阳光灿烂的公寓阳台上不停地玩着"attycake, pattycake, baker's man"游戏。我们两人都渴望学会几句英语（我如今有点怀疑，那种押韵的练习，对他在澳大利亚的新生活究竟有多大帮助）。父母教我的第一个英文单词是"等等"（"Hold on"，我当时认为它是一个单词"Holdon"）。任何一个用外语来找母亲或父亲的电话，我们都以此回答。爷爷讲英语，就像《北非谍影》（*Casablanca*）中在练"维希，凡希"（Vitch vatch）的年长绅士。

第二章　幸福的童年

我仍能感觉到爷爷灰色西装的粗糙质地，仍能看到他领结上的圆点图案，而我自己坐在他的腿上，身穿白缎带镶花边的明黄太阳套裙。四个大人——父母和祖父母——再加上我们姐妹，一起待在这小小公寓，我感到很安全。

1954年的夏天，祖父母的移民许可竟奇迹般地获得批准。我曾猜想，政府的异常善意是由于祖父母年事已高，再加上他们资产阶级思想已无可救药。现在读了秘密警察档案，我才明白，这是残酷的计谋，也是逮捕父母的前奏。我们姐妹是政府对付我父母最有效的武器，要突破父母的防线，我们姐妹必须被完全隔离开，落入陌生人之手。

但在1954年8月中，我们一起去火车站送别祖父母，对将临的危险木然无知。在那个烟雾弥漫、山洞一般的月台上，我挥手告别我亲爱的爷爷，目送那开往维也纳的火车在远处慢慢消失。我铭心刻骨的记忆是看到父亲第一次哭泣，小孩子感受不到"永远"的内涵，但父亲知道，我们再也见不到爷爷了。埃尔诺·马顿（Erno Marton）是奥匈帝国一位犹太拉比的孙子，在法西斯时代之前的布达佩斯努力奋斗，为自己和家人创造了良好的生活。他1973年死于澳大利亚墨尔本，享寿九十一岁，是我认识的最为可爱温柔的男人。

我认为，妈妈和爸爸是世界上最有魅力的父母，我知道我所有的朋友都羡慕我有这样的父母。这无疑跟危险的气氛有关，周遭的其他大人看起来都很怯懦，而我父母不会像我朋友们的父母那样窃窃私语，尤其是涉及"某些话题"时依然如此。父亲仍从布达佩斯瓦齐街（Vaci Utca）的杰哈特店（Gerhardt）定做他所有的西

1954年夏天，亲爱的祖父和我在告别午餐上，他将移民去澳大利亚。我永远没有再见到他——也永远没有将他忘怀。

装，面料包括粗花软呢、华达呢和泡泡纱等。这些面料都是由英国外交官和美国新闻人寄来或走私带入的。我们的鞋子是位名叫考帕（Cauper）的著名鞋匠手工做成的，所用皮革也以同样方式带进。我母亲仍光顾她战前的女帽商弗里德曼·莎丽（Sari Friedmann，她在秘密警察档案中的代号是布比，"Bubi"，是嫌疑犯还是告密者，则不甚清楚）。妈妈有布达佩斯女人的本事，能将任何衣服搭配成一场时装秀。她所经之处，总带有一袭法国阿佩奇香水（Arpège）的气息。我爱看她给大家发扑克牌，她的红指甲像红宝石一样闪烁发光，活像蒙特卡罗赌台的主持人。

我们姐妹是父母宇宙的中心。母亲热情洋溢，讲法语和英语时魅力四射，讲匈牙利语时刁钻有趣。她喜爱将来访的外国人带进我们卧室，听我们朗诵祷文，"*En Istenem, Jo Istenem...*"（"我的上帝，万能的上帝……"）这是楼下虔诚的天主教修女教我们的。当局解散了宗教组织，她只能来做我们的玩伴彼得和巴林特的保姆；她的

母亲——距离她 1955 年 6 月被捕还有几个月——投给我一个默许的眼色。我身穿美国外交官的孩子嫌小的 T 恤，在学校里显得格外引人注目。

名字是玛尔塔修女，但我们只能叫她玛尔塔阿姨或玛尔塔婶婶。政府对落后的天主教不满，禁止教士和修女在教堂外穿戴他们的长袍。玛尔塔婶婶（Marta Neni）讲起耶稣，好像在讲自己的朋友，发自内心，容光焕发；对此，我很钦佩。有一次，我看见她要邻居男孩捧起她藏在外套里面的十字架，急切地在男孩耳根低语 "*Szeretlek Jezuska*"（"我爱你，耶稣"）。在她火焰般的眼神注视下，男孩重复了这句话，尽管他自己父母还是反教会的激进分子。不同于我母亲的爱好时尚，她异常质朴，对我更具吸引力。又有一次，她和她所照看的小孩彼得（Peter）和巴林特（Balint），来我家过夜（我们中有人患了水痘，家长们决定，干脆大家都得一次）。她总是等到熄灯后再脱衣，而我真想瞧瞧她睡觉时穿什么（我猜测，穿修女特用的睡袍吗？）。房间里每个人都睡了，我向她低语："玛尔塔婶婶，你睡觉时穿睡衣吗？" 她叫我入睡，不要作声。我仍不断唠叨，但毫无结果，直到自己睡着。她像我一样倔强，但有更大的毅力。

1947年，父亲在他的头生女儿——我的姐姐朱莉——面前笑逐颜开。

我们步行去山脚的瓦罗斯玛捷（Varosmajor）教堂做弥撒的时候，我喜欢拉住玛尔塔婶婶又凉快又干爽的手。星期六下午，我们在告解室之前排队，我通常挑最长的队列。走出教堂，迎面是刺骨的冷风，薄暮渐渐降落在小公园，里面有高大光秃的树林和砾石小径。我会捡起栗子，在衣袖上擦亮，感到一刹那的纯洁。我是否曾感到奇怪，父母从不跟我们一起去做弥撒，但又渴望我们去？一直要到数年之后，我才明白个中的原因。（他们是全然世俗的，但永远忘不了匈牙利的反犹传统，即使政府已在全力迫害教会，他们仍渴望自己的孩子变成基督徒。这个想法真有点古怪，让人困惑。）

布达山顶上树木茂盛的乔鲍街（Csaba Utca），是我知道的全部世界。我们可以听到附近圣地广场上公交车和有轨电车的嗡嗡轻鸣，它已被重新命名为莫斯科广场，但没人跟着改口。我们远离佩斯那边的商业区，去那里只是因为要看医生、上歌剧院、光顾捷巴德咖啡屋（Gerbeaud）。后者已是中欧古老生活少有的遗存，其他老式咖啡屋或关闭，或改成站式，只让客人匆匆饮尽各自的小杯浓缩咖啡。闲荡是不好的，旅行更不可能。成人讲到"护照"这个词总带有怀旧的语调,接下来就是一连串对巴黎、维也纳、威尼斯和伦敦的回忆,这些润饰过的旅行故事像首饰一样被珍藏起来。对我们小孩而言,这些都是书本上的字眼,我们在布达山顶的四层公寓是个幸福而充裕的世界。冬天,戴上小小的护目镜,我们躺在浴室地板上晒太阳灯。当时,此举被认为有助于健康。一旦我们的朋友彼得或是他的兄弟巴林特,或是楼上的男孩山多尔和班迪(Bandi),完成一点屁大的事情,整栋楼都能听到"*Ich bin schon fertig!*"(我准备好了!)。他们都学会用德语谨慎地做出这一宣告,这句话至今还能激起我潮水般的回忆。我们的父母都是官方蔑视的资产阶级成员,因此我们拥有一个共同的敌人。

那就是我的世界:布达山顶,还有夏天度假的奇妙的巴拉顿湖。我还记得,快到湖边时,我们给车后渐渐远离的一长排柏树计数;开车返回时,我们姐妹和父母又唱起歌曲"*Ahol a sarga villamosok jarnak, ott van Budapest*"(黄色电车行驶的地方,你将找到布达佩斯);汽车沿乡村小路一拐,首都的灯火顿时映入眼帘。

孩子总能接受身处的世界,并能很快适应。当彼得和巴林特家的公寓门铃响起时,某个大人就会用一把中国扇子掩盖设于墙内的祭坛,对此我一点也不感到怪异;我们也不需要父母来告诉我们,居住在走廊对面的卡尔马尔(Kalmar)家不属"我们这一类"。我们知道,他们是"重要"的党员,这可从他们的服装和肢体语言,以及与我们相处时的生硬中猜到。之后——我相信是在1956年的革命期间——我们发现,他确实是秘密警察官员;此外,我还有更具体的证据。卡尔马尔家有三个小孩,我们这六名"资产阶级"后代对他们处处提防,而我却对卡尔马尔家的大女儿苏兹(Zsuzsi)生发出小女孩的迷恋。她表情严肃,颇有心计，梳的黑色长辫富有光泽。我思忖，她能教我一些生活经验，而我母亲——好像来自另一个星球——是帮不上忙的。我奉承迎合她，终于得以进入她家的公寓。我回想起，一张斯大林正点着烟斗的大画像是她家唯一的艺术品；这是我第一次在私人家里看到这样的画像，所以我猜想，卡尔马尔家可能是这"伟大父亲"的私人朋友。这种朝我凝视的画像，通常只出现于黑板上方、邮政局和五一阅兵典礼。这次拜访，我没敢告诉父母，因为我冀望能再去。我甚至暗暗钦羡苏兹的母亲——卡尔马尔太太。犹如修女要穿规定的服装，她也穿着党员的制式服装，即灰色、无曲线、不加修饰的那种。她平淡而柔和的面容从不化一丝妆，反而更具吸引力。我感到，这种打扮比我母亲的红唇和相应颜色的指甲更具时代感。

我记得，拜访卡尔马尔家后我突然觉得，家里一切都是古老、发霉的，与新匈牙利格格不入。祖父母的褪色的波斯地毯、深暗的风景油画、玛利亚像（我总被告知，这属于达·芬奇流派，但达·芬奇又是谁呢？），还有那些破旧的皮面书籍！看上去有成千上万本，其中许多本的封面已经破损，奇迹般地幸存于布达佩斯的围城战火。那些书的作者和语言，例如托马斯·曼、鲁德亚德·吉卜林[*]、查尔斯·狄更斯[†]和辛克莱·刘易斯[‡]，早已没人再读了。我也感到，

---

[*] 鲁德亚德·吉卜林（Rudyard Kipling，1865年12月30日—1936年1月18日），英国作家、诗人，生于印度孟买，主要著作有儿童故事《丛林之书》、长篇小说《基姆》、诗集《营房谣》等，以及许多脍炙人口的短篇小说，1907年获诺贝尔文学奖。——译注

[†] 查尔斯·狄更斯（Charles Dickens，1812年2月7日—1870年6月9日），英国维多利亚时期的著名小说家，著名作品包括《大卫·科波菲尔》、《远大前程》、《雾都孤儿》、《双城记》等。——译注

[‡] 辛克莱·刘易斯（Sinclair Lewis，1885年2月7日—1951年1月10日），美国小说家，著名作品包括《大街》、《巴比特》等，批判性地描述美国社会和资本主义价值，1930年获诺贝尔文学奖。——译注

它们不适合我们少先队正在建造的新社会（我现在是一名"kisdobos"，小鼓手，每周一天要佩戴蓝领巾）；但转念一想，这岂不是对父母的不忠吗？

儿童是苏联帝国扶植中新型国家的重要角色。如温斯顿·丘吉尔在1946年"铁幕"演讲中所警告的，这些新型国家正出现于"从波罗的海边的什切青，到亚得里亚海边的的里雅斯特"。自幼开始，他们灌输儿童以新的标准和价值。东欧国家的学院都在训练社会主义教师，被称为"人民教师"，他们的工作是自幼儿园第一天起，就以社会主义价值教诲我们。因此，我有时感到，我被挤压在人生的两极之间：学校和家。

每星期一次，我们环绕学校操场游行，高歌颂扬拉科西同志，以及那些由巨幅画像而认识的远方上帝。我曾偷偷享受这些激昂的曲调，在短时间内振奋不已，与大家融为一体。（可是，作为父母抗议的另类形式，我们姐妹仍穿着美国的黑色玛丽·简牌［Mary Janes］皮鞋，好比在这些活动中仍在尖声呼叫美国。）《松鼠般开朗的少先队员》(*Cheerful Pioneer like a Squirrel*)是我最爱的歌曲之一，另一首《发抖吧，伯爵、男爵、资产阶级，现在是无产阶级的时辰！》(*Tremble Counts, Barons and Bourgeoisie, It's the Hour of the Proletariat!*)，则有点把矛头引向自家了。

那时的布达佩斯不是五彩缤纷的美丽场所，只是灰色一片，缀以猩红色。红星或红旗在建筑物和学校的顶上摇曳飞扬，红旗的数量远远超过匈牙利三色国旗，吊索桥前的花床中有红花拼成的锤子和镰刀。每个小孩都知道，安德拉斯街60号窗台花盆中的红天竺葵，是秘密警察浇的水，为的是让他们的总部看起来和善友好。这栋楼以前是箭十字党的总部。如今，安德拉斯街已改名为斯大林大街。

我们去市公园贡德尔餐馆，想尽快绕过这讨厌的建筑；但秘密警察和他们的窗台花盆，实际上已占据整条街区，要想不见还真不容易。

市内多数建筑物还留有枪炮弹痕，十年前同盟国的空袭，使很多房屋迄今还缺窗少顶。这给人以邋遢的感受，建筑物如此，市民也是如此。人们将战前残剩的服装不断修改以勉强凑合，或干脆改穿当年国家的规范外套。甚至我们山脚合作商店里的苹果，看上去也伤痕斑斑。我幻想着有一天，自己能住进光洁、没有疮疤的房子，像美国外交官的住所一样。

我们是政治化了的孩子。这不是说，我们比美国或世界上其他地方的孩子更为严肃认真；我们只是知道，党和其在布达佩斯和莫斯科的首脑，会影响我们的私生活。父母和老师，还有四周环绕的各式肖像，时时都在提醒我们这一点。我们尤其熟悉拉科西，即匈牙利可怕的斯大林派领袖，他就住在离我们不远的另一座布达小山上。我们偶尔还会看到，他窗帘紧合的吉尔豪华轿车的车队，朝佩斯那一边蜿蜒驶去。与他人相比，拉科西似乎是更大更直接的威胁。这个肥胖、秃顶、脑袋直接安在肩膀上的男人，极力提倡对自己的个人崇拜。我们的一首幼儿园歌曲，就是献给这可憎的暴徒——《我们感谢您，拉科西同志！》

铁托、枢机主教敏真谛、劳伊克·拉斯洛都是我熟悉的名字。但有时我会被这些名字的两种版本搞糊涂：一个在我们公寓里头，另一个存在于外部世界。（父母报道了敏真谛和劳伊克的做秀公审。二人都被判犯有间谍罪，但都是诬陷的。枢机主教终身监禁，外交部长劳伊克被径直送去绞刑架。）还有些名字，我知道最好别在家以外的地方提起：美国公使克里斯琴·雷芬达尔（Christian

Ravndal），还有一连串美国和英国的外交官，如阿博特、罗杰斯、唐斯、辛普森，等等，他们组成了我父母的社交圈子。

曾有一次，我疏忽了控制着我们被割裂开的生活的潜在规则。我的幼儿园要求同学从家里带来各自最喜欢的玩具。我选了一只能上发条的小猴，会一边打转一边敲鼓，结果所有的小孩都跪下来欣赏这令人惊叹的西方技术（显而易见）。我被传召去校长办公室，接受儿童版的秘密警察的审问。她盯着我问："你从哪里弄来的这个玩具？"好像我是在向敌人出售核秘密被逮个正着。我知道最好别透露它是露丝阿姨送给我的圣诞礼物。美国公使馆的新闻参赞露丝·特赖恩（Ruth Tryon），赠送我这只美妙的猴子后不久，就被宣布为不受欢迎的人，必须在二十四小时内离开匈牙利。我因小孩子的自我中心，以为这两件事存在因果关系。

大多数匈牙利人都害怕我父母，尽量躲着他们。由于拉科西实质上已向美国提出挑战，连小孩子都可感受到，马顿家庭已成放射性物质的污染源。现在看起来，这有点怪异；但那时司空见惯，政治已渗透到日常生活的每个角落。我渐渐明白，卡尔马尔·苏兹是不敢回访的，因为怕受我们的沾染。后来她终于来访，不是为了来跟我玩，而是带有其他目的。在这样的国家里，童年生活也受不到保护。

我想，我们姐妹都还年龄太小，尚未被视作危险人物。但身穿条纹T恤和齐膝长袜——尽管是美国外交官的小孩所遗弃的——我们就像是两块移动的广告牌，为人人鄙弃的"敌人"做着广告。对渴望同伴喜欢自己的小孩来说，这是一种何等滑稽的感受。我们乘坐白色敞篷的斯图贝克车进进出出，而承受泥浆溅身的路人必须等候喷吐黑烟的破旧公交车，我们姐妹感觉自己成了公主。

姐姐朱莉和我站在自家的白色敞篷车前。这辆美国大汽车实在是匈牙利当局的眼中钉，在父母被捕后即被充公。政府将之漆成黑色，当作公家车。

从我们在学校唱的歌曲，从宣传栏上（随处可见的一幅如此敦促民众："购买和平债券，给美帝国主义一个回答！"），我知道，父母在与帝国主义犯罪分子交往。我们在学校背诵巧妙的韵文，讥讽艾森豪威尔的胖脑袋充满了氧气，随时都会爆炸；而我父母每星期二早晨驾驶美国大车，去拜访美国公使馆。母亲称那部车是父亲的"小虚荣"。即使今天，我仍惊讶，他怎么有胆量向离职的美国外交官乔治·阿博特（George M. Abbott）买进这样招摇的美国技术？我们曾拜访阿博特，一个饱经风霜、瘦削、背略驼的男人。他骄傲地向我们展示，如何将他的外交居所的后院改成小型农场，花床里种满了西红柿和美洲丝瓜。我想我优雅的父亲，以他那双漂亮而修剪整齐的手和驾驶手套，比阿博特更适宜坐在驾驶盘后。但为什么他要如此故意刺激当局呢？根据秘密警察档案中的告密者"安德拉希"（Andrassi）的说法，一名外交部发言人曾呵斥我父亲："嗯，开那样的车，很容易被人跟踪！"父亲回答："欢迎他们的跟踪！我什么也不隐瞒。"父亲有时把我们留在斯图贝克车的后座，自己去张罗他的差事。很快，闲散的行人聚集起来，孩子们鼻子挤压着玻璃窗以便检视这一奇物。这种时刻，我既很骄傲，又颇为困窘。

几乎做每一件事，我们都是全家集体行动，这是受内部放逐的好处。父母不喜欢做"孩子气"的事，譬如去动物园或游乐场；反之，他们带我们去土耳其蒸汽浴室。这甚至在一切清简的1950年代，仍赋予了这座城市某种快乐主义的氛围。我在蒸汽弥漫的土耳其浴室中，被吊在长长的钓鱼竿上学习游泳；环绕我的是布达佩斯残余的知识精英，他们一边缓慢而有节奏地游着蛙式，一边继续他们的交谈。我们还去看歌剧！我们极为美丽的玛格达（Magda）阿姨嫁给了歌剧导演拉慈（Laci）叔叔，因此，歌剧院简直成了我们的日间托儿所。到六岁的时候，我已经可以跟着（悄悄地）哼唱主要的歌剧咏叹调。

捷巴德咖啡屋的大理石小桌摇摇欲坠，挤在小桌周围的成人世界，往往有我们姐妹的份儿。当然，我漠视一切，只专注于舀我的巧克力，上面覆盖着一层搅打奶油（名叫"印第安人"，是我的最爱，也解释了为什么我频频拜访家庭牙医。他的名字叫皮什陶·派什蒂[Pesti Pista]，读起来很怪，老是引我发笑，他的诊所就在捷巴德咖啡屋附近。）其时，那些内尼（Neni）、巴歇（Bacsi），即我的"婶婶们"、"叔叔们"，正与我父母聊天；其中一半人将把我父母每句俏皮的评语汇报给秘密警察。现在的记录透露，甚至我那位名字有趣的牙医也躲避不开秘密警察的专门拜访。

我记得父亲是矜持的，有点不易亲近。记忆中，我不曾坐在他膝上，甚至不曾牵着他的手（我想，他日后表现出的疏离可能与将近两年的牢狱有关)。他脾气的偶尔爆发愈加令人害怕,好像是晴天霹雳。有一次,我——他神秘地称我为"丹尼斯威胁"*——在嘲弄我姐姐,吵醒了正在小睡的母亲。父亲满公寓追逐,用他著名的足球脚踢我的屁股。假如我明白父母其时承受的压力,我蛮可以在成人休憩时做个安静的小老鼠。多亏秘密警察的监视记录,我现在知道,他是仁慈、关爱我们的。

监视记录,1954年8月27日:

上午10点05分,[马顿]身穿黑灰色条纹西装[我记得是他最喜欢的泡泡纱面料]和他的两个小女孩离家上车(牌照CA894),开车去阿尔克特斯街(Alkotas Utca)1号,我们拍摄到他走出汽车,与两个小女孩一起走进一家文具店。到了里面,他给她们买了学校用品。十分钟后,携带学校用品和两个小女孩,离开商店。

11点43分,马顿开车去捷巴德,找到一张桌子后,叫了冰淇淋,三人边吃边聊。

中午12点20分,马顿牵着小女孩们的手,步行回到车上。他们开车去瓦齐街7号,走进一家玩具店。

12点30分,牵着女儿们的手,马顿离开商店。其中一个女儿怀抱一个包裹,外面有粉红色的纸包装。

13点20分,马顿和他的两个小女孩开车去多瑙河宾馆

---

* 《丹尼斯威胁》(Dennis the Menace),美国著名漫画家汉克·凯查姆(Hank Ketcham)创作的卡通喜剧漫画,1951年3月12日初次登场,后由凯查姆的前助理继续创作,以十九种语言在四十八个国家的至少一千家报纸连载。卡通主角丹尼斯·米切尔(Dennis Mitchell)仅五岁半,早熟且可爱,满脸雀斑,额前一撮著名的金发。——译注

（Duna Hotel）。他们坐在宾馆花园里的桌子旁吃午餐，我们继续监视。

多亏秘密警察，很久以前的这个夏日，早被后续的戏剧性事件淹没了，现在却又恢复原状，呈现在我眼前。

第三章　妈妈和爸爸

爸爸（美联社记者）在教妈妈（合众社记者）如何找到与伦敦或纽约通话的国际接线生，这是驻外记者的基本功。

他们的生活和工作"仿佛……",仿佛开车去自由广场,在飘扬星条旗的柠檬黄色建筑物前停下,走进那令大多数匈牙利人既恐惧又渴求的另一个世界,如同家常便饭;仿佛从铁幕后持续不断地报道坏消息,是他们新闻工作的分内之事。

美国公使馆(美国在匈牙利的外交机构,故意不升级为大使馆)星期二的"记者招待会"是父母的日常功课,留驻匈牙利的西方新闻媒体,此时仅剩下他们两人。最了不起的是,他们面对无时不在的压力,几乎从不屈服——每次打电话,都能听到"喀哒"一声;显而易见,信箱里的来信早已被用蒸汽打开过。而档案揭露出,对他们的监视远超过他们估计的;他们醒来后的大部分时间,或是有人监视,或是有人监听,根本就没有隐私可言。

我记得面色苍白的乡下女孩向我父母含泪承认,只有答应做告密工作,才能继续为我们打扫或烹饪。来自特兰西瓦尼亚地区(Transylvania)的埃陶(Eta),陪伴我们数月就选择了回家;随后是泰雷兹(Terez),度过一段紧张时期后也返回自己的村庄。我父母竭尽所能想让她们放心,劝她们留下来。一名打扫卫生的女子要求我缺少艺术细胞的母亲,为秘密警察画一幅公寓平面图,罗列每一件家具;还有一名女子,被要求收集我们拆信后扔掉的信封。这似乎尤其浪费时间,因为我们所有的邮件,早已经受过审查官的检视。父亲经常为她们草拟要交给秘密警察的报告,他说:"那些不声不响的告密者,才要倍加小心。"

但有一人像胶水一样紧紧跟随我们,我提到过她,只是没做详尽的描述,她永远铭刻在我心头。加布丽埃勒·吉耶梅(Gabrielle

第三章 妈妈和爸爸

Guillemet）来自法国的希侬，漆黑的头发像头盔一样，套在粉白色的脸上。父母雇用她，不仅照看我们姐妹，还教我们法文，我记不得有她不在场的时候。她易怒，身披黑衣，脚蹬笃笃作响的高跟鞋，为什么在我父母眼中却是合适的保姆？我至今还弄不明白。我猜想是因为可选择的人有限，父母又下了决心让我们学习法文。我们叫她"夫人"（我们姐妹将之变成动词，至今还在使用，如"摆夫人架子"[to Madame]，即颐指气使），她确实完成了教法文的任务。我本可以告诉父母，她实在不适于照看小孩！但我没有可信度。"夫人"对我尤其严格，因我老是惹祸。父母虽然对她有过怀疑，却低估了她对真正主人的赤胆忠心。秘密警察档案显示，她是一名勤奋的告密者，跟我们一起生活的那些年里，她的真正工作是以代号"加什帕尔"，细针密缕地向秘密警察汇报我家的一切。

我有时认为，父母措手不及自己生活的跌宕起伏，无暇分辨出我们姐妹之间的差异。我俩的名字总是作为一个单词出现："朱莉—卡蒂"。但秘密警察的档案显示，父亲意识到大小女儿之间的差别。他在牢房里受尽难友/告密者的出卖，仍然特别担忧"与父母分离的小女儿的情绪"。事实上，姐姐和我很是不同，一旦离开家，便各自走上不同的道路。她总是渴望"做"事，而我只是个空想家，喜欢将玩偶排成行，为它们朗读，即使自己尚不会，也要装模作样。我曾因不许与朱莉真打架而怀抱挫败感。她因一剂有毒的疫苗而染上破伤风，一度病得很重；在我看来，她就此赢得了父母的特别关照。父亲不能容忍家里的争吵，会带着很凶的脸色闯入我们的房间，我们姐妹就会立刻叫停。

1950年代初，姐姐朱莉和我，虽然衣着总是一模一样，但性格迥然不同。

秘密警察渴望把我父母攫入手心，几度申请许可，要逮捕这两名"间谍嫌疑犯"，但似乎有某种东西或某个人在庇护他们。我读了档案，也请教了秘密警察的历史学家，最终的结论是：父母独特的关系门路令他们格外珍贵，不可轻易浪费。监狱是拥挤的，供秘密警察折磨的还有许多其他灵魂。拉科西愿意再等一等。在布达佩斯，没人像安德烈·马顿和伊洛娜·马顿一样，获得美国人、英国人和法国人如此的喜欢和信任。最终，他们确实把拉科西引向了重大突破。从另一方面看，他们暂时的自由，无非是两只具有异国情调的小鸟，栖息在设备完善的鸟笼；但每一个举止都有人尾随，每一次会话都有人记录，目的就是为了掌握美国人的更多动静。况且，他们的鸟笼也在渐渐变小。

1953年1月14日，美国公使馆顾问乔治·阿博特呈给国务卿约翰·杜勒斯（John Foster Dulles）一份备忘录。这份备忘录一直被定为"机密"文件，直到2008年6月5日方获解密（因为我依据美国《信息自由法》[Freedom of Information Act] 提出申请）。时隔这么多年，这份对我父母境况的描述既缜密又很有洞见，深深打动了我的心。阿博特写道："马顿是唯一重要的 [通讯记者]。"

  过去两个星期二 [记者招待会日]，马顿都是单独来美国公使馆的。他苦笑着自嘲，以前的同事只能提供幽灵般的陪伴。马顿意识到拜访"敌人"公使馆的风险，但相信不会大于过去两年中的，所以会继续前来。公使馆也清楚，他的拜访可能被政府认作一种"挑衅"，但计划依旧邀请他，除非发生新情况。另一方面，与匈牙利公民交往，公使馆会一直注意观察，保持小心翼翼……

  "记者招待会"已成为我们与西方通讯记者会面的委婉说法，因为在招待会中，几乎没有消息是公使馆提供的。它其实是一种非正式的社交拜访，对公使馆的益处大于对通讯记者的，因为他们为公使馆提供了机会去讨论和比较对当地事态和趋势的理解，并以匈牙利人的角度来了解情报的背景。

  若干因素有助于解释马顿夫妇继续拜访公使馆的意愿。首先，公使馆尽管遭受了很多辱骂和骚扰，勇敢的匈牙利访客仍能自由进入……其次，马顿夫妇星期二的来访已持续超过两年；他们也拜访英国使馆，每月至少一次；他们还是美、英使馆向西方外交官开放的电影招待会的常客……此外，马顿夫妇在布达佩斯的文化、学术、体育（剑术）界，社会关系良好；在个人行为上，在回避干涉或好奇（"间谍行为"）的嫌疑上，也非常小心谨慎。

  上月，马顿流露出一种全新的省悟，即他的新闻立场——

定会激起匈牙利外交部门的好奇（至少可以这么说）……在新闻题材的选择上，在做出多元的解说方面，他表现出了极大的勇气。不可避免的，他将不得不更加小心。

显而易见，马顿的处境是微妙的，任何时候都可能变得凶险。他和他的妻子愈来愈难以掩饰自己生活和工作中的压力。有充分理由相信，他们希望逃往西方以获拯救。但这种拯救——既危险又昂贵，不管以何种方式实行——因他们有两个小孩（四到八岁）以及和他们同住的父母，而变得更加复杂。

马顿的根本困境在于，他以往的冷静、镇定建立在自己专业新闻人的"常态"上，但随着"常态"的依据逐步受到侵蚀，现在要改建在自己的勇气和毅力上。避开公使馆（和其他人，尤其是英国人），会涉及一种实际上不可行的精神剧变。没有与"西方"接触所提供的道德和精神上的支持，马顿会感受到更多对政府的仰赖。

阿博特还提到，1953年的匈牙利，除了我的父母，仅剩一名还在工作的外国新闻人，阿博特对他有如此描述："阿通尼·阿蒂拉（安德拉希，Attila Ajtongi）是个形迹可疑之人，显然不靠新闻工作谋生，很可能是秘密警察的告密者……曾数次要求出席［美使馆记者招待会］，都被成功地谢绝了。"像低估法国保姆一样，父母也没把这名冠有外国新闻人头衔的"形迹可疑之人"当一回事。他们只是认定，不需要对任何人隐瞒。对美国（尽管从未踏足）所代表的价值，他们情有独钟，并且毫不掩饰。美国外交官们是他们的朋友，也会向他们提供忠告——正如我父母已经隔绝于真实的匈牙利社会

第三章　妈妈和爸爸

一样，如果我父母偶尔切断与西方的联系，他们也不会认为那有什么错。

父亲在1953年遇上了一次为美国人正名的机会。匈牙利官方媒体一直把美国说成种族主义国家，黑人仍聚居在贫民窟，处处低人一等。我父母实在受不了。于是，父亲向公使雷芬达尔（驻布达佩斯的美国最高级别的外交官）提出建议，调派一名黑人外交官来揭穿这一宣传。雷芬达尔认为是个好主意，便问他可否在呈交国务卿杜勒斯的公文中讲明是我父亲的建议。父亲表示同意，他认为自己与雷芬达尔的会话都是机密的。数月后，派驻匈牙利的首名非洲裔美国人鲁伯特·劳埃德（Rupert Lloyd）抵达公使馆，先是担任一等秘书，后升任顾问，迅速成为布达佩斯外交圈中颇受尊敬的成员。劳埃德的高调出现令匈牙利政府宣传机构恼羞成怒，此举无疑给宣传策划人一次犀利的反击。

强壮的厄内斯特·纳吉（Ernest Nagy），二十五岁，来自美国克利夫兰市。当他作为新领事抵达布达佩斯时，马顿夫妇已是"常客"，受邀出席公使馆的大多数活动，不管是正式的还是非正式的。其时，莫斯科和华盛顿正锁在一场你死我活的全球博弈中，而我父母则是美国公使最喜爱的桥牌伙伴。纳吉在2008年回忆："我们都知道这些定期出席公使馆活动的特殊人士。你父母看起来从不胆怯或害怕，他们只是单纯地具有英雄气概呢，还是在替秘密警察做事？我们猜想，他们至少要定期向秘密警察汇报一些无关痛痒的琐事。但我们从不认为，他们是政府的同路人。他们被逮捕之后，一切都水落石出了，他们真是非常勇敢。"

纳吉的妻子海伦补充了对我父母鲜明、生动的记忆。纳吉太太在2008年回忆道："我永远忘不了他们走进公使馆的模样。在这个国家买不到任何东西，每个人看起来都可怜兮兮，像遭到了忽略和遗弃。突然间走进这两名匈牙利人，穿着打扮胜过我们中间任何一位。通过观察你母亲，我对品位和着装有了更多的认识。"

纳吉太太让我浏览她家的相册，里面贴满那些1950年代的黑白小照。"看，"她指向一张照片，果然，雍容大方的母亲身披黑色洋装，头戴蒙上白纱的小帽，"那是在我们的婚礼上拍的，在雷芬达尔的花园。你绝对猜不出她不是'我们中的一员'，对吗？"

可能父母说服了自己，如果他们穿着、表现与美国外交官一模一样，兴许也能蒙住他们的敌人。

第四章 美国人

妈妈（左四）在布达佩斯的外交招待会上——像往常一样，是人群中唯一的匈牙利人。

倘如拉科西·马加什——犹如《格林童话》中一个叱咤风云的角色——代表我童年的邪恶，那白衣骑士就是美国驻匈牙利公使克里斯琴·雷芬达尔。从1951年到1956年，在这个欧洲被遗忘的角落代表美国的有四十四个大人和十四个小孩，而主宰他们情绪和色调的是雷芬达尔。我家陷入严重麻烦后，我们才真正了解到，这位外表轻松愉快的男人是由何种材料制成的。

雷芬达尔的名字唤起我童年最戏剧性的时日。他出生于贝鲁特——其父亲在那里任美国领事，他先在伊斯坦布尔接受教育，后转至他家乡的爱荷华州路德教会学院。他被人叫做克里斯，在抵达冷战中的布达佩斯之前，已在美国国务院政绩斐然。一开始，他在维也纳大使馆担任译电员，到1947年升为驻外事务局长，开始该精英团队的重整，以便更好地反映美国社会。在抵达斯大林主义的匈牙利首都之前，他已是驻乌拉圭大使。在布达佩斯，他向甚至已渗入公使馆的恐惧气氛发出挑战。

厄内斯特·纳吉记得，"他是我的第一位主管，所有他的后继者都令人失望。他与你父母交往密切，爱跟他们谈音乐、体育、作家。你父母在这些领域中知识渊博，消息灵通——所以互相建立了亲密纽带"。

像我父母一样，雷芬达尔拒绝接受那道由告密者和特务造出的无形围墙。纳吉还记得："他属于海明威的类型，喜欢喝酒和女人，欣赏体育，牌艺精湛，是一位颇有天赋的音乐家——他热爱生命！"雷芬达尔为自己建造了四洞的高尔夫球场，还特地雇用一名匈牙利的高尔夫专业人士，名字叫乔（Joe）。驻布达佩斯经济参赞汤姆·罗杰斯（Thomas Rogers）是他的属下，回忆道："我们都要来参加高尔夫比赛，每个周末都有颁奖。我想，我得了一个为从未赢球的人而设的奖。"雷芬达尔对桥牌、高尔夫、音乐、豪饮、频繁社交都充满激情，并将之化成外交工具。在秘密警察的眼中，他一定是个扑朔迷离的角色，宁可与英国大使的太太汉基（Hankey）女士四手联弹钢琴奏鸣曲，也不愿谈论政治。该如何应付这样的男人？

半个多世纪后，汤姆·罗杰斯回想他与公使雷芬达尔的第一次面谈。他记得，"在国务院，雷芬达尔与克莱尔·卢斯*分享同一间办公室。时任驻意大利大使的克莱尔·卢斯正在打电话，雷芬达尔没说话。我想，他是想等她打完电话。她挂了电话后，他还是闷声不响，只管浏览我的档案。好像很长时间之后，他终于发问：'你打桥牌吗？'我回答：'我妻子莎拉（Sarah）十分喜爱，但我自己只是随便玩玩。'雷芬达尔又研究我片刻，最后说：'嗯，谢谢你来。'我想，完了。出乎意料，我获得了经济参赞的任命。"

"我到维也纳时，雷芬达尔仍住在布里斯特尔宾馆，邀我搭他的便车前往布达佩斯。他让奥地利警察护送我们到边界，匈牙利公使馆的轿车，一辆六缸别克旧车，已在边界对面等我们。他打开装满三明治的篮子，拔掉马提尼酒罐的木塞，我们俩一起吃得净光。午餐后，他一下就睡着了，司机带我们穿过沉睡中的匈牙利村庄。

---

* 克莱尔·卢斯（Clare Boothe Luce, 1903 年 3 月 10 日—1987 年 10 月 9 日），美国剧作家、编辑、社交名流、大使、国会议员。1935 年 11 月 23 日与《时代》《生活》《财富》杂志的发行人亨利·卢斯结婚；中国抗日战争时期，曾陪伴亨利·卢斯访问中国。——译注

1954年为美国新闻人安排的晚宴,在乔鲍街公寓内。坐在地上的是父亲,我坐在美联社摄影师的膝上,我的右边是我母亲,坐在墙角的是祖父母。

到达布达佩斯时,他又精神饱满起来,而我已精疲力竭。"

除了克里斯·雷芬达尔,中央情报局站长吉扎·卡托纳(Geza Katona)也试图打破这道隔离的围墙。卡托纳以他的狗作为掩护,来建立与匈牙利人的联络。"我常带着它们去市公园散步。布达佩斯居民喜欢漂亮的狗,因此愿意与我交谈。人们在露天场合比较大胆,在公园里没有理由担心被人偷听,尽管我有盯梢的尾巴——持续两三个星期会有一次暂停,然后再重新开始——这是正常的。他们跟踪时相当大胆,其时布达佩斯的路上没有多少汽车,我们非常熟悉那些牌照。要是有新的,我们就会相互通知:'嗨,我被CD600盯上了,记下来,那是国安部的车!'"

政治参赞唐斯(Don Downs)的德国牧羊犬——名叫"公爵",在布达佩斯的间谍游戏中,扮演了精彩的角色。1954年的一次夜间遛狗,"公爵"在一棵树下嗅出什么。唐斯弯下腰,找到一份匈牙利共产党政治局会议的会议记录,显然是故意留给美国人的。这是公使馆获得拉科西即将下台的首次预警。(唐斯和"公爵"也见证了我父亲的逮捕。)

布达佩斯的爵士音乐和美丽女孩是美国人逃避寂寞的两条出路。业余爵士音乐家、领事纳吉回忆:"布里斯特尔宾馆是我们的总部,有一位模仿奥斯卡·彼得森*的钢琴家在表演,周围有很多女孩,我爱上其中一位,却无法将她带出宾馆。我们光顾很多酒吧,等到它们一一关门,以此迎接清晨。"纳吉1954年与公使馆乌发秘书海伦·斯蒂芬斯(Helen Stephens)结婚,他的单身汉生活方告结束。

他记得:"海伦和我结婚几星期后,我在红磨坊夜总会听爵士音乐,那是一家位于佩斯的小酒吧。一名魁梧、强壮的男子加入了我们,他从口袋里掏出一沓照片,说:'这是我们从大路对面的树林里替你们拍的结婚照,可以看看,但要还我。'原来那个爵士音乐迷,白天的工作是秘密警察。"

不是每一位公使馆成员都能轻易适应持久的监视。二十八岁的译电员约瑟芬·萨尔瓦托雷(Josephine Salvatore)1949年抵达布达佩斯,对充满敌意的环境毫无准备。她记得:"有一天晚上,大约是凌晨2点,国务院接线生的电话把我叫醒:'你必须立刻去公

---

* 奥斯卡·彼得森(Oscar Peterson,1925年8月15日—2007年12月23日),加拿大钢琴家和作曲家,发行二百多张唱片,赢取七个格莱美奖,被认为是有史以来最优秀的爵士钢琴家之一,在全世界举办过数千次现场音乐会,艺术生涯逾六十年。——译注

使馆签收一份密码邮件。'我住的地方离公使馆尚有几条街，没有计程车，只好步行，每走一步，就听到我身后的人也走一步，抵达公使馆时已全身哆嗦了。再有，我们不能与匈牙利人交往，如果这样做，就会让他们遇上麻烦。所以，我们从不主动与人亲近。另外，我们挤在这窄小、拥挤的外交社区，太多的聚会，太多的饮酒，纯粹是被迫的欢乐。我们听到有关拉科西的故事，还有他对匈牙利人的种种暴行。在那种压力下生活，可真不容易。"

冷战中的布达佩斯弥漫着幽闭恐惧症的气氛。雪上加霜的是，政府规定：无特殊许可证，美国使馆人员一律不得离开市区三十公里。对他们而言，大部分乡下是禁区。拉科西政府尽一切努力要把"帝国主义者"困在密封的盒子里。美国外交官所受的隔绝，超过我们——但跟我们不同的是，他们有随时离开的护照。事实上，约瑟芬·萨尔瓦托雷就是如此，她提前回了国。

美国外交官在布达佩斯有资格获得"艰苦补贴"。1953年10月27日的正式公文，对公使馆的生活有苦涩的说明："当地交通服务是有的，但考虑到广泛的反美宣传，公使馆要求把遇上敌意的机会降到最低。所以，公使馆只向住在较远区域的使馆人员，提供通勤接送服务。"甚至城市壮观的历史景点，今天能吸引成千上万的游客，但在当年也发挥不了调剂功能。因为该公文还有这样的要求："观光必须留心、谨慎，以避免受到刺探情报的指控。"而在这些人为的障碍之上，还有个永久的阻隔：匈牙利语。

语言障碍是个基本障碍，匈牙利语言非常难学，与其他通用语言绝无关联，而等你离职后，又全无用处。多数美国使馆人员只学会用匈牙利语购物、点菜……会讲英语、法语、

第四章　美国人

德语的大部分匈牙利富裕阶层，或在监狱，或被驱逐，或沦为贱民，与他们联系是不可能的。除了官方宴会，与西方友好国家之外人士的交往并不存在。

娱乐的欠缺成为一种艰苦。娱乐方式的有限和不友善当局的横加约束，令公使馆人员无法获得充分的放松和刺激。人们变得呆滞，性格上的摩擦显得格外严重。

困居于公使馆是另一种艰苦。社交局限于狭小的团体，所有娱乐只在同事之间进行。交流的话题有限，缺乏新意，并且一再重复，势必造成摩擦。

在外国外交官和他们的孩子居住的大气泡中，我们姐妹是荣誉成员。我们应邀参加他们的生日聚会、游泳、郊游（自然，美国公使馆在郊外有个不大的乡村俱乐部），以及英美使馆的电影招待会。我就是在此看到了迪士尼的小鹿斑比和白雪公主，最为神奇的是英国伊丽莎白女王的加冕典礼。每当我见到现已年长的女王的照片，总会忆起那天晚上的难堪。我的脸颊因牙齿发炎而肿胀，电影室灯光一亮，我就害羞地躲到我的座位底下。本来身为一个害羞的匈牙利流浪儿（不会讲英语），在一群爱说话的英美小孩中，就已经够窝囊了。

那些小女孩们衣着十分光鲜，甚至在冬天还穿着花边小袜子、裙子礼服和白色尼龙毛线衣。对我而言，她们活像复活节的装饰品。我只会讲寥寥几句英语，仍与她们在一起玩"提思克和塔思克"（A Tisket, a Tasket）、音乐抢椅子和各式版本的捉迷藏。我喜爱美国人的轻松自在。某位父亲会对我们打招呼："嗨，丫头们！"孩子们大声回喊："嗨，爹咄！"不像在成人堆里，不用起身，也不用握手。我们可以席地而坐，不像在家里。第一次品尝美国的全国性饮料，我不喜欢它"多刺"的气泡，美国方方正正的橙色奶酪也味同嚼蜡。但这好像是一个轻松愉快的光明世界，而我多想成为其中一分子啊！在这类活动中，我们姐妹通常是仅有的匈牙利小孩，而我父母是仅有的匈牙利成人。每次步入外交官住所，总给我带来惊喜。它们窗明几净，保养良好，住在里面会觉得很"安全"。1995年，我选择美国驻布达佩斯大使的花园举行婚礼，求的就是安全，虽在我的家乡，但又在安全的美国土地上。

四十四名美国人，星期六夜晚在他们修剪整齐的灌木后面，在他们仿造的美式郊外别墅里，玩 bingo 游戏，或是在雷芬达尔的率领下，唱他们在堪萨斯州哥伦布镇或内华达州法伦镇每个星期日惯唱的圣歌。他们是匈牙利政府的囚犯，几乎沦落到我们同样的地步，但他们与我们之间仍有关键的差别。他们在铁幕后的停留是有期限的，一旦有冲动，就可跳入他们的别克或雪佛兰汽车，五小时后，就可见到战后维也纳的破旧楼宇和鹅卵石街道。为了走同样的路程，我们一家愿意赌上一切。

有时，片刻的幽默打破了斯大林主义的布达佩斯的紧张气氛。厄内斯特·纳吉记得，"有一天，一名神秘兮兮的匈牙利人来到公使馆，携带一个包裹，要见'重要人物'。我们带他去见吉扎［卡托纳，中央情报局站长］，他告诉我们：'这是从美国汽车里掉下来的，我不想让它落到苏联人手中。'结果发现是一盒用过的避孕套，马克斯［经济参赞马克斯·芬格（Max Finger）］想方设法还是没能扔掉它"。

父母是美国使馆人员无休止的猜测对象。汤姆·罗杰斯说："我们认定，秘密警察会定期询问他们。没有询问是不可想象的，但我

第四章 美国人

没有问过他们本人。这并不表示,他们在向当局提供有价值的信息,当时都是这样。你父母在做多么危险的事,为美联社和合众社写稿,与我们交往,牵涉是很深的。他们来参加我们的婚礼和婴儿礼物会,在圣诞节跟我们一起唱颂歌,真是罪上加罪啊。"

另一名美国外交官对我父母深表怀疑。雷芬达尔的副手西德尼·拉方恩(Sidney Lafoon)恰是他老板的反面,借用纳吉的话语就是:"平庸、笨拙、缺乏想象力、多疑、仅凭直觉,属'立场坚定'一类。在麦卡锡时期,国务院里多得是,拉方恩便是该时期的残余。依我看,你父亲是中欧教育系统的产品,多才多艺。这类人文主义教育现在已属凤毛麟角。拉方恩认为,你父亲'不是自己人'——而是嫌疑对象。"

拉方恩据传颇为富有,因而有能力帮雷芬达尔分担许多乏味的正式款待。也许是交上坏运,拉方恩偕同妻子和两个女儿一起搬入乔鲍街我家旁边的外交官住所,麻烦接踵而至。

其时,祖父母仍跟我们同住,祖母更是一名热情洋溢的厨师。外交官住所的厨房正好面对我们的阳台,我记得祖母喜欢与拉方恩的厨师弗朗西斯卡(Francesca)聊天,对方会从自己的厨房窗口探出身子,与我祖母讨论当天的菜单。拉方恩搬来不久,就让技工安装上铁栏和不透明窗户;两栋房屋之间,再也不能言语交流,也见不到对方。其中一名匈牙利技工跟我父亲说:"我只在基思塔萨(Kistarcsa)才见过这样的装修。"那是郊外一个声名狼藉的纳粹和秘密警察的集中营。

弗朗西斯卡与我祖母不再聊天,朱莉和我也尽量不让我们的皮球飞进拉方恩的花园,那可是有去无回的。汤姆·罗杰斯直截了当地说:"我鄙视他,他认为你父母是间谍,便拒绝与他们有任何交往。"

　　1970年代，我在华盛顿特区读研究院，父亲要我陪他出席国务院的外交招待会。在拥挤的外交官和新闻人中，父亲认出一个硕大身影，西德尼·拉方恩。"不要向那人微笑，卡蒂，他是个很坏很蠢的人。"我挤过人群，好好看看我家的冤家对头，并给他一个最狠的横眉怒视。

　　父母不知道，公使馆里还有个更危险的美国人——他对他们造成的伤害，远远超过这名外交官。

第五章　罪上加罪

秘密警察以长焦距镜头偷拍我父母（父亲在中间）。这张照片也是我在秘密警察档案中找到的。

1952年4月30日，国际社（International News Service）的布达佩斯通讯记者绍特马里·耶诺（Jeno Szatmary），遭严刑拷打之后签署一份"招供"，说"安德烈·马顿和他妻子在每周记者招待会上，传送情报给美国公使馆，我也在场"。绍特马里还说："他们把政治经济事件、解散宗教组织、逮捕社会民主党人等，都一一告诉美国外交官。"不久，他因胃癌未获治疗而饱受煎熬，死于牢中。

父母从不知道这位朋友兼同事被屈打成招，但绍特马里遭逮捕把他们吓坏了，其妻子为此而受的残酷待遇更增加了他们的焦虑。她曾是无声电影的明星演员，却被驱逐进"不受欢迎者"的集中营。

在未发表的回忆录里，妈妈生动地记下了那一刻。"紧张的气氛几乎令我们窒息。至此已很清楚，我们是死路一条，下一个轮到的就是我们……夜复一夜，我们睁眼躺在床上，压低声音，计划潜逃。安德鲁和我，即使加上两个女孩，活着逃离可能并不是一件太难的事。但还有安德鲁年迈的父母，既不能留下，又恐怕承受不了逃亡路上的种种风险。我们已被逼入绝境，别无退路了。"

当然，朱莉和我对家中这生死存亡的境况一无所知。现在回顾起来，真感到惊异，我们姐妹当时的生活竟如此正常。只要父母在身边，孩子可以适应任何环境，我们姐妹就是这么想的。等到我终于读到档案，才意识到父母为这"正常状态"付出了多大代价。外交官阿尔伯特·希勒（Albert Shearer）的美国妻子卡萝尔·希勒（Carroll Shearer）不久前出版了回忆录，其中记下了她亲眼目睹的我父母的绝望。她是在2007年写的，其中写到我母亲给她打过一个紧急电话。"有一天，一位从事新闻工作的匈牙利朋友约我在捷巴德碰头。那是个饮茶的时髦场所，我感到惊讶，但很高兴。我对她很欣赏，所以我的好奇心高涨。我们闲聊一阵后，她终于开口："卡萝尔，我有个很认真的请求。"我的想象力不够丰富，根本预想不到她想说的。"能不能请你把我的两个女儿带出国？"我好长一段时间惊愕无言。我知道我必须说不，但又不忍心，也不会急中生智来设法婉拒。她继续说："我想安德烈和我将很快被捕，我就担心孩子们。"

"她丈夫也是新闻人，很出色。她告诉我的无疑是事实。终于，我给了最直接也是最诚实的答案。'伊洛娜，如果我照你的愿望办，我会危害整个美国公使馆。我知道，秘密警察一直在等我做犯法或愚蠢的事。天知道，我每天都处在诱惑的包围之中。'偷运那两个小孩，要么藏在我汽车的行李箱里，要么装入外交邮袋，实在是无法保住秘密的。"*

母亲会想到——即使是这想法本身——放弃女儿，为了让她们谋得生路，这真叫我大吃一惊。这个新发现使我改变了对她的印象，但已为时太晚，我已经没法再跟她谈论此事了。我赞美她愿意做出这样的牺牲，又惊栗于她必须做出这样的选择。另有一个想法在我脑中浮现：倘如希勒太太真把我们带出去，在不同的外交职位上把我们抚养成人，我们又会变成什么样呢？（阿尔伯特·希勒，于1952年被宣布为不受欢迎者，必须在二十四小时内离开匈牙利。之

---

* Carroll Russell Shearer, *The Great Adventure.* Lunenburg, VT: The Stinehour Press, 2007, pp. 36–38.

后，他继续他杰出的外交仕途，曾担任驻捷克斯洛伐克大使。）无论是怎样的保证，都不能满足我父母对安全的渴望。

另一方面，父亲还在不顾一切地搜寻出路，以保全家团圆。我是幸运的，其时还年幼，不懂一个愁字。我的童年早期受到层层呵护，我对父母的困厄视而不见。

在那段糟糕的岁月里，美联社驻维也纳的通讯记者理查德·欧里根，设法替爸爸找到一个蛇头，是一名以萨尔茨堡为基地的军队间谍，外号叫"法国人"。他愿意帮忙，问题是先要交钱——大大超过我家能负担的。欧里根担心自己在这地下交易中牵涉太深。他在1952年10月29日写给美联社在纽约的总经理弗兰克·施塔泽尔（Frank Starzel）的信中说道："在感情上，我真想帮马顿。但理智告诉我，如果马顿在一切还没有太迟之前，先停止为我们工作，再给自己找份其他工作，好好待着别走，这样会更明智。逃离的风险日益增加，成功的潜逃越来越少。我不知道［马顿］确切需要多少钱。冬天将临，无论如何，他必须等到春天。现在，费用大约是一千五百美元一人，这意味着他可能要向美联社预支三千美元，而前提是他设定的逃离队伍只包括他自己、妻子和两个小孩。到了春天，费用可能会更高。"

施塔泽尔回复："如果我认为此计划有成功的可能，我愿意批准三千美元的预支。如果还要增加很多，我就会再斟酌。我非常怀疑［马顿的］处境会因辞职而获得改善。相反，他可能因此而蒙受更多怀疑。此外，他不大可能在别处获得同样的联系渠道。"

那年夏天，父母让我们留在家中，他们自己沿多瑙河做一日游。我们姐妹知道，这次旅行不同于以往的假期郊游。到了傍晚，他们仍没归来，我固执地坐在我家楼梯的底部等候。我记不得到底是谁

第五章　罪上加罪

说服我放弃守候而回到床上；我想一定是"夫人"，但我实在记不得那狡猾、急躁的女人的任何善举，哪怕是一次。

他们到第二天才返回，既沮丧又伤痕累累，头和胳膊都有绷带。实际上，他们是去多瑙河边的村庄找一名水手。听说，他曾利用布达佩斯和维也纳之间的轮船，把人藏在箱中偷运出境。夜幕降落，父母的汽车在陌生的道路失控，翻入一道八英尺深的水沟。母亲事后回忆："我晕过去一分钟。过后，我想自己一定伤得很重，因为我浑身是血。一名路过的司机停下，急切地俯身检视我，却找不到任何伤口。突然听到安德鲁的呻吟，我才发现身上的血原来是他的。他手腕上的一根动脉断了，几乎神志昏迷。我们带他去看当地医生，我跟在后面的政府卡车里，但乡村医生无法妥善治疗［你父亲的］伤口。等到他能上车，我们就乘计程车返回布达佩斯，直奔医院。"

父亲最后的"外国新闻人"同事"安德拉希"，1953年1月11日向秘密警察报告，他无意中听到我父亲在捷巴德说："每个人都胆战心惊。受人尊敬的文化人、科学家、艺术家和医生，都被迫发表光怪陆离的声明，以拥护党。"

1953年1月21日，根据绍特马里的"招供"和父亲对匈牙利"具有攻击性和破坏性的报道"，内政部"建议以帮助美国刺探情报的罪名，逮捕安德烈·马顿"。

然而在1953年3月5日，斯大林去世了。

我对那天的记忆是城市中异常安静。工人放下了工具；有轨电车和公交车尖叫着戛然停下；我们幼儿园里，大家围成圈，默立以表尊敬。母亲记得在随后的数天里，"八年都不敢说心里话的男男女女，现在与朋友们公开讨论……人们守在收音机旁，又匆匆赶去邻居家，通告最新的消息。街上和咖啡屋里，笑声和笑话不断"。父母祝贺自己：他们度过了最黑暗的时日。

但在布达佩斯，拉科西仍在执政，仍然危险。父亲放弃了多瑙河的水手，但仍在与"法国人"联系。

1953年4月2日，欧里根又写给施塔泽尔一封信，要求阅完即"销毁"，幸好施塔泽尔没有履行那个要求。

> 布达佩斯世界和平理事会的邀请肯定使事情变得复杂了……有关方面希望在大约相同的时期，将马顿弄出来。
>
> 就马顿而言，我相信只要他仍在那里，我们就应该保护他的职位。我认为，继续把马顿当作我们驻布达佩斯的通讯记者很重要。如果马顿需要帮助，我们才会派遣第二名记者。
>
> 昨晚非常意外地接到马顿打给我的电话。（他问我是否收到他需要"药"的来信。我回答，此事已在操办之中。收到如此露骨的电话，我感到震惊。）
>
> 马顿的逃离对美联社的影响：……我们可从这里发出消息，说他显然已从布达佩斯消失，只能假定他已被捕。
>
> 他尝试潜逃时，仍有被捕的可能。
>
> 依我看，无论何时被捕，他都将被迫发表声明，涉及他与美英使馆人员的接触，以及他曾写信给美联社和我，讨论有关逃离的事项。

第五章 罪上加罪

就我个人而言,我真希望他在原地能够愉快。但据我的一连串的访客和他打来的电话显示,他已吓得要死,在祈祷尽快发生点什么事。不管如何,至少在和平理事会结束之前,我认为他是安全的,也可能持续更长时间,如果共产党不想放弃他们所期待的理事会的宣传效用。

同时,美联社总经理也下了决心,不愿再卷入我们的逃离计划。总经理施塔泽尔指示欧里根:"不管是你,还是美联社的其他代表,都不应参与此类活动。无论是以何种方式,它都会让这个组织丢脸,或使我们陷入危机。"

斯大林不在了,但数千特务和告密者所操纵的恐怖机器仍在运转。没人发布指示,让那些敬业的办案人员撤销马顿夫妇的档案。

1953年7月4日,天外救星(deus ex machina)突然出现,为我们解了围。斯大林死去的四个月后,拉科西在特别国会会议中遭到罢免;斯大林"最好的匈牙利学生",被迫将权力移交给温和的共产党改良派纳吉·伊姆雷(Imre Nagy)。有记录透露,在此之前,拉科西被召到克里姆林宫,为失去党和人民的支持而受到严厉批评。纳吉以开创新时代的诺言接任新职,发誓将终止强迫性工业化、农场集体化和"不可靠分子"的下放。他谈论"社会主义法治",以及重新审查政治性逮捕和定罪的必要。尤其是,他保证将做得比拉科西更好——尽管没有指名道姓。他受人憎恨的前任并没有退得很远,只与纳吉互换了交椅,仍是党的第一书记,让纳吉担任总理。克里姆林宫里的斯大林继承者们,相互之间仍在钩心斗角,便在两面下注。

父母当然报道了这个戏剧性变化,为匈牙利,也为他们自己的命运。母亲记得："[国会的]走廊上，男男女女熙熙攘攘，共产党人和党外人士彼此拥抱。新闻记者和政治家们把安德鲁和我挤到墙壁，向我们祝贺。他们已有好几年没敢跟我们讲话，哭泣着抓住我们的手：'你们是对的！你们现在安全了，你们的烦恼已经结束！'我在走廊看到纳吉，走到他跟前，带着感情说：'恭喜你！'……他摇摇头，从眼镜镜片后面忧心忡忡地凝视我，恳求道：'请不要过高地评估此事。'"

过后，父母匆匆赶去看拉科西，只有两名警卫的陪同。看见他们，拉科西停下脚步。母亲记得："我接受了他伸出的胖手，问他：'你好吗？'他边笑边回答：'我什么都好！'得意洋洋的，他旋即走下大理石楼梯，消失了。"

那年传统的美国独立纪念日庆祝晚会，在公使雷芬达尔寓所举行，别有一番滋味。父母感到，随着拉科西的罢免，他们像是在庆祝自己的解放。结果却大失所望，这只是暂缓行刑。

对拉科西的受害者、我父母的同事绍特马里·耶诺而言，这来得太迟。1953年11月26日，绍特马里的遗孀打电话给我父亲。根据秘密警察监听的详细记录，她在哭泣声中告诉我父亲，她丈夫4月6日死于牢中。我父亲问："怎么死的？在哪里？"寡妇呜咽着回答："他们什么都不告诉我，只讲了尸体埋在哪里。"她号啕大哭："啊，我的上帝！我不想活了，我再也不能忍受了。以前，我之所以忍受，是因为我想再见到他，我在为他而活。现在，什么都完了。我该做什么？我该怎么办？"

"他们不给死亡原因？"我父亲问。

"死亡原因？"寡妇反问，"就是他们杀死他的！在他们手里，他做了一年囚犯，迄今已死去六个月。他们现在才来告诉我，我再也不能忍受了。"她一直哭泣。

"你必须平静下来。"我父亲说。

"我请你务必帮忙,你有一辆车?"她问。

"是。"

"星期天,"她继续,"你愿意将我送到墓地,再帮我找到他的坟墓吗?"

"当然。"我父亲回答。

所以那个星期天,我父亲陪着那位寡妇去寻找绍特马里的坟墓,而她丈夫的供词却是政府指控我父母的依据。这一小小事实,几乎埋葬于秘密警察成千上万页的文件之中。它令一名小孩感到自豪,胜过其他任何遗产。

纳吉·伊姆雷可能希望迎来一个富有人性的新社会主义,但拉科西的追随者仍在掌管秘密警察。1954年2月5日,秘密警察再一次向内政部长提出要求:"逮捕和审讯美国公使馆最活跃的特务安德烈·马顿……我们之前曾几次申请许可,施以保护性拘留,但都遭拒……马顿继续保持着与美国公使雷芬达尔密切的私人关系。"

克里姆林宫里面,斯大林的继承者之间的权力斗争仍在风雷激荡,其结果将塑造冷战的进程。同时,父亲却向他的敌人提供了弹药。

1954年7月14日,父亲坐在饰满精美壁画的堂皇的国会会议室。他从笔记簿上撕下一张纸,写上"看看你是否能帮我取得一份今年的国家预算",然后递给"安德拉希"。这名特务多年来一直在等候这样的字条。政府刚刚宣布,那年的预算——经济已变得一团糟——将不再发给媒体,新闻记者只能在国会里阅读,不可带走。"安德拉希"告诉我父亲这一新决定,一贯轻视这位"同事"的父亲回答:"嗯,如果不分发,我就去偷一本。"随后,他闲逛到预算本子叠得高高的桌子边，顺手拿起一本，悠闲地夹在腋下，快步走出国会。

自由广场上的美国公使馆，离国会仅几分钟的步行路程。父亲走这段路时，后边就有人跟踪。海军陆战队警卫挥手让他进去，他乘坐特别电梯，直达位于二楼一角的公使办公室。在这里，他感到安全；虽然有暗藏的麦克风，定期安检也会发现和排除这些监听器械，但麦克风不能记录文件上的日期和名字。公使办公室的人员都知道，不能大声说出敏感内容。父亲带着预算本子抵达时，经济参赞汤姆·罗杰斯正好也在。"他让我查看了其中的价格和生产效率，因我在准备一份国务院报告。我还问他是否可以留下看几天，他也答应了。"数天后，罗杰斯归还了预算本子，父亲也写了自己的新闻稿，是一篇他的美国读者几乎漠不关心的报道。然而，罗杰斯又通过安全的外交邮袋，送了一份拷贝去华盛顿。至少，他以为是安全的。

读到这里，我为父亲的不负责任感到吃惊。他不认为他的"顺手牵羊"是偷窃，但至少是一项挑衅行为。通过将它交给美国人，父亲奉送给了敌人一直在等待的把柄。由于这一鲁莽、逞能的举动，他的一家将付出沉重代价。

秘密警察终于取得一项对父亲的具体指控："偷"政府文件，将之交给敌人。但父母一直到很久之后才怀疑，提供最具破坏性"证据"的，既不是我们危险的法国家庭教师，也不是"安德拉希"，而是一名已变成秘密警察特工的美国人。

美国陆军准尉理查德·格拉斯佩尔（Richard Glaspell），凭借在第二次世界大战太平洋战场的战绩而获铜星勋章。他1918年8月9日出生于俄亥俄州克利夫兰市，由妻子米米（Mimi）、儿子格雷戈里（Gregory）和女儿克劳迪娅（Claudia）陪伴，在1952年

第五章　罪上加罪

11月抵达布达佩斯。他的征兵记录将他入伍前的职业登记为"室内装潢师／橱窗设计师"。我不清楚，秘密警察何时开始胁迫准尉格拉斯佩尔。陆军希望埋葬这种令人尴尬的丑事；非家庭成员想获取军人记录，要受很大的限制。格拉斯佩尔的子女从不知道他们的父亲在布达佩斯到底遭遇过什么，而如今他们也都已不在人世。

格拉斯佩尔是被陆军踢出去的，没有获得新任命，甚至没有养老金。这是他家唯一在世者——他的儿媳孔奇塔·格拉斯佩尔（Conchita Glaspell）告诉我的。他已去世的妻子米米知道多少，我再也无法发现。仍然活着的只有格雷戈里的遗孀和儿子，他们都不知道格拉斯佩尔沉沦的起因，只知道他在布达佩斯过得最愉快，也在那里葬送了前程。2008年，他那位在中学任心理咨询师的儿媳告诉我："上司对他失去了信心，他提前自布达佩斯归来，一直没有其他任命。"

美国人提供了针对我父亲的关键证据，这一定伤了他的心。父亲在他回忆录里故意含糊其辞。父亲写道："此类故事都差不多，外国人与本地女人发生暧昧关系。她可能是秘密警察的雇员，也可能是被胁迫的。然后，通过单面透视的镜子取得他们在床上的照片，**如同出卖我的人所遇上的，他是被勒索的……**"父亲这样结束这痛苦的话题："如果不加上这条说明，这幅图画是不完整的。在我的案件中扮演卑鄙角色的人，既不是外交官，也不是布达佩斯美国公使馆的匈牙利员工。"

父亲被逮捕的那个晚上，父母正好与格拉斯佩尔的上司、军事参赞哈里·菲尔兹（Harry C. Fields）一起就餐。很可能，这也是逮捕一事进行得万无一失的原因所在。我们安全离开匈牙利后，父亲得以获悉格拉斯佩尔的真正身份，并透露给他最亲密的美国朋友汤姆·罗杰斯。罗杰斯在2008年向我确认道："是的，格拉斯佩尔把我给国务院的报告交给了秘密警察，其中就有你父亲提供的1954年匈牙利预算。"这个"被偷"的预算，再加上有机会窃取公使馆机密者所提供的其他证物，构成了我父母案件的核心证据。

厄内斯特·纳吉也从我父亲那里得知格拉斯佩尔的背叛。他说，冷战期间所有外交人员，都曾接受应付胁迫的训练。他记得"几年前，我被卷入一宗类似案件。公使馆一名秘书与匈牙利医生坠入爱河。不久，秘密警察拿出照片威胁，逼她参与间谍活动。她直接找克里斯·雷芬达尔，讲清来龙去脉。第二天一早，雷芬达尔叫我——我是职位最低的职员——开车把她送走。按照预定，我把她交给已等在边境的维也纳大使馆人员。她以后有个完整的外交生涯，直到体面退休。这归功于克里斯·雷芬达尔，他在公使馆营造出互信气氛，促使那女孩自愿开口。"但理查德·格拉斯佩尔选择了一条不同的路，从而向华盛顿的冷战敌人提供了最珍贵的礼物：对敌方机密的渗透。

这里我必须谈谈我对父亲行为的反应，我是第一次获悉其中详情。爸爸可能不知道格拉斯佩尔，但他很清楚，他处在不间断的监视之中。与美国人分享限制文件已超越记者的责任，从冷战的角度看，更容易被解释为间谍行为。爸爸为他不顾后果的傲慢，付出了极大代价。

不利于父母的证据在不断累积，秘密警察在等候逮捕他们的许可。斯大林和拉科西都离开权力中心的那一年，年终嘉言是美联社总经理弗兰克·施塔泽尔发来的贺电："最温暖的圣诞节祝贺，给你和你的家人。对你在过去一年中不顾多重压力仍有持续的优异表现，我表示最深切的感激……衷心祝愿新的一年幸福快乐、事业成功。"

第六章 缓 刑

父母被捕前，合家相聚的最后一天是在布达小山上试用新滑雪板。

斯大林在1953年死去，我的父母在1955年被捕，这中间的岁月我记得是段幸福时光。无论是在家里，还是在学校和朋友的小天地里，紧张气氛都有所缓和。但对"夫人"和她的告密搭档——我们的门房普利格尔太太（Mrs. Priegle），我没有增加点滴的好感。普利格尔太太骨瘦如柴，总带着一种因生活不顺而怨天尤人的神情。每天早上，她来打扫卫生，收集我父母用过的咖啡渣以便回家再用，我都尽量避开。在我们的世界里，大部分成人看起来轻松许多，耳语少了，笑声多了。我家的匈牙利访客也有所增加。祖父母突然收到移民许可，母亲由此特别高兴，父母开始打扫装饰起我们的公寓。根据秘密警察档案记录，"夫人"和普利格尔太太汇报说，这是我们计划逃亡的假象。

但真实的情况远为复杂。那一年，发生了一场四人的混合对抗赛。这在我父母的生活中举足轻重，我则要到数十年后才得以弄清。它涉及英国经济参赞杰拉德·辛普森（Gerald Simpson）和他妻子佩吉（Peggy）。我记得，辛普森太太有点冷若冰霜，但很美丽，一种苍白的、英国玫瑰式的美。她与我那机智而喜怒无常的母亲截然不同。父亲曾提及，佩吉在"二战"期间开过救护车。我感到惊奇，她是如此拘谨整洁的淑女！辛普森家有个女儿，叫托妮（Toni），像她妈妈一样漂亮，但也同样咄咄逼人。

我家安全抵达美国后，大约在我十三岁那年，我听到一条骇人听闻的消息——是我母亲说的，关于她自己的婚姻。她告诉我，父亲在布达佩斯时曾与辛普森太太相好，几乎导致父母婚姻破裂。她在回忆录里解释了她是如何发现这段恋情的：

第六章 缓刑

"那是在英国使馆的英女王生日聚会上。客人聚集在花园，一边啜饮香槟，一边聊天……我站在人群中，可以看见安德鲁［爸爸］和［佩吉］在不远处交谈。他们在讲什么，我听不到，但见安德鲁伸手把一只昆虫从她肩膀上拂走。他的手一碰，她的脸就涨得绯红。我凝视着，为她的失态而感到惊讶。哦，我明白了：她已坠入爱河。"

我第一次感到父母之间的不对劲是在1954年夏天。我们陪祖父母去火车站，开始他们赴澳大利亚的长途旅程。很显然，父亲与他父母的别离是痛苦的。我牵着他的手，向开往维也纳的火车挥手告别。但母亲只冷冷陪伴在侧，为什么不安慰他呢？我感到奇怪。其实，她是在怒火中烧。她的愤怒，差点令祖父母取消他们期待已久的旅行。

妈妈写道："我公公觉察到我与安德鲁的疏远。在这么拥挤的公寓里，怎么可能保密呢？他支支吾吾地问，如有必要，他仍可以改变计划留下来，'伊洛娜，你和班迪［父亲的昵称］出事了'。他以为我爱上了别人。'亲爱的，不是我，是你儿子。'他展颜释怀了：'嗯，一切都会好的，班迪会回来的，对他大度些。'我真想问他，他回来又有什么用？他伤透了我的心，我不要他了。"

祖父母离开之后，我们家最后一次去巴拉顿湖度暑假，住在提哈尼镇（Tihany）的体育宾馆。大部分时间，我套上汽车内胎在湖中划水漂游。朱莉和我陪伴父亲的时间多过陪伴母亲，我们或乘帆船，或游泳。母亲之后告诉我，她找到一封父亲写给佩吉·辛普森的情书，开头写道："四天之后，我仍只想着你。每

在巴拉顿湖最后一次合家度假中,这是我最喜欢的夏日消遣。对父母的婚姻红灯和政府的逮捕计划,我茫然不知。

晚我去湖中游泳,总希望在水的一方找到你。"对这一细节,母亲发出苦涩的嘲笑,因为父亲讨厌冷水,晚上绝不可能去湖中游泳。但最糟糕的背叛是他在情书里引用了她最喜欢的一行诗,厄内斯特·道森*的《辛娜拉》(Cynara),"我一直忠实于你,辛娜拉,以我的方式"。

母亲公开一切时,父亲请求饶恕,允诺与辛普森太太分手(她早已预定在夏天结束时返回伦敦),并当着母亲的面把情书撕得粉碎。她以自己典型的夸张性格写道:"但我从废纸篓拾回每一片碎屑,小心放好,永远留存……我对他永不宽恕,再也不信。"(讽刺的是,倒是秘密警察结束了母亲这可笑的自虐。他们抄家时,把这些碎屑

---

* 厄内斯特·道森(Ernest Dowson,1867年8月2日—1900年2月23日),英国唯美主义诗人、小说家,其诗歌《辛娜拉》的第三节最后一行,成为科尔·波特的《吻我,凯特》的灵感来源。前者是"我一直忠实于你……以我的方式",后者是"我一直真诚于你,以我的方式"。——译注

带走以做研究，无意中为我们大家做了一件好事。）

在巴拉顿湖时，父母把我们短暂拜托给一位朋友，他们自己返回美国公使馆参加独立纪念日的庆祝会。母亲在那里当面质问了辛普森太太，我可以想象这样一幅画面：感情夸张的匈牙利人，因为愤怒而满脸通红；保守、矜持的英国女人，由于冷静而泰然自若。两人在茵茵绿草地的边缘相遇，尽管相互对视，却装作漫不经意。佩吉向我母亲承认她爱我父亲，但无意与他结婚。她沉着地告诉我母亲："我已有一个丈夫。"母亲质问："那我怎么办？"辛普森太太回答："你嘛，跟安德鲁一起十年，无疑已得到足够的幸福。"在我成长过程中，母亲常跟我唠叨这几句话，可能在为我打预防针，以免受男人的欺骗；又可能在给我泼冷水，因我对父亲有英雄崇拜情结。她在这两件事上都没有成功，但这些话深深镌刻在我的记忆之中。

后来辛普森一家离开布达佩斯，父母再没有听到他们的消息。我总把他们看作时髦、美丽而危险的一对，像黛西和汤姆·布坎南*一样，轻率走过场，却留下破碎的陶片。"再见，祝您好运！"是佩吉·辛普森送给我母亲的告别语，但母亲再也没有彻底恢复她已受伤的自尊。

父母穷于应付他们之间的家庭戏剧，我们姐妹则经常被留给朋友兼桥牌伙伴切里·拉约什（Lajos Csery）来照看。他是一个理想的保姆，高大、矫健、帅气，三十岁出头。看起来，他更像个大孩子，

---

* 黛西和汤姆·布坎南（Daisy and Tom Buchanan），美国经典小说《了不起的盖茨比》（The Great Gatsby）中的人物，作者是司各特·菲茨杰拉德（Scott Fitzgerald，1896年9月24日—1940年12月21日）。此书堪称美国社会的缩影，描述1920年代美国人在歌舞升平中空虚、享乐、矛盾的精神风貌。——译注

1940 年代，妈妈身着网球服。她的球技不错，扑克牌技更精彩。

跟我们一起玩游戏，那些游戏是我父母绝不会放下身段跟我们玩的（我记得有个游戏他称之为"*Panzerfaust*"，反坦克火箭筒。他饰演德国狙击手，我俩是敌方目标）。身穿白色网球衣，黝黑的长腿、催人入眠的蓝眼睛，还有完美凿成的五官，他真是英俊。父母之间的紧张关系日益明显，拉约什也在我们生命中变得日益重要。有时他来的时候，只有母亲和我们姐妹在家。我们都喜欢他。

我如今在秘密警察档案中读到，父亲的不检点令母亲如此伤心，她竟写信给她以前的未婚夫，一名现居澳大利亚悉尼的医生。她请求他的宽恕，因为她当初拒绝了他。"我与一个陌生人过了十一年不愉快的生活。"秘密警察一定读得津津有味，其中一位在信封背面写下："看起来马顿家的狗屎沾上了电风扇，与辛普森太太有关！"

布达佩斯外交社区温室般的世界里，到处传说着辛普森太太与

拉约什、朱莉和妈妈，在巴拉顿湖畔——父母被捕之前的夏天，他们的婚姻几近破裂。

马顿的流言蜚语。汤姆·罗杰斯指出："唯一令我惊奇的是，我听说你母亲竟找到了写给佩吉·辛普森的情书。你父亲一向是非常小心谨慎的，我实在弄不明白。"母亲让拉约什长时间陪她，以此来惩罚父亲。他们最危险的敌人——斯大林和拉科西——似乎都已被挫败。他们可能是在放纵过去因险恶处境而一直压抑着的私人激情。

整个夏天，父亲都在讨好母亲，哄劝她走出冷淡和惩罚性的疏远。档案中的一封信令我不禁热泪盈眶，同时也很是羞愧。他在暑期的一次分离中，用他们互通款曲的英文写道："最亲爱的宝贝，最伟大的妻子！原不想在这个短暂的星期中打扰你，但星期天我在床上发现你的字条，令我感动不已……孩子们是小天使，处处帮忙，尤其是卡蒂。朱莉每天早上给鲜花浇水，一切都在模仿你……你好吗？希望一切顺利。如有时间，请不要忘记，没有你，我已寂寞得要死，我需要你、渴望你。"信纸的边缘，一位秘密警察潦草地写下几个字："悔改的罪人！"

秘密警察从没间断他们的监视，详细记载了在我们9月回学校后，父亲留在巴拉顿湖的孤独生活，他"在考博什·安德烈*太太的陪同下，度过了大多数下午。他们每天去不同的游乐场、咖啡屋、餐馆和海滩。我们注意到，他们在体育宾馆的其他客人面前相当矜持，到了外面，他们的行为就变了样，例如，挽着胳膊散步、贴身而坐，亲密交谈"。有好几页的文件，详细记录了他们在哪里用餐、吃什么菜肴（我知道父亲不碰啤酒，但他确实与考博什太太一起喝了啤酒），甚至他们的车速。"马顿太太和两个小女孩再次出现后，考博什太太就消失了。"这是秘密警察的结束语。

读到这些1954年夏天和秋天的监视记录，我该感到震惊吗？恰恰相反，我松了一口气，父亲能收藏一些美好回忆，可以支撑自己应付那些即将来临的漫漫长夜。

他与这名女子共度了一些轻松时刻。根据监视者的记录，她"在二十五到三十岁之间，金发梳成波浪式，中等身高"。她在湖边通常穿的是"绿色短裤，白衬衣，白色网球鞋"。我非常内向的父亲与她一起挽臂散步，"一边喝着啤酒、葡萄酒和干邑，一边忙于亲密交谈"。这是父亲的形象中，我从没见过的一面。

秘密警察1954年9月30日的监视报告中对父亲所做的描述，使我有种怪异的感动："依据外表上的观察，我们可以说，他是个镇静、坚决、彬彬有礼的人……他游泳很棒，喜欢女人，对烟斗爱

---

* 考博什·安德烈（Endre Kabos），父亲的朋友，曾获得三块奥林匹克击剑金牌，1944年在布达佩斯的强制苦役旅中死于一次桥梁爆炸。

第六章　缓刑

不释手。"（我真想念他的烟斗的浓郁香味。如今，当在大街上捕捉到一丝如此香味时，我会情不自禁地尾随其后。）

爸爸已在担心监视。秘密警察报告："他坐进汽车，总要四处张望，以确定没人跟踪。然后，他先开车拐过街角，转个圈，才奔向目的地。有时，他把车停在乔鲍街和马柔斯街（Maros Utca）交界处的市场前，走出来东张西望，再回到车上。晴天里，他干脆降下敞篷以便观察任何尾随者。尽管公寓里有两条电话线，他还是经常到公共电话亭打电话。"如果他认为这些简易防范能发挥作用，父亲真是大大低估了秘密警察。

在"家庭关系"一栏，秘密警察在1954年9月写了有关父亲的报告："他的资产阶级出身也反映在他的家庭生活中。他与妻子的关系看起来是虚伪的，他经常有其他女人的陪伴。这与他的父女关系，形成强烈的对比。显而易见，他宠爱女儿。他会频频停下为她们买糖果和其他小吃。在大街上一起行走时，他总是搀着她们的手。当妻子和女儿在巴拉顿湖与他重聚时，他拥抱和亲吻两个女儿。"

我们姐妹是多么幸运啊——对围绕我们的双重斗争一概不知，不闻不问。父母之间发生复杂的婚姻危机；他们的宿敌拉科西·马加什和取而代之的纳吉·伊姆雷，也在进行生死攸关的权力斗争。

即使幼儿园的儿童,也要在1954年12月21日庆祝苏联红军"解放"我们十周年。我们必须背熟诗歌，排练向苏联致谢的歌曲，为全校的集会做准备。父母应邀参加在德布勒森市举行的国会特别会议，那是位于匈牙利东北部的一座历史名城。一百年前，科苏特·拉约什（Lajos Kossuth）就在那里宣告，匈牙利从哈布斯堡王朝的军

队手中获得独立。这是改变我们命运的一天,父亲这样描述他的回忆:

"我们[外国记者]只有屈指可数的几个人,被小心地隔离在一辆专用汽车里……气氛很轻松,这是个喜庆时刻,没人预料到会有超越应景的报道。我们真是有眼不识泰山……拉科西是主要发言人……在有一百年历史的加尔文派教堂……这是一个邪恶、刻薄、好战的演讲,聆听的议员们像是一群受了惊吓的绵羊。"* 短暂的改革期,就此宣告结束。

会议结束后,在德布勒森市历史悠久的碧卡宾馆(Bika Hotel),所有记者应邀出席官方招待会。纳吉·伊姆雷缺席,除了官方名义,他实际上已是一个半死人。东山再起的拉科西离开招待会时,我母亲和父亲趋前见他。拉科西看见他俩,卸下他通常敦厚的面具,未等他们开口就予以打断。"我为什么要与你们谈话?"他的下颚挑战式地向前突出,咆哮道,"横竖你们是不会报道真相的。"父亲保持着他的沉着,但母亲一下子愣住了,她从没见过如此憎恶的表情。父母那时就明白了,斯大林的党羽拉科西·马加什重新掌权,改革家纳吉·伊姆雷将不是唯一的受害者。

那一年,我们有个精彩的圣诞节,也许是有史以来最好的。父母在维也纳、伦敦、纽约的朋友和同事一定意识到,拉科西的再次崛起将意味着什么。这兴许能解释,为什么我们姐妹在圣诞树下能找到如此慷慨的礼物。我口述,父亲打字,给在墨尔本的祖父母写

---

* 父亲这次和其他的讲话,均引自他的监狱回忆录《遭禁的天空》(*The Forbidden Sky*),波士顿 Little, Brown 出版社,1971 年。

匈牙利最受人鄙视的第一书记拉科西。他讨厌我的父母，并下令逮捕。这是我父亲在1954年德布勒森党代会上用暗藏的相机悄悄摄下的。

了封信。"我们过了一个丰盛的圣诞节！我得到的有：奥地利滑雪板，真正的滑雪靴，披着真头发的玩具娃娃，我可以给她梳头。还有许多许多其他礼物，要是把它们全部列出来的话，可真要花掉整个晚上。"关于家里的新鲜事，我在信中提供了这些细节："朱莉开始留长头发，长得惹爸爸生气。他告诉她，一定得编辫子。于是，妈妈帮她编了小辫子，还系上两条红缎带，看上去很漂亮。但妈妈替她梳头时，她老是哭个不停。今晚，我会为你们祈祷。卡蒂。"

父母出席了雷芬达尔主持的新年夜晚会——在一座古老宫殿里举行——他们跳舞，一直跳到凌晨4点，然后去了一家夜总会，再到离家不远的法国大使住处共进早餐。晨光曦微时，他们仍沉浸在狂欢之后的喜悦中，开始步行回家。母亲在未出版的回忆录中写道："我们在结冰的人行道上蹑手蹑脚地行走。清晨的太阳照在白雪皑皑的大街，反射出闪闪光芒，我们互相牵手以防滑倒。对我来说，新年开始得非常顺利，似是一个好兆头。在那么多年的担惊受怕之后，这真是一种美妙的感觉。我们走到自己公寓的楼梯口，看到一名老妇躺在冰上，便匆匆赶去扶起。她流着眼泪说，家人劝诫她不要在冰天雪地的日子出去，但她觉得非要参加凌晨的弥撒不可……安德鲁把车开过来，扶她进去，再送她回家。他回来时，我愉快地迎接他。'多幸运啊，做善事来开启新的一年。也许，这一整年都将如意！'"

那年冬天一直下雪，太对我们姐妹的胃口了：一下雪，学校就放假，便有机会让父亲教我们滑雪，试用全新的奥地利滑雪板。但爸爸知道，他闲暇的日子屈指可数，妈妈对新年的冀望是不靠谱的。2月，我们的家庭女教师告诉秘密警察，我父亲"变得更加小心，更加怀疑〔'夫人'〕。譬如最近一个晚上，马顿夫妇出去了，但半小时后，马顿出乎意料地突然返家，在公寓里四下搜寻。近来当〔'夫人'〕清早起床，马顿会跟她进厨房，检查她到底在做什么。她无意中听到，他真想让她走人。马顿之所以变得这么多疑，〔'夫人'认为〕是因为1月底，两个便衣〔秘密警察〕来普利格尔太太的公寓〔门房〕约见〔'夫人'〕，结果被马顿家的女佣撞见。后者肯定告诉了马顿夫妇"。

如果我父母解雇"夫人"，秘密警察就会失去他们最可靠的告密者。不过还有理查德·格拉斯佩尔，那个向秘密警察输送情报的公使馆内线。这位军事参赞助理，不仅透露了我父亲把1954年预算"借给"公使馆，还检举我父亲经常向公使馆提供政治咨询。（例如爸爸向公使建议，华盛顿应派一名"黑人外交官"来布达佩斯，以反击针对美国种族歧视的宣传。）

2月18日，负责我父亲专案的秘密警察官员宣布，他们已读完马顿档案的八大卷宗。他们为审讯我父亲草拟了一个大纲，开头就

第六章 缓刑

是一条骇人听闻的指控：

> 马顿是一名熟练的间谍，受的是资产阶级教育，积累了众多经验，自解放以来，一直在从事敌对活动。他蔑视匈牙利人民共和国——她的人民和政治。
>
> ……我们的首次审问，计划达到三项目标：
>
> 1. 研究安德烈·马顿的性格、抵抗能力、行为。
> 2. 建立自霍尔蒂政权以来，他与盎格鲁—撒克逊人的密切关系。
> 3. 取得他为执行间谍工作曾联络和仍在联络的匈牙利人的资料。

"审问"备忘录的作者鲍比奇·佐尔坦（Zoltan Babics）上尉总结："审问将在彬彬有礼中进行。如果马顿言语挑衅、态度傲慢，再做调整。"为了把我父亲的案件套到美国人头上，他们还计划同时逮捕公使馆一位名叫考波奇·贝拉（Bela Kapotsy）的翻译。他是添加的砝码，只为上演一出好戏。

几乎到最后，秘密警察的首要目标仍是想把"熟练的间谍"转化为双面间谍。1955年2月10日的备忘录写道："如果他愿意谈，我们将招募并释放他。"

第七章　童年的终止

姐姐朱莉和我在布达佩斯公寓中,还有父母被捕前不久跟随我回家的无主小狗。

1955年2月25日，我们姐妹合用的房间里，头顶的灯亮了，母亲像一个幽灵，在我们的床头上方晃动。"孩子们！"她压低声音。我抬一下头，复又倒下。她的声音，既紧迫又疲乏，像是在哽咽。"你们必须起来，他们要搜查你们的房间。就是现在。"我迷迷糊糊刚好能看清谁是"他们"：黑幢幢的身影，五个或六个，在角落里挤成一大堆。他们后面站着"夫人"和普利格尔太太，手臂交叉在胸前。按法律规定，如此的抄家，她们这样的"人证"是必需的。

母亲说："睡到我们的床上。"我们缓缓醒来，一位搜查者已跃跃欲试，像悄悄追踪大动物的猎人，把刀子插入我们常用的木马摇椅。唰的一下，稻草屑从我拥有时间最长的玩具身上泄出；我们姐妹奔跑到隔壁房间，扑入父母的床铺。我们迷迷糊糊的，都没问爸爸在哪里。或者，我们已以某种方法臆测到了？"Elvitték"是"把他带走"的匈牙利语，也是我童年经常听到的词。我弄不清楚那些人被带去哪里，只知他们不见了，闲话免问。现在，父亲也被"elvitték"，被带走了。

那个可怕的夜晚剩下的几小时，我已全不记得。继续搜查的时候，我们姐妹肯定都睡着了。但这半夜2点至清晨发生的事，我被告诉过无数次，以致我觉得，我像是亲眼目睹了父亲的"被绑架"和母亲的煎熬。秘密警察如何在我家翻箱倒柜寻找针对父母的"证据"，这些叙述是我童年生活的一部分。现在多亏了档案，我得以重建起终止我田园诗般童年的那一天、那一夜。

那天，鹅毛大雪下个不停，我记得学校停课，我们过得很愉快——那是我们一家四口好长时间里聚在一起的最后一天。父母带

第七章　童年的终止

我们去布达的许多小山中的一座，试试我们圣诞节的礼物——奥地利滑雪板。这里是监视我们的秘密警察的详细记录，巨细无遗：

> 11点10分，马丝恩（Marcine）[妈妈的代号]戴着滑雪帽，穿着棕色羊皮夹克、黑色滑雪裤子，手提购物篮，由小女儿陪伴，离家沿乔鲍街走去市场。她们在里面待了大约一分钟，又去了马柔斯街转角处的另一家市场，又花了十分钟，随即返回她们的公寓。
>
> 12点20分[我母亲]穿戴照旧，跟丈夫和两个小孩一起，离家前往附近的车库，在那里上了他们的汽车。[我父亲]坐在驾驶座，车速大约每小时五十至六十公里，去了诺马法旅馆（Normafa tourist hotel）。车停后，大家下车，穿上滑雪板。他们滑雪的时候，我们停止监视。
>
> 14点25分，一家四口返回停车处，解下滑雪板，然后上了汽车，循原路回到他们的公寓。
>
> 16点，我们停止监视。

如果那些秘密警察记下父亲首次教我滑雪的详情，我一定会更加喜爱这份档案。

第二天我们上学。根据档案，父亲下午花了不少时间，为斯图贝克汽车的轮胎套上防滑链。

晚上7点30分，父母开车去美国军事参赞哈里·菲尔兹在多瑙河佩斯一边的公寓。他们与哈里及其妻子路易丝一起吃晚餐，后

在乔鲍街公寓我们共同的房间里——还有书桌——朱莉和我在做功课。

来又玩了他们喜爱的桥牌游戏。他们直到凌晨2点才离开,坐进汽车,沿着寂静、积雪覆盖的大街开回我们在山顶的家。母亲后来告诉我,他们当时沉浸在醇美的氛围中。汽车总给他们一种自由的幻觉。他们坐在车里,可能还在回味桥牌桌上的胜利。我们泊车的车库在半坡,离我家仅半个街区。父亲泊车后带着一桶灰,用来撒在结了冰的人行道上。就在父亲搀扶母亲下车时,漆黑、宁静的街道突然涌出一堆黑幢幢的身影。父亲的前后左右,都有身穿黑色制服的秘密警察拥过来。其中两人揪住父亲两边上臂,拉向他们自己的车。父亲在这噩梦般的场景中发起愣来,竟把手中的桶猛推给母亲。她之后评论:"好像这是咱们最珍贵的财产。"当时,她哭泣着说:"难道你都不跟我吻别吗?"他的手臂动弹不得,只好俯身前倾,亲吻她的脸颊。然后,他们把他塞进后座。车前大灯没开,引擎声响又受新雪的窒碍,秘密警察的汽车安静地驶下乔鲍街。

这些具体细节,我当时都不知道。第二天,我从没见过母亲如

第七章 童年的终止

此坚决、如此自控。我们的保姆在黎明时分催促她："你必须休息，太太。"其时，五位搜查者终于带着五只盛满"可疑"材料的手提箱离开。成堆的书籍、美国杂志、过期的《生活》(其中一期的封面是格蕾丝·凯利 [Grace Kelly]) 和《国家地理》，散落一地。母亲过后告诉我们，其中一名搜查者坐在我父亲最喜欢的扶手椅上，悠闲地翻阅这些遭禁的西方"宣传品"。其他人在小心翼翼地抖动每一本书，寻找夹入的"秘密文件"；这名特务却缓慢翻看《生活》杂志，仔细检阅摩纳哥新王妃的丰富图片，还嘲笑着评论"她长得并不好看"。我们的木马摇椅不是他们刀下唯一的伤兵，好几个旧椅子和枕头都遭遇同样的命运。我们原本漂亮的公寓，现在好似一片狼藉的战场。

只剩下我们三人了。爸爸被捕之后，妈妈没让我们上学。她知道，"他们"还会再来抓她，只是时间未定。她也揣度，他们不会在她的孩子面前抓她。逮捕应该会平静地进行，骚动越小越好。她需要我们，就像我们需要她。我们手拉手一起出发，决意要查出我们三个都叫"爸爸"的人到底去了哪里。我的眼神恳求母亲陪着我，我的嘴里说着"*Szoritsd*"，或是"更紧些"，譬如把我的手牵得更紧。在她以后的全部生命历程中，这个词就是我们之间渴望亲情和害怕分离的密码。

第八章 囚 犯

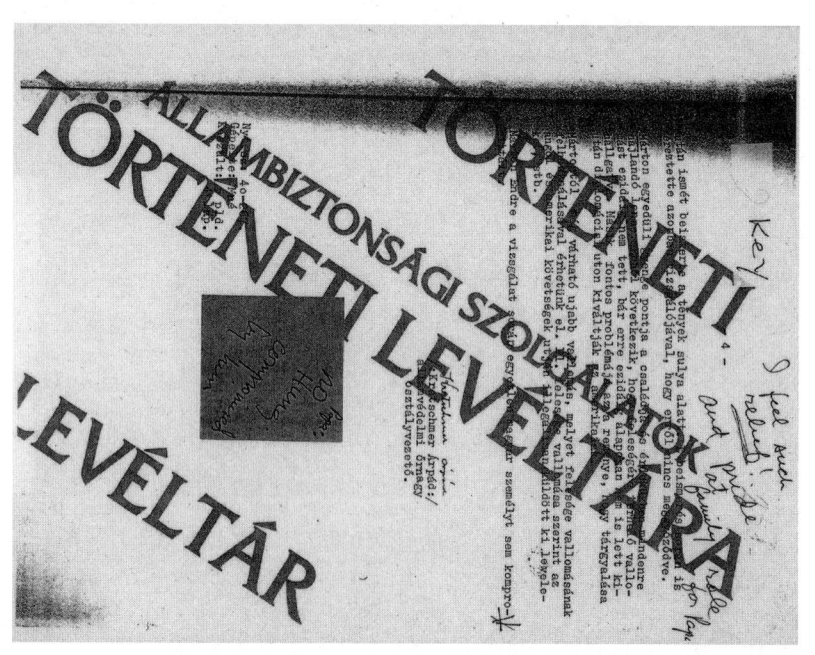

这份文件确认，父亲在残酷审讯中并没连累任何一名匈牙利人。我在文件边缘写下我当时的反应：感到如此的解脱……

父亲被戴上手铐，塞进黑色奔驰汽车的后座。他在想什么？但他从没透露——回忆录里没有，也从没透露给自己的孩子。夹在匈牙利最恐怖的组织的两名制服特工中间，我猜想，他只是默默坐车去佛街（Fo Utca）监狱，一声也不吭，不让他们享有拒绝回答的满足感。从我们山顶的房子到一直在等候他的城堡监狱，仅十五分钟车程。但自由和监禁之间的心理距离，对从没坐过牢的人来说，是不可思议的。我曾乘车驶过同样的路线，尽量设身处地、将心比心，但我是自由身，没有一点效果——这是一段心路。

即便在纳粹和箭十字党的暴政时期，父亲也从没感到如此的无助。其时，他曾两次从强迫苦役旅中逃走，隐匿在排水管里，直到安全逃离。现在，两名阴沉的蓝色制服秘密警察在左右拥堵，他根本无法想象逃跑。

他被捕过程的迅速和精确是令人震惊的——几乎像芭蕾舞的编导计划。一个人与自己的生活和家人，一瞬间一刀切断，无声无息。秘密警察为此刻等候数年，更不愿临时出现任何纰漏。他们没遵循惯例，没按我家的门铃。（对午夜可怕的门铃，匈牙利语中有专用词：csengofrasz。）他们不让囚犯有机会抓一件暖和的毛线衣或一双合适的鞋，或拥抱自己的小孩。黎明之前，在车库和我家之间，没人看见，没人听见，真是他们出击的良辰。他们希望在世界尤其是美国关注此事前，获得不受干扰的几天时间，所以选在美国周末开始的星期五。马顿的朋友、公使雷芬达尔恰好回华盛顿述职，这就更能获得宝贵的时间——也许足以征服并策反这名囚犯。

然而事与愿违。由于过分热心于依章办事，一名秘密警察在我

第八章 囚 犯

家车库门上贴上了内政部的红印封条,这无疑将此事公之于众。此外,我们的邻居、美国政治参赞堂·唐斯正好亲眼目睹了逮捕过程。他刚好放他的德国牧羊犬"公爵"去花园溜达。五十多年后,他仍记得每个细节。他在2007年告诉我:"我看到,他们熄了前灯的车队缓缓驶上乔鲍街,设下陷阱。我进屋到了楼上一个能看清整个境况的房间。我看到他们团团围住你父亲。另有四五名秘密警察,带你母亲进了你家。然后,你家客厅的灯亮了,我能看到他们到处搜寻,翻箱倒柜。当晚,我就发电报去华盛顿,报告了整个事件。"

父亲的被捕大大震动了美国公使馆,把他们一下子就驱回斯大林时代的围堵心态。匈牙利内政部反谍局1955年2月28日的秘密备忘录上说:"根据我们的情报,〔中央情报局站长〕吉扎·卡托纳在一份机密简报中说,马顿的被捕无疑是高层的政治决定,因为匈牙利政府肯定知道,这将引起西方的强烈反应,从而损害匈牙利的利益。由于这次逮捕,公使馆将增强所有人员的安全措施。有个实例,很能诠释当时的不安气氛:前不久刚抵达匈牙利的外交代办斯宾塞·巴恩斯(Spencer Barnes),步行去了堂·唐斯的居所。唐斯得知他是独自一人且是步行去的,变得非常不安,提醒他以后必须使用汽车,以防劫持。"

"掏空口袋!"父亲被剥夺了所有的私人物品(手表、衬衣袖扣、钱包、内衣裤、腰带、袜子——全是潜在的自杀"武器"),只剩下衬衣、暗蓝色西装、平跟鞋。两名制服狱卒带他走进三楼牢房,在他身后猛力关上门，并拴上长长的铁栓。208号牢房装有最多最新的监听设备，专门侍候要犯。

从门口到墙壁，爸爸走了五小步，一头倒在木板床的肮脏被褥上。从不熄灭的灯泡，没遮没拦地从他头顶射出炫目的光芒。铁门中有一个方形犹大孔，又叫窥视孔，正好冲着他；卫兵每隔几分钟就过来打开再关上，发出喧嚣的声响。

十分钟后，两个警卫背扣他的双手，带他匆匆走过安静的楼梯和空荡的走廊，走进一间设备完善的审讯室。与他的牢房和走过的走廊相比，这里的灯光稍为温柔；所有椅子都有软面包饰，只有受审者的坐椅是硬木的，而且没有扶手。读了他的档案，我的脑海一直浮现这样一幅画面：最为自重的爸爸，坐在那张硬木椅上，受敌人的四下包围。"马顿先生！我等候你很久了。"鲍比奇·佐尔坦上尉以此来欢迎我父亲，他三十来岁，已是秘密警察中最老练的审讯官之一。斯大林、列宁、内务人民委员会／克格勃的创始者费利克斯·捷尔任斯基（Felix Dzerzhinsky）的肖像，从墙上往下凝视。一尊小型的拉科西半身塑像，站在鲍比奇上尉的桌上。

父亲面对的是秘密警察最有经验的四名官员，但审讯进展一开始就偏离了既定方针。鲍比奇报告："他非常小心，只提供精确的答案。我们可看到，他想回避每一项指控。他坚称自己一直依新闻人的职业规则行事……他还让我们告诉他，到底被控何罪，他会尽量解答具体的讯问。"真是个不合作的囚犯，胆敢询问究竟是什么指控。他的招供，没那么快。

父亲在回忆录中写道："第一次夜审，我就被告知我是一名间谍和叛徒。我的通讯记者职业，只是我真实工作的拙劣掩护，我应该向他们提供证据。"

第八章 囚犯

外面已是晨光熹微，他们结束审讯，把爸爸押回又黑又冷的牢房。"我浑身发抖，脱下鞋一头倒在木板床上，拉过臭气烘烘的毛毯盖住头，以躲避这牢门上方昼夜不熄的赤裸灯泡。牢门立即打开，走进一名老年警卫，低声解释：我必须脸朝天，双手搁在毛毯上，以便他通过窥视孔来检视我的脸和手。"

事实上，他不是孤身一人，他有个同室狱友，菲勒普·山多尔（Sandor Fulop）。当然，菲勒普在向秘密警察告密。他汇报，他的新难友最初几晚都彻夜不眠，到了白天反而难以保持清醒（监狱的要求）。菲勒普写道："他不愿好好吃饭，抱怨没胃口……尽管我试着跟他说话，他仍闷声不响。好几次我向他提问，他反倒睡着了。"菲勒普把自己的毛线衫送给我父亲，爸爸收下并立即穿上。（那个牢房一定好冷。父亲生性苛求，对任何馈赠的自动反应都是礼貌谢绝。）

很奇怪，父亲在回忆录里很少提及牢房难友们。他曾遇上一连串狱友，在他的囚禁期都扮演了重要角色。不单是菲勒普，他们全都是告密者，其中之一甚至企图将我父亲引向绞刑架。光有监听设备是不够的，这些牢房难友应该会帮助秘密警察套取我父亲的招供，为做秀公审做准备。作为奖励，他们会得到更好的食物（只能在我父亲离开牢房时享用）和每天十根额外的香烟。如果他们的表现确实优秀，其刑期都会缩短。在朋友、敌人、国家的背叛之外，爸爸是否怀疑这牢房中的出卖？答案我再也无从知晓。他在世时，我从未听他讲起那些牢房难友。尽管很内向，他可能依然需要与他人做正常交谈，而不是老听别人在自己耳边咆哮，指控他是说谎者和叛徒，或命令他把手伸出毛毯。我想，人与人的交流，不管如何，都聊胜于无。

鲍比奇上尉和他的主要助手鲍拉日·贝拉（Bela Balazsi）上尉

（"曾做过屠夫，既粗鲁又自大，就是一堆肌肉墩子"，这是父亲的描述），不单是逼取"供词"，还意图瓦解父亲的抵抗。在通常程序中，他们会替你编造"供词"。2月28日，鲍拉日就我父亲关于匈牙利铝土生产的报道，持续审讯他六小时。父亲记得："鲍拉日和他的帮手，一名非常粗野的少校，命令我立正，脸对墙，并朝我耳朵大吼秽语，从中获得异常的满足。"

我想，日常生活中的爸爸对所有访客都很有礼貌和风度，却要面对这些暴徒令人作呕的折磨。这真使我恶心，我知道他顶住了，但这折磨会有后遗症吗？它是否永远改造了他？

几乎父亲所有的回答，都招来"你在撒谎！"或"你想误导我们！"的反诘。每份审讯记录的底部页边都有我熟悉的签名："安德烈·马顿博士"。法律规定：秘密警察在囚犯录口供时，要做原话的记录；隔天早晨，经过整理和打字，再把口供返还，以供囚犯校读和签认。父亲后来指出："所谓的口供很少反映囚犯的想法和原话。开初，我提出抗议并拒绝签名，有时获准做出小小的修改。过后，我失去兴趣。整个审讯变成一出闹剧，恐怖和喜剧掺杂交融。我实际说的，与打字后让我签名的，牛头不对马嘴。"数星期、数月下来，父亲稳健的手变得颤抖，签的名有时不再带"博士"头衔。

3月1日对父亲而言是黑暗的一天。他的牢房难友/告密者汇报："今天是他大女儿的生日，不能陪她令他心乱如麻。他情绪沮丧，觉得自己的案件已没有指望。他没有胃口，说是太紧张，不想吃饭，晚上仅睡三四个小时。"

父亲筋疲力尽，并日益确信自己面临的指控非常严重，决定做一赌博。他于1955年3月3日交给鲍比奇上尉一封信，是写给内政部的调查主管的。"我没犯反祖国的罪行。但尽管我无罪，我现

第八章 囚犯

在承认,自己的整个生活方式不符合时代潮流,应予以消灭。"他失去外界接触,全靠国家的宽恕,却提出一个令人惊讶的建议。"现在,我于祖国一无用处,我作为外国驻匈记者的生涯也已告终。我建议,美联社支付一笔款子——几千美元——以换取我的自由,此外,[为获得自由]我愿上缴我的全部财产——汽车、公寓及公寓中的各种财产。只要能拿出几件衣服,我就非常满足了。"他还指出:"作为一名罪犯,我于祖国是没有价值的,我的案件只会产生糟糕的社会影响。"他的结尾在我听来宛如讽刺:"由于我是匈牙利最后一名外国通讯记者,我的案件无法成为他人的前车之鉴。已经没有其他人了……我想,国家和我本人都应避免这次审讯,不管是公开或是秘密的,都无助于国家形象。"

爸爸希望此信得到何种反应呢?他孤身一人,受到隔离,他的审讯者握有一切权力。他们是施虐者,对这利用价值颇高的囚犯,一直怀恨在心。我不清楚,爸爸期待怎样的答复——他从没告诉我们,也没在回忆录中提及。爸爸的建议是不可能被接受的,不出所料,招致的反应异常凶险。内政部长在信的边缘,以粗大、愤怒的笔迹批示:"猖狂,忤逆!"他质问鲍比奇和鲍拉日:"你们怎能接受这样的囚犯信件?"如此的傲慢必须得到惩罚,囚犯必须承受更彻底的羞辱。愤怒的鲍拉日把父亲关进"黑屋子",一个漆黑的无窗洞穴,甚至没有床,只有铺地稻草。(鲍拉日一定很享受发布这项命令,爸爸的牢房难友刚刚汇报,父亲认为他是"粗野的农夫,没有丝毫教养或文化"。)

他们甚至停发父亲的饮食,通常是面包和假咖啡(定期添加镇静剂)当作早餐,偶尔加香肠的包心菜当作晚餐。过了一阵子,他被押回原牢房。他的牢房难友汇报:"处罚没取得期望的效果。他说除了太冷,并不介意独处;与木板床相比,稻草反而更舒适,而且没人在晚上命令他把手伸出毛毯。"

神秘的5月最后期限越来越近,审讯者渐渐失去耐性。审讯室的纵深处,多了一名安静的观察员。父亲回忆道:"唯一的一盏灯,照着我的脸,使我看不清彻底裹在黑暗中的人……直到我被释放后很久才查出,坐在角落的沉默男子,是莫斯科秘密警察的特使伊万乔夫上校(Colonel Ivancov),奉命来布达佩斯筹备计划中的马顿夫妇审判。"

将近七星期野蛮的审讯,辅之以睡眠的剥夺,父亲却仍然否认他是克里斯琴·雷芬达尔招募的美国间谍。他们本以为我父亲会招供出美国的招募是如何完成的,他又泄漏了何种机密。将近两个月过去了,父亲并没有照办。

然而,在3月7日的审讯过程中,父亲获得一个骇人听闻的新发现。他之后写道:"从保险柜的资料夹里,鲍比奇拿出一张纸,说:'1954年6月16日,公使馆呈送一份报告给华盛顿,因公使缺席,所以由代办——拉方恩和政治参赞——罗杰斯签署。该报告中就有你的建议,你还假装不知道提供了什么建议?'"父亲无法记得那天他讲了什么,但秘密警察对公使馆的渗透,令他感到无比震惊。他写道:"麦克风无法提供这样的情报。我决定,如果我活着出来,尽管机会微乎其微,公使馆必须彻查这可能的裂缝。"

几乎过了两年,他才弄清这名美国叛徒的身份。其时,美国陆军已把军事参赞助理理查德·格拉斯佩尔调离匈牙利,并逐出军队。他的背叛终止了自己的军人生涯,但他得以逃避公开的耻辱,在华盛顿郊外度过余生。他对国家的背叛,他的家人显然是一无所知的。

第八章 囚犯

斯大林死后两年，匈牙利处于"社会主义法治"时代，秘密警察再也不能将囚犯屈打成招。在父亲一案上，秘密警察正确地认识到，不让他得到任何有关妻子和小孩的消息，将是迫使他就范的最有效武器。3月15日，爸爸告诉他的牢房难友，他多么想知道他父母和我们的消息。他父亲的生日就在那个星期，他不清楚他父母是否知悉自己入狱。他告诉牢房难友，"我不认为，我的神经还能坚持下去"。审讯者很快就获悉此事。父亲三天后凄惨地说："他们告诉我，他们必须把我所有的英文稿件都译成匈牙利文，这永远都不会有尽头！"

牢房难友汇报，"当时，他扑倒在小床上，忍不住抽泣……伤心透底，他的抽泣声持续了十五分钟"。

我读这份审讯报告时，父亲已去世两年。我俩都喜爱拉赫玛尼诺夫的第二钢琴协奏曲。他对此的一句评语，现在以全新的意义在我脑海重现。爸爸有一次说："对我来说，这是男人哭泣的声音。"我那时很是惊讶，从不哭泣的他怎会知道。现在我想，我终于明白了他的意思。

尽管陷入伤心和绝望，爸爸仍然没签招供状。到了4月，秘密警察决定更换他们的戏中角色。

一名城府更深、极其险恶的新狱友，住进208号牢房。他自称"克劳绍伊·费伦茨"（Ferenc Krassoi），秘密警察档案称之为鲍洛格·米哈伊（Mihaly Balogh）。此时的父亲，比两个月前的他，更容易对付。曾因"猖狂"而受处罚，几近绝望，现在的他已是无计可施。鲍比奇继续威胁，如果他拒不认罪，他们将逮捕我母亲。"克劳绍伊"倒是主意多多，先提及一些共同的朋友的名字，以赢取父亲的信任。他很巧妙地扮演着秘密警察指派的角色：作为几天之内即将获释的大赦政治犯，他愿意替我父亲带信出去给我母亲以及美国公使！父亲颇受诱惑，但担心带信人受牵连。他告诉"克劳绍伊"，他们一定会彻底搜查，假如找到，带信人又要重陷牢狱了。（经受了这么多的背叛之后，他还信任他人，还为他人担心。）但"克劳绍伊"是有备而来的：我有一包香烟，今后几天，我们都不抽。释放时，我会随身带一包几乎装满的香烟，不会有人生疑。你可以在香烟纸上写，我们再用它包上烟丝。"克劳绍伊"真是一名专家。

利用父亲对母亲的愧疚，老奸巨猾的新狱友说服了父亲以自己的招供来救母亲。就这样，经过两个月的审讯和心理高压，父亲承认自己是美国间谍。他在编造自己是美国间谍的供词时，对于谁有份、谁没有，写得非常小心。因为知道新闻参赞帕特里克·奥西尔（Patrick O'Sheel）早已调离布达佩斯，他称奥西尔是他"最亲密的情报伙伴"，而"最不重要的联络人"是公使雷芬达尔。

爸爸的新狱友报告："我的最大优势是与马顿博士已有私交，他可以此来劝服他妻子和雷芬达尔相信我。我能证明我对马顿的熟悉，譬如他如何用嘴叼烟、喜欢哪种香烟等，从而取得他们的信任。"

秘密警察导演这出残酷的剧中剧，向新狱友提供道具来设置圈套。父亲使用他的难友"偷带"进来的铅笔头，在卷香烟的薄纸片上，倾心写下给母亲的情书。2007年，足足五十多年后，它又自秘密警察档案中跌落到我的膝上。

"甜心"（他用的是匈牙利文 *Tunderkem*，从字面上讲应是"我的小仙女"）：

我非常想你，也非常为你担心。无论如何，你不能踏入

第八章 囚犯

此地！如我拜托带信人所解释的，做任何事，先要考虑你和小孩的利益，然后才能考虑我。我知道，你在尽力为我操心。请原谅我道别时的笨拙，因为实在没有时间……

我益发爱你，但不应动摇你的决心。我曾以为，我们将避开厄运，请宽恕我在这件事上的固执和愚蠢。只有你们三人是重要的，我不重要。孩子们应该把我忘掉！

我在尽全力撇清你的嫌疑。我告诉他们，你只是我的傀儡。

永恒的爱，

安德烈

接下来他教母亲何以拯救我们一家，仍是用他极细小的铅笔头和香烟薄纸片：

变卖汽车，变卖我们所有的财产，兑现我的人寿保险，将我的衣服寄放在［他写下一位朋友的名字］，然后为你自己和小孩寻求政治庇护。从美国人开始，如果他们不答应，就去英国、瑞士、瑞典或任何其他的西方使馆。你唯一的目标就是带小孩离开！之后，我才能松一口气。［马修·］克罗斯（Matthew Crosse）［我父母1948年访问伦敦时遇到的工党国会议员，显然已爱上我母亲］应该来跟你结婚。如果形式上的婚姻更合适，找个人——某个警卫？——帮你获得使馆签证。不要浪费任何时间！你对小孩和对自己的责任，就是离开我。我确信，你不可能幸免于逮捕和牢狱的煎熬。你无权让孩子们生活在危险中！

一旦获得安全，你可为我做下列事项：

美联社应表示极大的惊诧，他们应该让我的故事持续受到关注。

美联社可采取措施，向匈牙利驻华盛顿大使馆提出囚犯交换。我已在这里提出建议，上缴公寓、汽车和我们的一千美元。他们说，审讯后会讨论我的建议。但他们这样做的可能性很低，几近于零。美联社应该承担起部分责任……

如果他们逮捕你，把一切告诉他们，把责任推到我和美国公使馆头上。

我朋友［新狱友］应由你陪同去见雷芬达尔，不可有其他外交官在场，唯一例外的可以是堂［唐斯］。

今天读来，此信分明出自一名已身处悬崖边的人，愿意放弃自己最珍贵的：他的家庭。不是档案中的其他资料，不是执着的尾随监视，不是这么多的告密者，也不是可笑的叛国指控，而是父亲这绝望的呐喊，使我更加蔑视"他们"。这个制度，原旨是改造人们成为更好的新人，结果竟将他们彻底扭曲：为了证明爱和无私，他却要敦促妻子和小孩逃离，把自己彻底遗忘。

同样不顾一切的是父亲写给雷芬达尔的信，也写在极小的香烟薄纸上：

七星期之后的今天，我承认自己是始于1945年的美国间谍，他们以同样的罪行指控伊洛娜。这场灾难的来源是公使馆，秘密警察知悉你们外交邮袋的内容。针对我的主要指控是：罗杰斯影印了1954年的预算，于6月16日送至华盛顿，由拉方恩和罗杰斯签名。渗透的其他迹象，我只能当面向你

第八章 囚犯

披露……秘密警察不否认，公使馆里的安全漏洞使他们的指控成为可能。他们选你为主要间谍，你是他们的目标。

同样的命运在等待伊洛娜，也是由于公使馆[安全漏洞]。你的人道责任是救她和孩子们，然后尽力帮我获释……他们认为我是最重要的美国间谍……与歹徒相斗只能用歹徒的手法。最佳对策是在华盛顿逮捕一名匈牙利人，非外交官，且有家室，然后将之与我们交换。

致命的危险在威胁着伊洛娜和我，现在是美国显示她力量的时候了。

每一天都很重要。我持续为美国奋斗了十年，仍冀望美国将拯救我。

SOS

安德鲁

写这封冒险的求救信给雷芬达尔，更是行将溺毙的证明。父亲出版的回忆录对这两封信都只字未提，母亲未出版的回忆录倒有提及。他告诉她此事时，她感到震惊——他怎可如此轻信他的新狱友！尽管阅读时很痛苦，它吐露了父亲的性格，以及他对我们的深爱——这绝对是无价的礼物。

爸爸这两封信走得不远，都没能超越鲍比奇上尉的桌子——他很可能是整个骗局的导演。鲍比奇此时认为，他已掌握判处我父亲有罪的足够证据，并期待一个漫长的徒刑，甚至是枪毙。但首先，他需要让我母亲被捕。

第九章 我们仨

父亲被捕后,母亲、姐姐和我凝成一体。但四个月后,他们又来抓走母亲。

爸爸的被捕改变了妈妈。四个月之后，她自己也入了狱。在那段时间中，她变得如此坚毅，是我以前从没见过的。也许，她失去了她的主要听众——父亲，也就失去了她性格中的情绪化的一面。两个小孩的命运全然依赖她一个人——她自己的未来也处在风雨飘摇之中。以前，妈妈令我想起任性，烹饪只是一时心血来潮，我们的生活全由父亲安排，为合众社写稿也是他的职责。前不久，她还为辛普森太太一事向丈夫大发雷霆，现在则全力以赴投入对他的救援，同时还要保护我们。她此前的人生经验——充满了失落和幸存——为此时的她做好了准备。

她出生于北方工业城市米什科尔茨的一个富商家庭。她父亲嗜好扑克牌，最终为此而陷入经济困境。她记得，一切恍如昨日，而不是五十、六十或七十年之前的事，"我十四岁那年，他有一天晚上回家，送给母亲一把乌木伞。他刚在一场牌局中输掉了他的钱和房产，什么都输得精光。他用口袋里剩下的零钱，买了这把伞来劝慰母亲"。

载货马车很快来到他们家门口，认领搬走家里的贵重物品。他们搬入城里的公寓。仍在读高中的我母亲，开始辅导更小的学生以助家用。十八岁那年，她进了德布勒森市的加尔文教会大学，她的学费和伙食费全靠典卖之前的财产，她的文凭是用钢琴、银器和地毯换来的。一贫如洗但有历史博士学位，二十二岁的她嫁给了富有但年长许多的当地地主布罗迪·山多尔（Sandor Brody）。布罗迪让她安享城堡女主人的生活，带她游览欧洲各大都市。但没有爱情，她很痛苦，三年内就分了手，再次一贫如洗后，她来到布达佩斯。

第九章　我们仨

一年后，她遇到并爱上我父亲。他们的恋爱和随之不久的婚姻，恰好碰上德国党卫队中校阿道夫·艾希曼和他的犹太指挥部抵达布达佩斯。他们的爱情开花结果，匈牙利却度过其千年历史中最糟的时期之一。艾希曼进展神速的别动队，立即缉拿了她的父母，使之永远消失于奥斯维辛集中营。母亲身在遥远的布达佩斯，对此束手无策；他在今后的人生中深埋起这份悲哀，甚至试图埋葬对父母的记忆。她几乎从不谈及他们，我家也没有他们曾经存在的任何痕迹——没有一张照片，也没有一件纪念物。

从来就是幸存者的母亲，从纳粹和箭十字党的恐怖中死里逃生，变成妻子和母亲，又当上外国记者。现在又是生死攸关的时刻，她将竭尽全力救她丈夫，保住自己和孩子。她知道，胜算的可能性微乎其微，到最后，她确以失败告终。但她在锲而不舍的努力中，又是伟大辉煌的。

父亲被捕后的数月里，我们是三位一体。与之前或之后相比，我们姐妹与母亲相聚的时间也最多。任何时候，只要可以带上我们，我们就一起行动。我记得，我们去拜访她来自米什科尔茨的幼时朋友黑勒·伊洛卡（Ilonka Heller）。她丈夫是一名杰出的工程师和发明家，受到政府的高度重视，分得一套位于玫瑰山的别墅。伊洛卡总是衣着美丽，异香扑鼻。她来自同一家乡，说起话来就像是我母亲的声音，还跟我母亲同样有着对桥牌的热情。她也在土耳其浴室游泳，也在捷巴德咖啡屋说长道短。看起来再自然不过了，如有需要，她将是我们的"监护人"。这并不是说，我们相信有人会把母亲从我们手中抢走。伊洛卡拥抱、亲吻我们，劝我母亲不用担心。她爱我们，自己又没有小孩。黑勒夫妇答应母亲，"如果……"，他们将把我们接去。

"更紧些！"譬如把我的手牵得更紧，这是那个春天我对母亲的例行要求。父亲被捕后，什么都变了。自我上学以来，我第一次不再计算距离暑假还剩多少天。

我们一起沿乔鲍街走向邮政局，妈妈在那里打电话。（她不再信赖家里的电话。）父亲被捕后，她的第一个电话是打给那夜来抄家唯一报上姓名的人，即布达佩斯警察局的费赫尔·日格蒙德（Zsigmond Feher）中尉。或许，他误导了我母亲。实际上，费赫尔是秘密警察的中尉。

那次电话会话的笔录是当局与我母亲玩猫捉老鼠的残酷游戏的第一幕。

M（马顿太太）：我想找费赫尔·日格蒙德。

X：什么部门？

M：嗯，我想这就是他的部门。

X：我没在布达佩斯总部听说过这个名字。

M：但他是布达佩斯警察局总部的。

X：这就是总部，但我们没有姓费赫尔的。

M：我这里有他名字，是布达佩斯总部签的字。

X：我从没听说过，这里没有这个人。

M：他来我家搜查，还签署了报告。

X：他的等级？

M：中尉。

X：那就不是日格蒙德了。

父亲被捕后,我更加亲近母亲。她在等待自己的入狱,在这高度紧张时期,她展示出极大的勇气。这是她的友人切里·拉约什摄下的。

M:但这里印有他的名字,他还签了字。

M:喂?喂?

母亲现在继承了曾盯梢父亲的全班人马。3月1日,有关她执意寻找可告诉她丈夫下落的人,盯梢人做了如下报告。其时的她仍抱有微弱的希望,希望这仅仅是普通的警方调查(搜查者曾提及,有些进口轮胎没付关税)。她后来写道,尽管已有明显的迹象,她还是想都不敢想,父亲有可能掉入秘密警察的黑洞。

9点50分,她搭39号公交车去外交部。[我可怜的母亲肯定想念我们漂亮的斯图贝克,它已被封在秘密警察的车库里。]

11点07分,她赶上6号有轨电车,在全国警察署总部的楼前下车。

11点31分，她走进一家面包店，买了两个奶油蛋卷，边吃边等12号公交车。

12点46分，她走进位于罗斯福广场的内政部。

13点10分，她返回全国警察署总部。

她不顾一切上访内政部，她在等12号公交车时吃了两个奶油蛋卷，在盯梢人的眼中，这两者之间全无差异。他们只是在伤天害理的工作中尽职尽责，犹如诗人叶芝*强有力的短句，"心灵日益残忍"。

他们在跟她捉迷藏，但她决定不学那位无声电影明星的榜样，即同事绍特马里·耶诺的妻子。绍特马里半夜被抓之后，他妻子打电话给所有的朋友乞求帮忙，结果反被驱去乡村的集中营。母亲不愿激怒秘密警察，甚至不让美联社知道"安德鲁"被捕一事。父亲在美联社的同事理查德·欧里根在2008年告诉我："我记得，我打电话找他，你母亲接的电话，说他在医院里。"

3月2日，母亲给内政部部长皮罗什·拉斯洛（Laszlo Piros）写信，客气地请求他的指教：她该如何告诉父亲的雇主？如何回答外国新闻人愈益频繁的提问？她也征求他的意见：她应否继续为合众社工作？应否接受美联社要她为"缺席"的丈夫代劳的请求？她写道："我们的工作并不容易，但我俩总是牢记作为匈牙利公民的责任，绝不做任何有损于国家利益的事。我希望能继续现在的安排，

---

* 叶芝（William Yeats，1865年6月13日—1939年1月28日），爱尔兰诗人、剧作家和神秘主义者，爱尔兰文艺复兴运动的领袖，是艾比剧院（Abbey Theatre）的创建者之一。1923年，获诺贝尔文学奖。此处引用的"心灵日益残忍"，出自叶芝的诗"The Stare's Nest by My Window"，原句为"We had fed the heart on fantasies, / The heart's grown brutal from the fare..."。——译注

第九章 我们仨

避免做任何有害于祖国或影响我丈夫案子的事。所以我必须告诉你，切断电话以回避关于我丈夫的询问，并不是行之有效的好办法，只会导致更多的流言蜚语……我向您寻求亲切的指教：我该如何应付我的处境？"

就像对待爸爸一样，政府的答复是卑鄙的，以其独特的方式。母亲表现出异常的自我克制，不公开父亲的被捕，不向美联社或美国公使馆寻求帮助。她遵循自己和丈夫历来的行事方式，"仿佛……"匈牙利确是一个保障公民权利的法治国家。另一方面，她仍向政府寻求关于爸爸的消息。

母亲征求官方指教的六星期后，秘密警察列出一套残酷的"指导方针"。秘密警察官员图尔昌·约瑟夫（Jozsef Turcsan）在4月29日的秘密指示中，总结了我母亲寻找丈夫的努力，他的语气像是一名被家庭主妇惹怒的高官。图尔昌抱怨，我母亲每天上访外交部；雇用律师调查丈夫的所在；企图确定对我父亲的指控；询问是否应该继续为合众社工作；征询是否把逮捕一事通知丈夫的雇主。她甚至胆敢要求探视她的丈夫，不管他在何处！

内政部的答复绵里藏针：做你认为最好的，这是你的个人判断。何时会有新消息，我可以再来？"嗯，很难说，两个星期后试试吧。"

图尔昌写道："两个星期刚过，她又来了。我告诉她，还没有消息。"

母亲既恼怒又忧心，决定联络美国人。"倘如3月9日前，[她]仍没收到答复，"布达佩斯公使馆给国务卿杜勒斯的秘密电报中写道：

马顿太太希望在西方媒体公开渲染这一案件，作为向政府施加压力的最后一招。**她表达了自己的信念：政府不会对她采取行动，为了救丈夫，她也愿冒这个险**［特别强调］……与媒体打交道须小心谨慎。开始时，美联社可以无法联络马顿太太为由，打电话找公使馆。我们会回答，很多迹象表明，马顿大约于2月25日失踪，但我们对此事和他的下落一无所知……这是开场白，美联社持续不断的纠缠，将提供见机行事的重要借口……核心问题是……**匈牙利仅剩的两名西方媒体代表中，其中一名突然销声匿迹。**［特别强调］这再一次向自由世界提供证明，铁幕内的情形并没有改善；尤其是匈牙利，那里对资讯自由交流的恐惧依然存在，随心所欲的警察行为所造成的恐怖继续占据统治地位。

公使雷芬达尔恰好在华盛顿度假。杜勒斯无疑领悟到，美国加入我父亲被捕事件的重大意义。上述秘密电报发出的第二天，美联社总经理施塔泽尔（两年前对资助我们逃离不甚积极）写信给他的维也纳站主管理查德·欧里根："国务院建议我打电话给匈牙利外交部副部长希克［安德烈］（Endre Sik）博士，请他帮忙取得关于马顿的消息。我打了电话，一再耽搁后被告知，第二天早晨4点方可接通。到了那个时候又被告知，希克博士在旅行中，返回日期尚不确定。我在3月12日送去信息，表达了对无法联络马顿的担忧，请求他的协助。"

4月底，在他们的通讯记者被捕两个月之后，美联社决定采取强硬措施。施塔泽尔发电报给希克："我们一直没有公开登载关于马顿博士的消息，因为我们坚信，贵政府会妥善公布对他的指控，

第九章　我们仨

或宣告他的无罪……除了想知道对我社通讯记者的指控，我也想了解有关的法律辩护和其他事项。"

一星期后，美联社不再等待回复，再次加强语气："作为雇主，我们深深关切马顿博士一案，因为他无法与我们联络。我们也无法了解他被捕的原因……更不知道他是否获得适当的法律辩护或协助。……马顿博士的被捕使我们丧失他的服务，给我们的新闻报道造成重大损失。在可靠、客观的讯息交换方面，布达佩斯一直是卓有成效的地方……马顿太太在尽力为她丈夫代劳，但可以理解，她还须关心其他事务，无法胜任我们的工作。"

我很佩服，母亲在这种情形中仍为两家美国通讯社报道足球比赛以及戴维斯杯网球锦标赛，并出席了匈牙利国会首次会议。她在世时，我都不知道这些壮举。

在这四个月中，很多人躲避我们，真正的朋友是暑期帮忙看护过我们姐妹的拉约什。他是我们永远的朋友。3月4日，我们的家庭女教师向秘密警察报告："切里·拉约什在他们家醒目出现，他的母亲警告他，应该断绝与马顿家的往来，不然就会自找麻烦。切里回称，他是他们陷入困境前的朋友，不会在现在抛弃他们。"

"夫人"每天都要对我母亲与拉约什的关系做出汇报："他们一起去看电影。星期天下午，他俩单独待在公寓。马顿太太几乎每天都与他独处，他们的交情可能深过纯粹的性关系。依我看，马顿太太与切里·拉约什的关系可以利用。"

秘密警察同意了，最终传召并审讯了拉约什。秘密警察告诉他："你知道，你与马顿太太幽会时，美国人正在选择下一次战争的轰炸目标。"我们2007年在布达佩斯盖勒特酒店（Gellert Hotel）的咖啡屋会面，我问拉约什，他们真的相信这类指控吗？他已八十几岁，依然英俊。"他们必须相信自己，不然如何自圆其说？"他以直截了当的方式告诉秘密警察他与我母亲的交往——这时又复述给我听："1954年夏天，马顿和他妻子发生分歧，导致我俩的相聚时间日益增多。马顿爱上了辛普森太太，一名英国外交官的妻子。马顿太太和我则愈走愈近，最终在1954年8月坠入爱河。我们继续来往，直到她被捕。"

秘密警察命令拉约什与马顿圈子里的人士继续来往，并向秘密警察汇报会面情形。但拉约什告诉他们："你们知道，我在这方面是相当笨拙的，我不会说谎，做不成优秀的告密者。"他说，有点莫名其妙，秘密警察就这样让他走了，从那以后再也没有来找他。

父亲被捕之后的数星期平安流逝，母亲变得愈加自信：他们可能不会再来找她。她收起了她选作"监狱制服"的苏格兰格子呢褶裙。此时她同时担任美联社和合众社的记者，乘机频频拜访美国公使馆。为此，华盛顿方面在1955年4月27日发秘密电报给美国公使馆，"要求公使馆评估马顿太太在警察逼迫下以此牵连公使馆的可能性"。冷战时的怀疑并不局限于一方。

雷芬达尔对我母亲没有如此的担忧。他5月3日发电报给华盛顿："马顿太太今天早上报告，她丈夫将被控阴谋罪或间谍罪，或双重罪行……看起来最糟糕的担心……可能会成真……这样的审讯可在时间上，配合华沙的东欧集团防卫协议的圆满结束，以证明美国操纵的阴谋组织的存在，让匈牙利得以要求苏联继续驻军……"

第九章　我们仨

雷芬达尔对匈牙利政府持续施加压力——有时甚至有所创新，以争取爸爸的释放，或至少告知他的消息。5月7日，他向华盛顿报告："[与外交部副部长的]会话……自然转至马顿案件……相信美联社应直接向外交部提出询问，以继续表示对马顿的关切；建议暂持克制态度，不要在西方媒体公开渲染，以等待公使馆的新信号。"

部分解密的国务院档案显示，雷芬达尔频频发送电报，敦促华盛顿和美联社采取行动。5月初，各个主要西方新闻社报道了已拖延良久的我父亲被捕的消息："美联社获得的消息显示，其在布达佩斯的常驻通讯记者安德烈·马顿博士，已遭到匈牙利秘密警察的逮捕。与马顿的通讯……在2月底中断……对马顿的指控究竟是什么？几番努力，一无所获。在过去两个月中，外交部一直没有答复相询的信件和留言。四十四岁的马顿是匈牙利公民，曾在英国接受教育，拥有布达佩斯大学经济学博士头衔。他已婚，有两个小孩。通过他对1949年枢机主教敏真谛公审和其他重要时事的报道，马顿的大名已在西方媒体中声名远播。"

在6月9日的另一条秘密电报中，雷芬达尔建议，将我父亲的案件与匈牙利欲举办1960年奥林匹克运动会的愿望挂起钩来。雷芬达尔提议，国务院在即将到来的记者招待会上，向国际奥林匹克委员会主席艾弗里·布伦戴奇（Avery Brundage）提及爸爸的被捕："就匈牙利有意举办奥林匹克运动会而言，一份广泛发行的匈牙利体育报在5月17日刊登文章，列举[布达佩斯]作为运动会场地的各项优点，并（可能在无意中）引述马顿以前的相关言论……得出的结论是：这个热爱运动的小国认为，只有选择布达佩斯才符合体育的高尚品质。但'这个热爱体育的小国'的当局却抓了马顿，

父母喜欢报道体育新闻——得以从抑郁的政治新闻抽身而出。照片中，他们与美联社维也纳站的负责人理查德·欧里根，一起报道1953年人民体育场一次运动会的开幕式。

迄今不宣布理由或马顿的下落。建议你将这一事件作为背景资料告诉布伦戴奇。"

雷芬达尔与匈牙利外交部在5月20日通上电话，之后他写信给华盛顿："得到强烈的印象：美联社的刺探很有效。匈牙利外交部担心此事引起的名声纠缠，试图借用公使馆的影响来抑制'狗吠'。相信美联社应继续对外交部的刺探。"

春天里，我们组成紧密的三人小团队。妈妈不再忙于社交，但有一次著名的例外——她在英国使馆的女王生日聚会上大放光彩，她津津乐道了好几年，成了她的珍贵轶事之一。母亲身穿剪裁得体的灰色丝绸洋装，戴一顶阔边礼帽，看起来极有魅力，以致我遐想伊丽莎白女王肯定也在现场。之后，她以详情犒赏我们，她的绿眼睛炯炯有神："我故意晚到，大使馆花园的盘旋大理石楼梯最适合

第九章　我们仨

一次壮观的入场。大使〔乔治·拉布谢尔（George Labouchère）〕登上楼梯来欢迎我，我们一起缓步走下白色大理石台阶。他吻我的手，然后把我交给雷芬达尔。随后，我俩走向聚集在草地上的外交官和匈牙利官员。经过盖罗〔埃尔诺〕（Ernő Gerő）〔拉科西的第二把手〕和希克·安德烈〔外交部副部长〕时，雷芬达尔故作调皮地对他们说：'你们将来一定要跟我去美国钓鱼，我希望马顿夫妇能够作陪。'"

那个月的晚些时候，妈妈受邀去雷芬达尔的居所参加晚宴，我们整栋楼的孩子们都聚在一起，围观他派来接我母亲的巨大、锃亮的黑轿车。她之后说，秘密警察盯梢的汽车为跟上这辆飞快的轿车而开得非常辛苦，她看了真是开心。雷芬达尔亲自护送我母亲回家。母亲回忆："司机开门时，雷芬达尔走出轿车，很炫耀地吻我的手。我向雷芬达尔低语：'希望我的影子能看见你。'"

她第二天告诉我们，她这样做是为了爸爸。她在阅读我们的心思：父亲不知在何处凋萎，她怎么可以打扮光鲜，在外招摇？但她的光彩是短暂的，大约一星期后，秘密警察就逮捕了父亲的前秘书豪洛希·梅琳达。她是我们的朋友，数年前被招募为"告密者"。母亲的好兴致顿时消散，像泄了气的球。

5月3日，"夫人"报告，她偷听到我妈妈从电话里得到的消息，"她丈夫被指控有严重政治罪行，并将获得很严厉的判决。她好像很受震撼，叫电话那头的人赶快过来……之后她又说，内政部告诉她的都是谎言。获得上述消息后，她变得更易激动，更惶恐不安，远远超过她丈夫被捕时"。

母亲在为监禁做准备，如何做呢？我想，好比得了绝症，你只想为心爱的人做出妥善的安排。

6月初，母亲带我们姐妹坐黄色电车去终点站，一个名叫艾迪利格特（Adyliget）的郊区。那里有个夏令营，母亲要我们看看，并希望我们能喜欢。但我讨厌它。我已习惯于与父母一起去巴拉顿湖度暑假，在我眼中，它只是一个寄宿营地，没有丝毫吸引力。陌生的孩子在尘土飞扬的操场闲混，隔着网把球扔来扔去。我把母亲的手握得更紧，尴尬地笑笑。我知道她比我更不满意，所以我没哭。

在"计划中的行动"一栏，秘密警察要求"对马顿太太采取更严密的安全措施，还要求['夫人']一旦看到任何疑点，马上通知我们"。

那个星期的晚些时候，"夫人"通知秘密警察，我母亲接到邮政局的电话，询问发生故障的电话机。母亲回答："电话没有问题。"但邮政局坚持说有，并派修理工前来。"夫人"的报告继续："隔天，电话已从墙上拆下，我问马顿太太为什么。"我母亲回答："那电话不能再用了。"在同一份的报告中，"夫人"还提到，她"问马顿的小孩，电话怎么了。小孩回答，母亲告诉她们，这电话不仅可以用来讲话，还可用来监听。小孩还说，从今以后，朋友们关照母亲得低声讲话"。

那份报告的页下注明："注意：马顿家的监听电话设备不再有效。"

6月3日，内政部一份秘密备忘录写道："我们的线人['安德拉希'和'夫人']汇报，马顿太太显得格外紧张。她告诉我们的人['夫人']，她将拜访豪洛希·贝拉，如果没人开车送她回家，她将在那里过夜。我们的人被告知，不要打电话去豪洛希处找她。我们

第九章　我们仨

的人相信，她真实的计划不是去拜访豪洛希，而是去看她的朋友［拉约什］，为逃跑预做准备。"

　　读到这里，我真惊讶于秘密警察的妄想症。国家本身就像一座大监狱，围以布雷区和带刺的铁丝网，而其中的一个居民，受到秘密警察的密切跟踪，她的电话被窃听，她的亲朋好友都在告密，她能插翅飞走吗？

　　6月9日对母亲的监视报告披露，她仍在"安德拉希"面前保持她危险的虚张声势。"安德拉希"汇报，她仍计划与美国公使馆保持联系，"如果丈夫获释，他们将一起这样做"。根据秘密警察的记录，他们有证据显示，"她持续拜访公使馆，参与每周的记者招待会……我们还知道，她计划在暑假送小孩去夏令营，很快辞退保姆［'夫人'］，这样她就完全自由了"。

　　6月10日题为"关于安德烈·马顿太太"的备忘录以此结尾："安德烈·马顿一案，我们现掌握的资料还相当单薄。为帮助我们巩固他的证据，充实他的［间谍］招供，我们请求立即逮捕他的妻子——安德烈·马顿太太，四十三岁，合众社通讯记者，出身于资产阶级家庭。"

第十章　可怕的夏天

我和姐姐都不知道，父母成了全世界报纸的头版新闻，除了在匈牙利。

内政部调查局在1955年6月20日起草"首次审讯安德烈·马顿太太的计划"。其时,我们仍有个家,只是缩减至三人。

备忘录解释,"我们的目标"是——

证明她和她丈夫刺探情报,以此来证明美国公使馆反对我们人民共和国的破坏活动。

在马顿夫妇的案件中,我们有具体证据:预算和马顿的信件[给雷芬达尔和我母亲的]……此案在时间上比较敏感,可以预料美国的干预。所以很有必要首次见面就开门见山,直接讨论马顿太太的间谍活动。

我们在首次见面时将讨论三个问题:

1. 她的简历、朋友、家人,着重于她过去的舒适生活、她与地主的婚姻以及她在英国留学的一年。

2. 她与美国人的联系和她的间谍活动:

· 她自1945年起认识的人,与他们保持何种联系。

· 我们将观察她对这个问题做出的反应。

3. 证明她的反民主倾向。

我们将在此时提及她和她丈夫嘲讽式的报道,以及她的崇洋媚外。

我们将以礼貌的语调让她明白,她丈夫已在调查中与我们合作,以及我们相信她也是活跃的间谍。

签署人

少校盖罗·塔马斯(Tamas Gero)

第十章　可怕的夏天

三天后的 6 月 23 日傍晚，我家门铃响了。那天正巧是我期待已久的游戏日，邻居大女儿卡尔马尔·苏兹终于来访，我沉浸在欢乐中，想等母亲去开门。我俩正在剪裁母亲的一件旧长裙——印有绿色圆点花纹的丝绸质料——来缝制玩偶的小衣服。苏兹选择那个下午来看我，并非巧合。之后我们弄清，她在逮捕我母亲这件事中扮演了小小的角色：使我无暇顾及，好让逮捕进行得平稳。有这个严肃的大女孩陪伴，我感到兴奋，不愿起身开门。门铃又一次响起，我只好起来。三名身穿工作服的男人俯视着我，其中之一谎称："我们来检查电表，你母亲打的电话，请叫她出来。"我隐约感到他们不像是他们自称的那种人，即使在小孩的眼里，他们穿的工作服也未免太干净了。但我急着回到苏兹身边。我现在遥想，那些秘密警察欺骗小孩时，自己有何感受？他们感到过任何不妥吗？他们自己有没有女儿？

我大声叫："妈妈！"她应声从她房间开门出来，我已匆匆赶回自己的房间去找苏兹了。过了好一阵子，公寓变得异常安静，我从房间探出头，叫喊："妈妈！妈妈！"没人回答，整个公寓空空荡荡的。在这之前，我从未一个人单独待过。这公寓仅仅几个月前还住有一家三代，祖父母、父母和我们姐妹。我以前从没注意到，阴暗中的门厅地板竟会吱嘎作响。我搜寻一个又一个空房间，有生以来第一次意识到自己心脏的怦怦剧跳。母亲不见了！怎么离开家时都没有告诉我？都没有吻我？

我边哭边叫"妈妈"，奔下通向大街的三段楼梯。姐姐正坐在人行道沿上哭泣，脚踏车扔在一旁。她看见穿工作服的男人抓住母

1950 年代初，母亲（左）、玛格达阿姨、朱莉和我在巴拉顿湖畔。

亲的上臂，将母亲塞进奔驰汽车，没等她跳下脚踏车，就疾驶而去。就这样，我俩坐在一起哭泣。有生以来第一次，没人来安慰我们。后来发生的，我就没有记忆了。

半世纪后的今天，我仍对母亲的被捕感到深深的内疚。抓她的人来时，我叫她叫得太漫不经心。本该大呼小叫时，我反而慌忙回到了苏兹的身边。我本能地知道，那些毫无表情的男人讨厌孩子的大呼小叫。

那天在朱莉和我身上发生的事，我们邻居堂·唐斯比我记得更清楚。他在五十年后回忆，他的雪佛兰汽车驶上乔鲍街，看见我们姐妹坐在路沿。他记得："你们在哭泣，没人照看。我的第一反应是把你们放进车中，将你们送到公使馆，但你们一动也不动。我不会讲匈牙利语，你们也不会讲英语。"我一定处于巨大的震惊之中，

第十章 可怕的夏天

因为直至今日，只要一想起那个初夏的下午，我就会有生理上的强烈反应。

母亲被捕时未露面的"夫人"终于出现了——无疑在遵照指示，她打电话给母亲的妹妹玛格达阿姨。档案显示，秘密警察中尉彼得罗维奇·久洛（Gyula Petrovics）"将马顿的两个小孩交给普勒斯·拉斯洛（Laszlo Pless）太太［玛格达］，我们还转交了马顿太太留下的二千二百福林。普勒斯太太会在白天照料小孩，加布丽埃勒·吉耶梅［'夫人'］在晚上看护"。中尉彼得罗维奇在档案中保存了关于小孩和钱的收据，还罗列了从我家抄走的二十五样东西。我想，这些是他的同志们在逮捕我父亲时所遗漏的。对第二次抄家，我没有一丁点记忆。

让玛格达阿姨照顾我们，这想法既有趣又令人担忧，就看你从哪种角度来做判断了。她美丽、轻佻，蓝眼睛大得像茶碟，但不适合做任何人的母亲或看护人，除非是在滑稽戏中。她自己也没兴趣，只是实在没有其他人可以托付。（那一年，我常常希望祖父母没去澳大利亚。那样的话，我们姐妹的生活将会有多大的不同！）

第二天，玛格达连哄带骗，让一辆漂亮的秘密警察汽车（我想是奔驰车）把我们带去玫瑰山别墅，希望能找到收容所。（以我阿姨的幽默和性感，只要涉及男人，任何麻烦都能迎刃而解。）母亲的朋友黑勒夫妇就住在这里，黑勒·伊洛卡曾答应我母亲，"如果……"，他们将把我们接去。无疑是秘密警察的汽车，再加上护送我们的制服警察，令平日活泼的伊洛卡一下子面如纸色。迄今我还记得，她以惶恐不安的圆眼审视眼前的一切。我还从未见过一张脸，比她当时的脸，显露出更多的恐惧。她结结巴巴地说："告诉我地址，我好送东西给她们。"她还提议："任何时候，你都可以把她们的脏衣服送来。"然后，她发出"嘶嘶"暗示声，压低嗓门告诉玛格达："以后再也不要乘那种车来。"我们最终被寄养在一户陌生人家，黑勒·伊洛卡确实承担了我们的食宿开销。但我不记得她曾来看过我们。母亲获释后所做的要事之一，就是还清了我们欠她老朋友的每一分钱。

很多年后，我在费城一家书店签售我的新书。一本书塞到我的眼前，"我是曾照看你的人的侄子"，一个穿着考究的男人说。我抬头查看。"伊洛卡和黑勒·拉斯洛。"我微笑着点点头，签了书，没做任何评论。我在更好地理解恐惧的本质上，已做了太多研究。对那些屈服于恐惧的人，我不抱任何恶意。

6月24日，唐斯给华盛顿发去标为"机密"的如下电报："相信马顿太太已在昨晚被捕。她的公寓就在我的住房旁边，处在同一层，其百叶窗一直关闭，直到今天早晨10点。看到携带打字机的两男一女，似在清点屋内的全部财产，在下午2点离去。看到马顿太太的妹妹和女孩们。马顿太太曾做出安排，万一遇上不测，让妹妹来接管孩子。没有看到马顿太太。"

随着母亲的被捕，美国公使馆对华盛顿和匈牙利政府的语调更为强硬。6月25日，唐斯又发去电报："确认马顿太太于6月23日下午6时被捕，有消息显示，她将在她丈夫的审讯中作为证人出现。有报告指出，该审讯将在今后两天内进行。她是否被指控，尚不确定，但今天的公报强烈显示，她将被指控。今天的发展似乎彻底否定了下述理论：我们的圆滑，或避免触怒当局，会对此事的最终结果产生影响。……很明显，最近那些反对公使馆的恐怖策略和行为，不管是出于国内还是国际的考虑，越来越与过去数月的国际发展不相一致……我们现在应该全力以赴，开展舆论攻势……对匈牙利自

第十章 可怕的夏天

认为够格成为联合国成员一事，发起进攻。"

第二天上午，匈牙利国家新闻社对我父母的案件发表公告："内政部的国防机构逮捕了美国间谍和颠覆分子……他们接受美国中央情报局和自由欧洲电台的招募和训练，从事反对匈牙利人民共和国的破坏活动。所谓的自由欧洲电台，就是帝国主义的宣传和间谍组织。"

西方媒体现在获得一大新闻：夫妻档"间谍小组"的生动戏剧，加上他们遗留下的两名幼儿。美国国务院尝试控制新闻，但并不总能奏效。1955年6月29日，美国驻维也纳大使馆发电报给国务卿："维也纳路透社引述可靠的布达佩斯消息，报道了马顿太太的被捕。路透社被［大使馆］要求暂不公布，但已经太晚。此外，《纽约时报》也已报道此事……及时的策略可能是，协调所有西方通讯社的报道，以取得针对匈牙利政府的最大效应。"

7月9日，美联社发布下列通讯，世界各地的报纸做了转载："匈牙利政府今天确认有关报道，美国新闻社的通讯记者安德烈·马顿及其妻子已被捕，指控的罪名是替美国情报机构刺探情报。马顿自1947年起便是美联社的布达佩斯通讯记者，马顿太太是合众社的通讯记者，开始的时间差不多，他们都是匈牙利公民。公告说，布达佩斯美国公使馆的另外两名匈牙利员工，也以同样罪名被捕。四十四岁的马顿显然是在2月被捕的。自那时起，美联社就无法与其联系，不管是电话还是电报。6月18日，维也纳最后一次电话给身在布达佩斯的马顿太太。"

我们姐妹虽然对父母受到的严重指控茫然不知，但我们自己业已陷入痛苦的深渊。无奇不有，送我们去夏令营的，竟是帮助"揭露"我父母为"颠覆分子"的告密者。我记得，阿蒂拉（"安德拉希"

的真实名字）脸色有光泽，长年晒成棕褐色，穿着浮华。我曾听到父母对他的轻视，我对他的热心帮忙感到迷惑不解。母亲的监狱回忆录做出了解释："一般认为他［阿通尼·阿蒂拉］是警方告密者，但我既不确定，也不在乎。［我丈夫］被捕后，我家的汽车被没收。这位有车的年轻人愿意像'友好同事'一样，开车送我去任何地方。大家感到困惑，但我接受他的帮助。有人问我：'难道你不知道，他这样做是为了汇报你的每一个举动？''我当然知道，有车坐，为什么还要去搭计程车或走远路，他能汇报什么呢？汇报我在采访国会开会？汇报我在采访世界篮球锦标赛？悉听尊便，我只想简便地抵达我的目的地。'"

父母再一次低估"证据"碎片在构建"叛国罪"的马赛克拼图中发挥的作用。母亲自己视为无罪的俏皮话，在政府眼中，却是她反"人民"的敌意。这都是"安德拉希"的功劳。

艾迪利格特夏令营，这时看起来比我们数星期前访问时更为荒凉。我第一次感到自己裸露在众目睽睽之下，我以为每一个人——夏令营的伙伴和管理人员——都知道我们是人民公敌的女儿。在那里近两个月，我没交到一个朋友，既不开心，也没心情参与游戏。没有父母，我甚至都不确定自己是谁。没人向我做出保证，开学后的处境会变好，或是永远不变。我老是哭，肯定成了姐姐的累赘。我记得，我们"寄宿者"坐在长长的野餐木桌旁吃黑面包，抹有酸奶油和红辣椒，很好吃。我还记得一次午餐，夏令营管理员在我耳边大声拍她肥胖的手掌，想让我从幻想中醒过来。结果，我号啕大哭，她却哈哈大笑。我现在想知道，为何成人会如此对待精神受创的幼儿？难道他们的心灵已变得如此粗鄙，以至受苦受难的幼儿都成了取笑对象？但在当时，我只认为自己脱节，表现落后，不能像别人

第十章 可怕的夏天

一般自得其乐,包括我姐姐。

对那个夏天,我还存有另一桩记忆:我与两个或三个小女孩,在营地附近散步。那是个星期天,没有规定的活动。一群身穿工装的男人——劳工或矿工——突然出现,并大叫:"包围她们,从两面包抄!"夏令营伙伴们和我立刻四散奔逃。我沿陡坡往下跑,快得几乎脚不沾地,心仿佛要从胸膛里蹦出。前面是一间小茅舍,房门敞开。我飞快奔入,一位妇人坐在凹陷的沙发床上,缓缓将长筒袜穿上她静脉凸显的瘦腿。我没讲一句话,一下钻进她的沙发床下。几分钟后,一些男人从门外探进脑袋。"看见一个山上下来的小孩没有?"那妇人摇摇头,继续穿她的长筒袜。我的心仍在狂跳,等到没有声响,才慢慢爬出。我感谢她,她点点头,好像这很正常。几分钟后,我开始走回夏令营。我承认,这个记忆像是从神话故事或超现实主义电影中顺手拈来的。但我姐姐也在其中,也被追逐,自陡坡跑下去后,找到自己的藏匿之处。如果没有她的确认,我真会将之归为孤独小儿的胡思乱想。我仍不清楚,那老妇人是从谁手里救下我,令我免受了何种苦难。但肯定是不好的东西——这更加深了我的裸露感和无助感。

母亲在回忆录中这样描述她的被捕:"我坐在中间,两名押送者仍紧抓我的手臂。五分钟后,我们到达秘密警察的大城堡。"(在父母被关押的全过程中,我一点也不知道,他们其实离我们很近,都在多瑙河的同一侧。他们一下子销声匿迹,好像被送上了开往西伯利亚的火车。)

妈妈写道:"我被押出汽车,走下一段楼梯,来到监狱地下室一间破旧办公室。立时,我震惊于可怕的沉默。几名制服卫兵,或在庭院闲荡,或持冲锋枪守在瞭望塔的探照灯旁。除此以外,整个建筑物像是被彻底遗弃的。两名制服狱卒看管我,口袋里的东西全部掏出,只留一块手帕。他们拿走我的手表和结婚戒指,令人惊讶的是还没收了我的胸罩。我之后发现,它被认为是潜在的自杀工具。"

秘密警察少校盖罗·塔马斯以微笑欢迎母亲:"你好啊,马顿太太。"(盖罗是母亲的监狱回忆中时常出现的名字。我的研究发现,即使在残忍的秘密警察中,盖罗仍属赫赫有名,他制服囚犯的记录几近完美。)他打手势叫她在唯一的硬木椅子上坐下,其他椅子都有软面包饰。母亲回忆盖罗的嘲弄:"你终于来了,我们一直在等待这一刻。但我必须承认,很失望。是的,我们在期待一位漂亮女人,现在看起来,名不符实啊。"母亲反诘:"如果多给一天,我就不会对我的美发师爽约,就会漂亮得多。"这是戏谑的终止。她被要求签署逮捕证(签发日比实际上的逮捕早了整整一个月),才看清罪名是为美国刺探情报。她情不自禁:"这真可笑!"少校命令:"签。"她回答:"不行,这不是事实。"

她在回忆录中写道:"这时候,一名被称为'上校同志'的健壮男人,自桌子后朝我摇晃手指,吆喝我一定要签字,不然就要承担后果。他咆哮着:'你是一名间谍。不然,为什么多年来每星期拜访美国公使馆?'母亲回答:'那是我的工作,每周参加记者招待会。'"接下来,她犯了第一个错。

"假设我不为美国新闻社工作,而是《真理报》记者,必须出席苏联大使馆的记者招待会,那我算不算俄国间谍呢?"她顺势推论。

她记得:"我好像在这愤怒的男人脚下点了一支爆竹。他勃然大怒,叱呵道:'你敢如此嚣张!竟将你不可告人的行为与一名诚

第十章　可怕的夏天

实的同志相比？他们为爱好和平的国家服务，这些同志是我们国家的英雄。不要像大街上的娼妓一样对我们撒谎！'"

上校走近我母亲，呼吸急促且沉重，警告她："如果不签，你就要在这里待一辈子，我们才不在乎。"他耸耸肩继续说："我们有很多时间。记住：现在签名只对你有利。"说完就冲出审讯室。只剩下"好警察"盖罗，以这个恐怖国家中最黑暗、最偏执的角落的观念，给颤抖中的母亲上了一堂这个世界运行的基本法则课。"盖罗拿出一张纸，划上两条线，解释说世界已分为两大阵营，中间（他手指两条线当中的空白处）是个战场，一个人要么站在这条线上，要么站在那条线上。少校盖罗说：'没有人，可以在中间骑墙。不在这条线上参加战斗的就是敌人，即使是中立者，也必须被消灭。'我们已站在西方一边，我们的衣服、生活方式、朋友、工作都是西式的。我们每周拜访美国公使馆，向敌人提供帮助和友谊。在他们眼里我就是一名间谍，我竟能视而不见！"

母亲抗议："如果真是间谍，我们会大摇大摆去公使馆，在其大门口停车吗？"少校同意"'那是个很聪明的计策。所以很久以来，我们的情报员都误信，既然马顿夫妇与敌人公开交往，肯定无需隐瞒'。他们现在意识到，这只证明我们的狡猾。无论如何，我们在事实上已与西方站在一起，所以就是敌人"。人民公敌。

与父亲相比，母亲是迥然不同的囚徒。她告诉她的牢房难友——一名作为"铁托分子"而被判终身监禁的南斯拉夫女子，她会把一切告诉少校盖罗·塔马斯，因为"他们已洞悉一切，我无须隐瞒任何东西"。她还说，她不怕牵涉美国外交官，因为他们最糟的惩罚不过是驱逐出境，但她不会连累任何匈牙利人。秘密警察档案中，她数百页的审讯记录和口供，还有牢房难友/告密者的汇报，都证明她确实没有拖累他人。与父亲相比，她又拥有明显优势：她了解局势的新发展，而父亲已在苛政下当了四个多月的囚犯。她在回忆录里写道："自由世界的强大朋友在为我们的释放努力。我对他们的最终胜利，抱有百分之一百的信心。"

她的任务是如何将这一信息传递给羁押在同一城堡的丈夫。虽然，这一信心令她充满希望，但冷战期间的匈牙利监狱实在不适合一名受惯娇宠、任性自为的女子——也可以说不适合任何人。佛街监狱的唯一目的——就像苏联帝国庞大的古拉格系统中的每一座监狱——就是要制服囚犯，所以他们就在我母亲身上试刀。

很难想象，母亲何以能适应监狱的日常作息？在家里，没人敢打破她早晨喝咖啡、看报纸、保持宁静的规矩。她如此描述："每天清晨5点，监狱卫兵挨个敲门，喊'起来！'，这是起床号；然后狱卒一间一间地打开牢门，让囚徒冲过走廊，去厕所取盛水的锡脸盆；等她们回来后，再把牢门锁上，打开下一间，以保证走廊上永远只有一间牢房的囚徒。"

她的牢房难友／告密者（母亲好像对她深信不疑）汇报："她头几天精神崩溃了，看起来很受惊吓，甚至不愿回答我的询问。她说：'我不想违反这里的任何规则。'她经常念及孩子而哭泣，但第三次审讯回来后，情绪变好了……我问她遭啥指控，她回答说：'刺探情报。在技术上讲，他们的指控没错。我只是自己不懂：我告诉外国外交官的一切都算是情报，哪怕是报刊上公开的。我现在从他们［秘密警察］的角度看，承认自己有罪。我在尽力与他们合作，以求他们放我回到孩子身边。'"

少校盖罗熟练运用着对付我母亲的最残酷武器，她无法忍受长期得不到我们姐妹的讯息。7月7日，她"招认"为美国人刺探情报。她在同一天告诉牢房难友:"我必须这样做,为了救我的孩子。如果她们不能有父亲,至少应有母亲。"母亲左右摇摆,一方面极想救她丈夫,另一方面又对他深怀愤恨,将我们所受的苦难都怪罪于他。她告诉牢房难友:"我丈夫忘记了自己是一个父亲,盲目为美国人服务,把我也拖下水。但我不会忘记,我首先是一个母亲。"

她做了招认,相信自己很快将获释。"过去两天,她变成完全不同的人,变得欢快机智,还宣称只能以幽默来应付如此严酷的考验。她说,她对日内瓦四国高峰会议充满信心,匈牙利将进入联合国,这将会让她和她丈夫获释。"

说到底,她是一名幸存者。母亲努力适应监狱生活,甚至调整监狱规则以适应自己的需求。她情绪好时,将狭窄的牢房变成健身房。她回忆道:"我最满意的成绩就是说服她[曾是修女的牢房难友],保养身体就像保养灵魂一样重要。我每天早上教她做体操,牢房太小,不够两人同时锻炼,我就先做示范,然后爬上木板床,鼓励她模仿。"我珍爱母亲坐牢时仍坚持锻炼的形象。

秘密警察原答应她与孩子重聚,却在8月29日向内政部提出要求(秘密警察实际上只对拉科西负责)并获得批准,将她"无限期拘留,以待调查结果"。她感觉上了当,不再有合作的心情。母亲的牢房难友8月30日报告:"她近来情绪剧变,说她感到自己日益认同丈夫的想法。所有希望都寄托在美国人身上,希望他们不放弃[马顿夫妇]。她说,只希望离开这个没有生活、没有自由的国家,他们扼杀了美、艺术、文学和生活中所有美好的东西。新闻自由?这就是他们美其名曰的新闻自由!如有人鼓足勇气照实写,监狱就是他的归宿。她试图劝服我,西方民主国家不一样,那里有基本人权。她甚至不再说,从他们的角度看,自己有罪。今天马顿太太又说,在世界上有文明社会的地方……这些都不是罪，与外国人接触是很正常的，只有在铁幕之后，才会被定为犯罪。"

秘密警察以他们愚蠢的暴虐，将一名合作的囚犯转化成一名愤怒、挑衅的囚犯，现在的困境是如何处置马顿夫妇。到7月底，艾森豪威尔和赫鲁晓夫的日内瓦高峰会议被认作一项成功。于是，莫斯科不想看到在布达佩斯上演一场涉及美国公使馆的做秀公审。"大狱"——匈牙利人以此代称自己的国家——的边界之外，斯大林的"最佳匈牙利学生"的前景变得模糊不清。如果拉科西认为，他可返回他的导师运转恐怖国家的老套路，克里姆林宫可没有如此的计划。对莫斯科领导集团来说，那是个不确定的时期，斯大林的各式继承人都在争权夺利。发送给卫星国的信号也混乱不清，但在外表下面，地壳大移动正在发生——以尼基塔·赫鲁晓夫1956年2月在第二十次全苏党代会上的"秘密演讲"而告结束，正式开始埋葬斯大林主义。但身处最严密城堡中的两名囚犯，对此又能知晓多少呢？

"安德拉希"的主要目标，即我父母，已经入狱，但他仍孜孜不倦。7月4日，他向秘密警察汇报发生在捷巴德咖啡屋关于马顿夫妇的讨论。我可以想象这样一幅画面：一群人聚集在这古老遗迹的虚幻式的避难所，拱形天花板上仍饰有壁画；女士们穿戴着战前高雅服饰的残余，戴着小帽，没有新外套，只好在旧衣上搬移纽扣以适应增胖的体型；穿着考究的告密者微微倾斜，一边将搅打奶油注入浓缩咖啡，一边尽力记住每一声叹息、讽刺和评论，以便之后抄录。"安德拉希"汇报，玛格达阿姨和科考什太太（Mrs. Kokas，我们的玩伴彼得和巴林特的母亲），抱怨当局出空我们公寓的全部财产。我们的邻居"大胆"质问前来搬运家产的秘密警察：孩子们会受什么牵连？她们以后靠什么活？谁来抚养她们？应不应该留下几样贵重

第十章　可怕的夏天

物品，以资助孩子的生活？"安德拉希"汇报，捷巴德咖啡屋中的每个人都点头同意。这群人还赞同，政府正在把马顿夫妇变成罗森堡夫妇*[朱利叶斯和艾瑟尔]，马顿的孩子将变成孤儿，也像罗森堡的孩子一样。玛格达接着说，孩子们收到母亲来信，叫她们保持镇静，还说已见到她们的父亲[不是真的]，很快就会回家。捷巴德咖啡屋中，似乎每个人都知道，我们遭到黑勒夫妇的拒绝，暂居艾迪利格特夏令营。但谁也不知道，夏天结束时该怎么办。

在遥远的华盛顿特区，我们姐妹的夏日悲情故事抵达国务卿办公室。布达佩斯代办斯宾塞·巴恩斯，7月22日发出题为"新闻记者马顿夫妇的被捕"的秘密电报，通知国务卿："[马顿的]孩子们在马顿太太被捕后，立即被送去离布达佩斯不远的夏令营；返回后，将由马顿太太的妹妹接管，其丈夫是布达佩斯杰出的歌剧指挥。公使馆从马顿太太早先的谈话中得知，她已为万一的不幸（现已成真）做了安排。马顿夫妇的其他挚友（财务情况好过她妹妹的）已做好准备，在必要时接管和收养这两个孩子。"

那年夏天，克雷奇默·阿帕德（Arpad Kretschmer）少校接管我父亲的案件，确认了其他人早已注意到的——"马顿唯一的弱点就是他的家庭。只要对家人有利，他几乎愿做任何事。"该文件的

---

* 罗森堡夫妇（Julius Rosenberg, 1918—1953 年；Ethel Rosenberg, 1915—1953 年），冷战期间美国的共产党人，因受指控为苏联进行间谍活动，提供有关原子弹的信息，而被处以死刑；留下两个儿子罗伯特与迈克，分别为十岁和六岁。——译注

日期是1955年7月14日，它的最后一行像是给我周身抹上了止痛香膏："审讯期间，安德烈·马顿没有揭发一名匈牙利公民。"至此，我对"潘多拉魔盒"的最大恐惧才烟消云散，可以大踏步向前了。

我发现，不停地阅读这数千页的秘密警察记录，给我心灵带来极大压抑。我读的是父母内心最痛苦的披露，但匈牙利秘密警察的用词造句——秘密警察的记录都是如此——全然超脱于血肉之躯之外。活人被压缩成简易符号："被告"、"疑犯"或"告密者"，其人性、情感全被洗涤得一干二净。备忘录、备忘录总结、行动建议中频频出现的最辛酸时刻，均剔除了与生命有关的意义、情节和瓜葛。令恐怖国家的轮子得以运转的小齿轮，就是秘密警察成千上万忠诚的官员和告密者。为了因应工作，他们永不使用反映真相的真实词句：他们逮捕的是一名匈牙利爱国者，同时又是一个丈夫兼父亲；他们关押的是一个妻子兼母亲，不得不放弃自己的幼儿。在这样制度下生活的男人，什么是为妻子和小孩做出的最慷慨、最无私的举措？那就是让她们摆脱自己的牵连，乞求妻子跟自己离婚，敦促小孩把自己忘却。除此以外，他无能为力。这就是20世纪在人类身上所做的大胆试验的最终结局。

第十一章　父亲的屈服

我细读和翻译了数百页监视和审讯记录，揭露了秘密警察对我父母的无比残忍。

父亲陷于绝望。他递上的大胆建议，进一步激怒当局，导致更严酷的迫害。他想告诫母亲和争取"美国人"帮助的尝试，统统归于失败——反向秘密警察提供了更多叛国的"证据"。到4月，他已束手无策。他知道，他鲁莽的两封信已使妻小陷入更深的困境。他在忍受又一次审讯后，告诉他的新难友／告密者本克·莱奥（Leo Benko）博士，"他们指控我犯了叛国和间谍罪"。"……除了六调羹汤［如此精确，这名告密者显然是行家里手］，他都不碰他的午餐……每天在庭院散步时，从不看天，耷拉着脑袋，一声不吭……卫兵训斥他的蹒跚缓行，他解释是因为他曾断过腿，而且他已筋疲力尽。"（父亲的腿确曾骨折。1946年，苏联运输卡车碾过他的摩托车，他的左腿被压得不成样子，如果没有他的顽固坚持，早被锯掉了。自那以后，他左腿偏短，只是从不提及而已。显而易见，阴冷潮湿的牢房，加上赤脚穿皮鞋，使他持续生痛。）

牢房难友汇报："他长时间沉默，只会中断于自己的感叹，'我实在无法相信，这不可能发生，整件事就像一个梦魇，我会醒过来的'。"

现在，父亲陷入深深的自责。本克博士在1955年5月3日汇报："他经常责怪自己，竟会如此糊涂和盲目，对厄运没有一丝一毫的预见。他早该从同事的被捕中汲取教训；他早该明白，没有一名西方记者留驻人民民主国家，就是因为恐惧。"

"他弄不懂，为什么是现在。他当外国记者十年一直没有意外，现在却被控在刺探情报。他声称，当局'胁迫'他把妻子牵连进来，如不愿照做，他们就要逮捕她。"由此，父亲处于进退维谷的困境：

第十一章　父亲的屈服

牵连你的妻子，不然我们就要逮捕她，这可算是最最残忍的选择。（我想知道，秘密警察是否像好莱坞制片人一样，围坐在长桌旁，构思各式险恶的场景，讨论各种情节的铺展，以达成共识？）他似乎在撩惹秘密警察去逮捕自己的妻子，对父亲来说，这是最无法忍受的。他上当而写的信，原意是想救她，告诫她在监狱里"一天也不能存活"。现在看起来，他将使秘密警察的工作变得更加容易。

他看不到自己的出路。他报道过足够多的间谍审讯，知道自己的结局，不是很长的徒刑，就是死刑。身为一名屈服的囚徒，即使最终刑满释放，也无力供养妻子或小孩的，那活着还有什么意义？毫无意义！他在乎的一切已遭剥夺，素来骄傲的他在苦苦思索这样的生命的价值。时至今日，他已无计可施，只剩下最后的武器来对抗囚禁他的人，来免除自己的苦难。他开始计划和尝试自己的死亡。

他之后写道："那天晚上，在鲍比奇［上尉］手里挨过特别漫长且深受刺激的一天后，我踉跄着回到牢房。天气很冷，我将满是冷汗的手伸进口袋，发现有东西刺我的手，结果是一根小针。它如何进入我的口袋，为何我以前不知，我都无法解释。那天晚上，我睡在木板床上，试图挑破左腕的血管。但力不从心，那针太小，手指无法捏得牢固。我一再尝试，一边察看牢门上的犹大孔，以防在走廊巡视的狱卒。我折腾了足足一个小时，最终不得不放弃。"

但他并没有放弃自杀的念头。当局的监狱分发镇静剂给囚犯是很慷慨的，每天的咖啡都掺有镇静剂。这时父亲向狱医要求安眠药。"狱医开了每天两片色维纳尔（Sevenal），一种中等强度的镇静药。每天早上，医护室的助手沿走廊发药，他的脖子上悬挂着一只大盘，摆满狱医配的各式药品，另有一份谁该领药的清单……囚犯必须当面把药吞下，然后张大嘴，摊开手，以证明药已进肚。我没有真的照做……我用左手拿起两片药，假装立即扔进嘴巴，右手抓起水杯，喝水时，左手迅速将手心的药塞进外套口袋——立即摊开左手，张大嘴巴，接受规定的检查。我在外套口袋里撕了个小洞，把药片储存在内衬里。尽管以前没吃过镇静药，但我想，大约一百片就够了，那意味着五十天的欺骗。"

由此，父亲保留了一丝对自己命运的掌控。父亲甚至愿意考虑无法目睹自己留下的两个小女孩，长成少女、成人、母亲和专业人士——他将错过我们生命的每一步——这揭示，他的绝望远超过我的想象。后来，他从不谈及此事。

第二天，秘密警察取得进一步的证据，他们施与我父亲的侮辱已达预定目标，他已不再是他们在2月的雪夜拘捕的那个自豪甚至有些傲慢的人。1955年5月14日上午9点45分至下午1点45分，鲍比奇上尉逼迫我父亲讲述自己的履历。父亲很少回顾往事，即使有，也只喜欢回忆人生中的勇敢时刻。如今身陷囹圄，他以最悲观的眼光看待自己的经历。这痛苦的四小时，留下十五页记录，读来真是令人悲痛欲绝，使我第一次弄懂那些曾令我困惑的东西。我是个美国人，有着美国式的乐观，甚至美国式的天真。我总是相信，对待历史的健康态度是记住它。父母则坚持，他们有权遗忘。父亲得以忍受过去的重荷，唯一的方法就是不谈不想，只回忆闪亮、辉煌的片断。这被迫吐出的十五页自述，提供了全部答案。

以朴实、不加修饰的匈牙利文，他描绘了一个年轻人，受挫于四处蔓延的憎恨病毒：遭法律学院拒绝后（尽管他以优异成绩从高中毕业），他被迫放弃初衷，改学不很称心的经济专业；获得博士

第十一章 父亲的屈服

学位后，由于日益苛刻的排犹法律，一次又一次被解雇；最终，沦落到给有钱人家的子女辅导德语和英语，以维持生活。此时，上尉鲍比奇敏锐地打断我父亲："你在哪里学得这么好的英语？"我仿佛亲耳听到这充满讽刺和影射的问话，出自这机械工人出身的秘密警察之口：啊哈，找到端倪了——间谍从敌人那里获得的早期训练。父亲回答："在我父母的房子里学的。自我十岁起，名叫兰格路特（Langreuter）小姐的老妇人每天下午来我家，教我德语、法语、英语，直到我毕业。"已不复存在的"高级资产阶级"家庭生活的世界——家长们在布达山上的别墅中着意培养自己的长子学习伟大的西方语言，以便迎接光明的前途——突然撞上鲍比奇的世界。在后者眼中，学习帝国主义者的语言，本身就是潜在的罪行。

最为惊人的是父亲在反纳粹抵抗运动中的经历。早先，他以平淡无奇的口吻，解释他受挫的学业和职业。现在，他以同样口吻告诉鲍比奇，他在抵抗运动中的所作所为——我都从没听说过。1944的夏季，玫瑰山豪洛希·贝拉家里的秘密会议上，父亲自愿带领隐匿在布达佩斯的法国军官，到斯洛伐克参加该地区唯一的反德武装起义。他也自愿参与前往铁托南斯拉夫总部的秘密任务。这两项任务最终因危险性太大而被取消。在鲍比奇的记录里，他在此处打断我父亲，要求知道抵抗运动中其他人的名字。父亲回答，他最亲密的两名同志，一个逃去了西方，另一个早被判处徒刑。终于，他自己也"被捕，控以叛国和间谍罪"。父亲并不挑明，只是暗示这显而易见的结论：匈牙利当局，以此来酬报抵抗运动的英雄。鲍比奇咆哮道："继续讲你的人生经历！"

于是，父亲详尽交代他和母亲在基督教朋友的帮助下，如何使用假身份证躲避纳粹和箭十字党，如何抗拒犹太人劳役的多次征集。

他的邻居告发他在公寓里召开抵抗会议。秘密警察官员呵斥："你隐藏起来，难道是因为你的左翼活动？"父亲回答："我既不投入左翼政治，也不从事右翼政治。"这无疑增添了审讯者的困惑。在他眼里，整个世界一分为二，不是左翼就是右翼。父亲还告诉他，艾希曼／箭十字党恐怖期间的最危险时刻，基督教朋友把我父母藏在格雷舍姆宫（Gresham Palace）。无巧不成书，我第一次读到这份档案时，正躺在这座华丽宫殿的床上，舒展着四肢。这座宫殿曾经庇护遭追捕的父母，又做过保险公司的办公室，今天已改为四季酒店——欧洲最壮观的酒店之一。

根据鲍比奇的摘录，爸爸的其他"人生经历"就是两种世界发生碰撞的缩影。鲍比奇接二连三地讯问我父亲："谁命令你做这条新闻？谁让你注意那条新闻？人家为什么向你提供那则消息？"他就是无法认识到，新闻人可以是一种独立的、好奇的人类存在，不必成为冷战两巨头的受雇附庸。铁幕后的"新闻"，其真正的新闻含量几近于零。即使天气预告，也是从匈牙利国内开始，然后向苏联的乌拉尔地区方向伸展，但不能有一片云彩飘至资本主义的奥地利或意大利。没有坏消息，没有犯罪，没人去世，所以也就无需讣告版。父亲曾告诉我，他坐在一名官员的办公室，突然看到远处升起一柱浓烟。他问官员："哪里起了火？"她反问："什么起火？我没见起火。"坏消息是不会发生在人民共和国的。秘密警察不认为我父母所做的只是普通的新闻工作，在他们眼里，那都成了间谍活动。

于是，意志崩溃、一切都已无所谓的父亲招认他是间谍。但是，鲍比奇在5月14日的备忘录中说："他没有牵连任何人，还辩解说，只是在拘禁中才意识到自己犯了间谍罪。"这份备忘录继续写道："随着［他妻子的］被捕，我们将有办法撕下他俩的假面具，彻底暴露

第十一章　父亲的屈服

美国公使馆的间谍活动。"这些身穿制服的暴徒——鲍比奇、鲍拉日、盖罗和其他曾受过击垮人心的特殊训练的人——和那些报酬较少但动机更强的业余暴徒，相比之下，后者的行为更加骇人听闻。父亲的新牢房难友（"偷带信件者"之后的）本克·莱奥博士，就是很好的范例。他巧妙迎合我那绝望中的父亲，似乎赢得了父亲的信赖。他写道："与马顿博士朝夕相处三个星期，我可汇报以下内容：他富有教养，见多识广，并自负于自己的知识和相貌。他的亲英几乎到达病态的地步，非常着迷于西方思想，尤其是英国和美国的。"拥有这些品质的人，早被假设为戴罪之身。爸爸的牢房难友，或多或少，在以这种文字裁决他的命运。但本克还没有完："他一再重复，这个主义一定会失败，不是由于自身的重荷，就是由于原子武器的摧毁。谈起苏联和人民民主国家时，他充满了厌恶和轻视。"

"在他身上，我察觉不到丝毫的悔过。相处的初期，他显得很激动。但最近一段时间，他像是精神崩溃了，变得麻木起来，对周遭一切视如无睹。"接下来，本克直奔爸爸最薄弱的环节："我了解他的本性。如果他仍在隐藏秘密，迫使他招供的唯一方式，就是威胁他的妻子甚至小孩。我确信，他的妻子，更甚者，他的小孩，如有大难当头，他会招出一切来拯救她们。"

现在我明白，父亲没有表达对我们的爱是因为那些感受太强烈，而不是太薄弱。多大的讽刺！他爱我们的最重要证据，竟来自一名秘密警察的告密者。

对父亲的审讯陷入僵局。那年夏末，好警察克雷奇默·阿帕德少校取代了坏警察鲍比奇。他过去的职业是理发师，身材单薄，红头发已显得稀薄，言行低调。残忍的鲍比奇未能使我父亲牵连他"间谍巢穴"的同伙，就由克雷奇默接手此案。此外，为了取得些许的和平和安宁，爸爸开始编造同伙，即那些已经过世的人。在后来的那些年中，父亲会说，克雷奇默救了他一命——由此欠下的人情，他将在下一年的"匈牙利革命"中投桃报李。

与他残忍的前任相比，克雷奇默在我父亲眼中显得较为"人道"，但他给予了我父亲最大的打击。父亲记得："一天早晨，我照例阅读我前一天的证词，却发现其中一张不是自己的……签署人竟是伊洛娜。"他由此获悉，妻子也成了狱友。他的牢房难友7月7日汇报："马顿自审讯回来，呜咽抽泣……他说，他们骗了他，曾承诺她将不会受到伤害。他计划在法庭上揭露此事，要告诉法庭他是无辜的，假供词上的签字都是被迫的。"

父亲还愿相信囚禁他的人会履行诺言，还愿信赖他的牢房难友，事与愿违时还会感到震惊和恐骇，这却是他的特征。他不能辨识他所憎恨的政权的欺骗性。这个充满谎言、欺骗、背叛、酷刑、颠覆的世界，根本不是他的世界。这样的男人，却出生在20世纪欧洲的这个角落，真是天大的厄运。

他由此开始了一段极端痛苦的时期。直到此时，尽管自己在忍受监狱中的侮辱和暴行，他一直在想象，他的家人仍生活在相对的自由中。现在，妻子遭受了同样命运，孩子们怎么办？他不知道。部分出于对答案的恐惧，部分出于自己强烈的自尊，他无法开口去问。

他的牢房难友7月18日汇报，我父亲告诉他，最严重的指控是：他建议美国派一名"黑人"外交官到布达佩斯，以戳穿当局关于"种族主义美国"的宣传。（档案提到，此项指控和预算的"偷窃"均来自秘密管道。实际上，这管道就是美国陆军准尉理查德·格拉斯

第十一章 父亲的屈服

佩尔，但从不提及。）

7月22日，他的牢房难友汇报，马顿变得非常激动，"他说，他要把牢门踢倒……他憎恨囚犯生活，他憎恨过去两个月与我的朝夕相处"。

绝望中，父亲继续收集镇静药，把它看作逃脱梦魇的唯一出路。

到7月底，外交部已把我父母所有新闻报道都译成匈牙利文，并向秘密警察送来如下的裁决："以我们手中的材料看，我们的结论是那些报道中找不到资料……可被认为是非法的。但马顿夫妇所有的报道，都违反人民共和国的国家利益。他们没就国内的现况表述客观的意见……但没有事实证据，可确认间谍的指控。依我看，[马顿夫妇]从事这种活动是可能的。签名：萨尔·约瑟夫（Jozsef Szall），外交部。"好一个官场的面面俱到。写下这绝妙裁决的作者，肯定经历过数次中途逆转的"改革"，不愿承担风险。

8月带来了新的焦虑，听起来像是秘密警察制作的肥皂剧。暑假很快就要结束，他的孩子怎么办？8月13日，父亲的牢房新难友"蒂博尔"（Tibor）汇报："他在担心，谁会带孩子去学校注册？他们的朋友黑勒夫妇会不会兑现照看小孩的诺言？他说，尽管黑勒先生享有高级职位，可保自己免受牵连，但如果他们仍不想要人民公敌的小孩，他也不会责怪。"在牢房难友的文字中，父亲最大的担心是"他的孩子将被寄养在国家机构，最终长成当局的土耳其禁卫军[*]"。

父亲的担心不是臆造的。1955年9月8日，在"安德烈·马

---

[*] 土耳其禁卫军（Janissaries），原为信奉基督教的儿童，被奥斯曼人俘获后强制改奉伊斯兰教，并被迫使为苏丹效忠。他们成为奥斯曼帝国军队的中坚。

祖父母移民去澳大利亚的几年前，父母、祖母和我在郊游途中。坐在父亲背后的是黑勒·拉斯洛（Laszlo Heller）。他和他妻子允诺，万一我父母入狱，他们会照看我们姐妹。真的发生了，他们又吓坏了，只好悔诺。

顿博士的孩子问题"备忘录中，克雷奇默少校写道，"解决［马顿］孩子问题，在政治上很重要……马顿应授权给律师，把基金和贵重物品转至孩子们的账户"。这是"那个法制"的又一装饰，毫无意义，因为基金和贵重物品都已流失。克雷奇默很清楚，秘密警察已抄没我们所有的财产，并冻结了我们的银行账户。他的结束语，恰恰是父亲最担心的，"孩子们应由当局安排在国家办的机构"。

位于纽约的另一个官僚机构美联社，对"马顿的孩子们"的困境，并没给予更多的同情。1955年8月3日，总经理弗兰克·施塔泽尔写信给驻维也纳主管查德·欧里根："我认为，就此接受为孩子做点事的建议是失策的。你也知道，此类的家属恳求很有可能做了手脚，预期的受益者反而得不到好处。这次，可能有真正的需要。

第十一章　父亲的屈服

但我想做进一步调查，再决定汇款的授权与否。"

另一方面，克雷奇默少校在为我父母即将到来的间谍审判做准备。在日期为 1955 年 8 月 29 日的备忘录中，他注意到："法庭不能使用我们的秘密渠道得来的证据，以证明马顿向美国人提出的建议。"第二天，母亲的牢房难友汇报："马顿太太感到迷惑，她的审讯者对美国军事参赞毫无兴趣。她声称，每次提及这个题目，他们就转移话题。"

到了夏末，还是没有孩子的消息，父亲的牢房难友在 8 月 30 日汇报："[马顿]说他已不抱希望，他对孩子们的处境一无所知，只期待在审判时弄清为何在 [替美国人做事] 十年后的今天，他和妻子才被逮捕……在审判时，他将使用最后的发言机会来保护妻子，希望给她的案件提供转机。对自己的案件，他则不存丁点的奢望。"

第十二章　我们的新家庭

朋友们花钱,请素不相识的黑莱一家人(Helleis)来照看朱莉和我(前排右)。他家的一切令我更想念父母和过去的生活,但"大姐姐"(前排左)待我很好。在这张"全家福"中,姐姐和我似乎仍处于震惊之中。

玛格达阿姨、朱莉和我，乘车穿越似乎不属于布达佩斯的社区：弯曲狭窄的乡村道路只能容一辆汽车通过；两边的灌木疯长；街灯和其他都市标志越来越少。我们的计程车抵达时，天已黑，乡野一片宁静。我此前的整个人生都在布达小山的顶上度过，既可听到城市深沉的嗡嗡声，也可看清——不管有多暗淡——城市的闪烁灯火，周遭是嘈杂的邻居，以及住在不同公寓的小孩的相互叫嚷。这时我感到，自己已与熟悉的一切一刀两断。父母、祖父母、玩伴、宠物狗、我的房子和玩具，均已不复存在。

到达苏格利葛特镇（Zugliget）切尔迈伊街（Csermely Utca）时，我对自己身居何处，一点概念都没有。我只记得，好像穿越过了长长一段杂草丛生的田野，中间立有一座圣徒雕像，路的尽头是一栋大房子。这就是我们的新家，处处透着荒凉：墙灰剥落，前厅里散发出古老的烹饪油腻味。还有寒冷！父母提供的罕见环境一直庇护、宠爱着我们，从未让我们暴露于真正的贫乏和穷困。这是我们第一次面对这样的生活——并非到此一游，我们随身带了行李箱。我们被告知，没有其他地方可去。玛格达问了很多人，终于找到这位朋友的朋友，愿意接受我们，每月收一笔费用。他们很穷，但仍属"斯文人家"。这也可以从古老的油画、零星的古董和散置在各处的残余的海伦德瓷器*看出来。我知道，我们来到这里，不是因为感情，而是相互需要。我们没有别的地方可去，他们则手头拮据，

---

* 海伦德瓷器（Herend china），著名的匈牙利瓷器，早在1826年即广受欢迎，专长于豪华的手绘和镀金。——译注

第十二章 我们的新家庭

需要现金。这户人家有母亲和父亲，即莎丽（Sari）阿姨和安德拉什（Andras）叔叔，两个女儿安德烈娅（Andrea）和玛莉亚（Maria，她将成为我特殊的朋友），还有她们的祖父母。她们已是青少年，足足比我们姐妹年长一轮。三代人在同一屋檐下生活，勉强糊口。我们到后来才获悉，他们整个家庭曾尝试逃跑，却在奥匈边境被抓。为此，安德拉什叔叔在大学的教书工作没了。另一方面，朋友和亲戚们以为他们都走了，拉走了他们家很多用具。他们被当局押回布达佩斯，不得不过着国内的放逐生活，接受长年的监控，仅依靠爷爷的养老金和母亲的兼职工作度日。他们已没有什么好失去的，所以，愿意收容人民公敌的两个小孩。

莎丽阿姨在附近的马卡连科孤儿院工作。我是第一次听到这样的地方，莎丽阿姨讲的孤儿故事又与我们的悲惨境况相似，所以那个名字长留在我的记忆中。安东·马卡连科（Anton Makarenko）是一名克格勃官员，专门设计此类机构来抚养"社会主义孤儿"——换言之，就像我们这样的小孩，只是更为不幸。他们的模范是一名男孩，他向当局告发自己父母的反苏维埃行为，导致父母被捕，自己则当选为革命小英雄，也成了我们的榜样。我一点不知道，父亲在他悲惨的牢狱中做噩梦，也会担心自己的女儿将生活在类似马卡连科孤儿院的地方。

那位姐姐玛莉亚如今是一名医生，住在罗马。她在 2007 年回忆："给我留下深刻印象的是你明亮粉红的毛线衫，我们已有很长时间没看到鲜艳的色彩。你来自不同的世界！但你不埋怨，我不记得你曾哭泣。"事实上，我们姐妹定了协定，两人不同时哭泣。我们会轮流哭，只在我们自己人的面前。

纳塔利医生继续追忆："我们一直生活在悲惨中，我的梦想是能自己一个人吃一只鸡蛋。你们来了后，处境得到改善，我们吃得比以前好了，还有新的玩伴。我们盼望你们永远留下。"

我们没有时间为自己感到遗憾，学校几乎马上就开学了。穿上我们定做的褶裙、手工的软皮鞋、明亮粉红的毛线衫（无疑来自美国外交官），我俩特别显眼。父母没有陪我们上学，也不去拜访老师。每个人都知道，我们身上总有什么是不对劲的。但他们知道，最好还是不闻不问。老师们让我们明白，她们知道个中的原因。（我记得，当老师鲍尔瑙太太［Mrs. Barna］浆洗的白外套——老师的穿戴类似医生——掠过我座位时，我低声称赞她的鞋子漂亮。她以整班同学都可听到的声音，责备我在琐事上浪费时间，却背不出乘法表。我的魅力攻势，就此告停。）其时，匈牙利普遍较穷，而这所学校的小孩更是饥寒交迫。这是城市最荒凉的街区之一，肺结核发病率特高。我们的同学都来自酒鬼、二流子、窝囊废家庭——革命所遗弃的人，他们脸面肮脏，春天打赤脚，冬天流鼻涕，使我们显得格外突出。

我所记得的事，大都与寒冷有关。室外似乎比没有暖气且空荡的屋内更加暖和；我们尽量待在室外，直到最后一刻；我们把树叶堆成一座座小山，跳来跳去，帮助御寒——无论有多少痛苦，我们仍是小孩，喜欢游戏。晚上睡觉之前，我们会在绿瓦片的大炉灶上，烘暖我们的被子。每个人轮流去地窖拉煤，没人提及我们的父母——对大人来说，这是个令人尴尬的话题——唯一的例外是，我们四名小孩每晚一起祈祷时，总加上一句，请求小耶稣来保佑他们。仅止于此。没人从我们的老房子——我们孩子帮——来看我们。（现在，

第十二章 我们的新家庭

我询问老朋友,得到两个不同的答案:我们不知道你们的遭遇;我们被告知,你们住在教父豪洛希·贝拉家。又一个消失的家庭,就像他们当时在布达佩斯常说的,"*Elvitték*"——被带走了。)

孩子们是富有弹性的生物。一到晚上,我们都饥肠辘辘,盼着晚餐,多数的晚餐是李子果浆涂面包(由园子里的李子树果实制成),或是所谓的"圆点面包",即面包涂黄油,上加意大利腊肠的小圆片。我记得,发现盛这道"主菜"用的是我们刚喝汤用的同一个盘子时,我们姐妹还会交换眼色。过了一阵,我们就习以为常了。每星期一次,那位爷爷清晨离家去肉铺排队,碰见什么就买什么。太多人围坐在餐桌旁,吃肉之日也就失去了特别的意义。这家人待我们不错,但毕竟是陌生人。那位祖母曾责骂我在餐桌上发出哼声,"Bei Tisch singt man nicht!不可在餐桌上唱歌"(她会讲一大堆这样的德语)。我知道她讲得对,但她不是我的祖母。在玛莉亚身上——大姐姐——我仿佛找到了母亲的替身。她大约十六岁,柔和的曲线,长长的金发,热情洋溢。我像一只迷失的小猫,喜欢蜷卧在她身旁。她像我一样,过得并不愉快,我们同在悲惨中,便愈加亲近。她和她父亲处于战争中,她是一个反叛的少年,而他是一个维多利亚时代的独裁者。我记得,他为图自己方便,会安排每周打屁股体罚的日程表,这实在是骇人听闻。由于我的淘气,我父亲会在我屁股上打个一两下,但总在气急败坏时才如此。争吵之后的冷静时刻再安排打屁股体罚,给我带来很大困惑。我也记得,安德拉什叔叔——教书之外,他还是个颇有才气的画家——替我美丽的阿姨画肖像,我想是为了诱惑她来访。她总能讨人喜欢,甚至将她与秘密警察的交往,也变成了幽默轶事。我记得,她询问当局是否能送润肤霜给我母亲,盖罗少校反问:"你认为我们这里是干什么的,是温泉疗养所吗?"

在悲伤、潦倒的生活中，我们最大的兴奋是看到巨大锃亮的黑色轿车定期开来，停在杂草丛生的花园前，下车的是美国公使克里斯琴·雷芬达尔。这位身着黑色西装、文雅、高大的绅士，仿佛来自另一世界，在我们眼中，他像亚特兰蒂斯*那样遥不可及。他总为我们带来礼物，记忆最深的是一式两套湖蓝色的尼龙派对礼服，里面衬有网状短裙，我们姐妹穿了好些年。（甚至我们已到了华盛顿，其时仍很穷，为了参加我的第一次舞会，我还把这礼物改缝成一件无肩带派对礼服——可谓长存不灭。）对于那些访问，我记忆中已寥寥无几，只记得它给破败的小家带来兴奋，给我带来激动，因为我又看到飘扬在别克汽车的巨大引擎盖上受禁的星条旗。

汤姆·罗杰斯追忆道："雷芬达尔不等华盛顿的指示，他认为这是他该做的。作为公使馆主管，他会亲自出马，让星条旗迎风招展。"

汤姆·罗杰斯的妻子莎拉也曾来访，她一露面便使我感觉良好，她还带上了女儿埃莉诺（Elinor）和阿拉贝拉（Arabella）。现在已领圣职的长老会牧师阿拉贝拉·罗杰斯，在2008年回忆那次拜访："我们给你们带去香橙，我母亲认为，那是无限善良的象征。我记得，那是一次艰巨的拜访，你们住的房子又黑又冷，我们既不认识你们，又不认识你们的寄宿家庭。我们非常拘束尴尬，没在一起玩耍。"我记得当时感觉相互之间有极大的鸿沟，这是我在父母自由时从没感受到的。她们身穿美国棉布洋装，显得阳光灿烂，而我们

---

* Atlantis，传说中有高度文明发展的古大陆。——译注

第十二章 我们的新家庭

来时穿的毛线衫已变得又小又旧。我们开始穿田径服，像同学们一样。看到这些轻松愉快的美国小孩，我感觉，我们分属不同的世界。我知道，她们将乘镶板装饰的福特旅行车离去，为做了一点慈善救助而感到宽慰。我爱他们的来访，但这样的访问又让我清醒意识到，我们已失去太多。

这个凄凉郊区住处的另一位常客是匈牙利最著名的歌剧明星塞凯伊·米哈伊（Mihaly Szekely）。他不是我家的密友，这使他的来访显得更不寻常。他只是一位不畏强权的正直之士吗？他于1963年去世，布达佩斯歌剧院附近的一条街就以他命名。那年之后，我再也没有见到他。（我看到，秘密警察在档案中经常提到，必须将他带来"讯问"。但他太杰出了，对国家来说太珍贵了，秘密警察若真要威胁，也须三思而行。）米哈伊自己有车，与妻子皮罗什卡（Piroska）一起前来，也带了礼物。但他最好的礼物，是把我们（包括我们的"新姐姐们"）带去歌剧院，即那个位于佩斯市中心的遥远、美妙至极的世界。这样的旅行之后，我们四个小孩会上演我们自己的歌剧。我记得演出《魔笛》时，把晚上为房间保暖的绝缘长条当作蟒蛇，还突袭阁楼中奶奶的老箱子，寻找满是灰尘的旧衣来饰演浮士德。我姐姐演男主角，我演女主角，玛格达和她丈夫、歌剧指挥拉慈叔叔，是我们的忠实观众。

没有父母的圣诞节太悲伤了，简直就不是圣诞节，我已将它从记忆中全然抹去。我们姐妹避免回想前一年的圣诞节，那时的世界显得如此光明；也避免谈论前一年新雪之后的家庭出游，那时我们第一次试用滑雪板。

我们最好的礼物是来自父母的信。父亲被捕迄今几近一年，我们第一次获准给父母写信，甚至还可附上摆好姿势拍的照片。那些

1956 年，朱莉和我在相片中装得尽可能快乐，为了送给狱中的父母。

照片今天看起来，忸怩作态，强作欢颜，信中的言辞也如出一辙。那些原信已经丢失，这里是母亲的回忆：

> 我永远都无法描绘，这些信件所带给我［在牢里］的喜悦。我读了上百次，伏在信上哭泣，亲吻它们，捧在手中让它们伴我入眠。它们明朗欢快，内容丰富，但又无限小心，不表露点滴的悲哀，但字里行间又透露很多。她们说她们受到良好的照顾，并列出各式访客，好让我知道有人关心她们并敢于表达关心，并为此而感到振奋。她们谈起学习，说老师喜欢她们，以便让我知道，她们没因父母的罪而在学校受到迫害。她们看起来不错，没有受冻挨饿，长高了。我认识她们脚上穿的皮鞋，那是用外交官给我的皮革制成的；我交托鞋匠制作，尚未有机会去取，就入狱了。现在我知道，有勇敢的灵魂帮忙取回，尽管使用了"资本主义"原料，她们仍然敢穿。有一张照片显示她们手拿香橙，香橙在匈牙利几乎是闻所未闻

第十二章 我们的新家庭

的，这意味着她们有美国访客。另一张照片中，她们坐在钢琴前，这意味着她们没有荒废音乐教育。还有一张照片，她们身穿滑雪服，我知道她们玩得正开心……我把这些照片制成日历的样子，就像翻日历一样，我每晚翻转一页……这让日子好过，我期待着第二天的照片。

这是母亲的囚犯生存手册中的又一招。

父母给我们的信，如同我们写的信一样，小心翼翼。父亲的信，大体上与我们应读的书有关：狄更斯，吉卜林，还有一本关于伊拉斯谟[*]的书，他是在监狱图书馆里发现的，名叫《修道院和家庭生活》(The Cloister and the Hearth)。他没有只言片语提及自己的痛苦或迷茫。我记得，母亲的信件更富有情感，更私人化。她写道，她苦苦思念我们，每晚祈祷时会挑个我们也在祈祷的时间，以此来求得心心相印。

---

[*] 伊拉斯谟（Desiderius Erasmus，约 1466 年 10 月 28 日—1536 年 7 月 12 日），中世纪尼德兰（今荷兰和比利时）著名的人文主义思想家和神学家，对宗教改革领袖马丁·路德的思想有巨大影响。著有《愚人颂》等作品。——译注

第十三章　父母的审判

1955年9月2日，父亲越来越绝望，写给克雷奇默少校一封悲痛欲绝的长信：

> 有些人不愿谈论自己。被迫开口乞求东西时，他们倍感痛苦（昨天，尽管非常需要，但我仍无法开口索要火柴）……原谅我以这种方式说出感想……我在尽量利用这台打字机［暂时在他手上，用来做狱方要他做的英语翻译］。对我而言，书面表达显得更容易。我不想问妻子的事……尽管这件事，在过去数月中给了我最大的折磨。我也不敢问……我对我的小孩一无所知。昨天是9月的第一天，幸好没有受审，因为我心里只记挂着这是开学第一天，［我的孩子们］却杳无音信。自6月以来，我没有询问自己的财产状况。我仅有这些财产，它是我养活妻小的唯一依托。十年前有过一次，我们几乎倾家荡产。在我余生里，对于再一次重建家业，我不抱存任何奢望。

昨天，当我听说要到审判时方能见到妻子，我真是无话可说。这无益于任何人——我害怕我在那种会面时的激动情绪——这也是无益的原因。妻子和我需要讨论很多事情，这会造成怎样的危险呢？我们还有什么可以"共谋"的呢？

审判后会发生什么：立即把我送走——这是我预料的。那时，我将有机会看到她吗？我有没有机会与你讨论我关于美联社和美国人的建议［以钱和其他财产交换我父母］——随着时间的推移，我的信心在日益减弱，尤其是我妻子也已入狱，她本是唯一能安排此事的人。

然后，还有些"琐细"小事！我想［在送去服刑前］从公寓取走桌上我小孩的照片，保暖的冬衣、鞋，等等——如果我妻子也被判刑——我实在不堪忍受这种想法——她也需要这些东西。我找不到任何人打点此事，没有一个人。我都不知道我还有没有一个家？

即使我能忍受即将来临的碾碎灵魂的每一折磨——多年关押，我现在明白，这是我尤其难以接受的——然后又将如何呢？我将龙钟老迈，给家人和无奈接触的故旧，带去的只有麻烦。小孩最需要我的时候，我承担不了责任；难道到了垂垂老矣，反向她们伸出空手？我想都不敢想如此的场景。何苦还要承担这么多麻烦呢？答案只在我自己。

如果这些月里，我无须困惑于"为何"，这一切就会变得比较容易忍受。为何到今天，才有必要消灭我们？要是在1950年到1952年之间被捕，我就不会有此疑问。为何在

第十三章 父母的审判

1955年，恰恰是国际形势大有改善的开端时期？我没有犯下任何当初就未曾犯过的"罪行"，我的工作从不保密，我的行为透明公开，当局都了如指掌。

到底是为谁的利益？……我为此而受尽折磨？为何是现在？……西方只会把妻子和我看成新鲜的"牺牲品"。我们认识的外交官或新闻人，没人相信我们是间谍。等到我们的指控公开后，他们就更不信了。驻华盛顿的苏联塔斯社记者，会有何种感受？他们也经常拜访苏联大使馆，也会谈论天气以外的事项。

假如秘密警察不把他们的"威信"牵涉进去，所有这一切仍可弥补。政府为何需要多出两名囚犯？为何要在西方激起负面的名声，不仅仅是在美国？尤其不应该在1955年，这两人本可为国家发挥更好的作用。

我很惭愧，我甚至都不问询我父母的近况，虽然我知道，鲍比奇上尉有他们的消息。可能再过一个小时，我又会为这封信感到羞愧了。

读这封信使我心碎。除了鲁莽地顺手夹带那份预算，父亲是无可责备的，却一直在与罪恶感做殊死的搏斗。他认为一定是犯了罪，所以才遭此厄运。这就是极权主义的最终胜利：受害者在刻意搜寻自己的罪过。爸爸弄不明白对他的指控，做了这么多年的外国记者，到底犯了何罪，为何是现在？作为一个理性的人，他在反省自己做过的一切，从而找出国家处罚他的理由。这是隔离造成的心理作用，无法忍受的压力迫使囚犯一再反躬自问。

同时，也涌现出一个很了不起的男人。他在意桌子上小孩的照片，就像他在意自己银行账户一样。他极想支撑他的家庭，对自己成为累赘的恐惧超过对死亡的恐惧，不愿为自己请求任何东西。多亏了秘密警察，我才能幸运地发现爸爸性格的这一面（如他告诉狱卒的）。对此，他总是缄口不提。

1955年9月可能是他囚禁期间最残忍的一个月。考虑到自己将被判很长的徒刑，他在9月9日告诉牢房难友，希望可以担任监狱的翻译——但也不介意在矿井工作。他只想他的案件有个了结，结束这一切不能确定的痛苦时期。

9月12日，牢房难友／告密者汇报，我父亲对"旧岁月"产生幻觉。"他多次认为听到了妻子的声音，或自己父亲的声音。"这么多月的审讯和监禁之后，爸爸的身心异常脆弱。那些幻觉可能是在躲避荒谬的现实：每天上午擦洗牢房所用消毒剂的恶臭，卫兵每隔几分钟开关窥视孔的噪声，对真正食物和香烟的强烈渴望，坐牢后复发的慢性青光眼所引起的阵发疼痛。

父亲产生幻觉后的第三天，他的牢房难友汇报，他的信仍得不到答复，他很"痛苦"，因为没有小孩的任何消息。在等待审判时，父亲被要求描述，他当美联社记者时所接触的所有外交官和新闻人。这份四十六页的文件，其实是一份很过瘾的读物。看起来是漠不关心甚至遗世独立的爸爸，对周遭的世界却有敏锐的观察。他以社会学和心理学的角度介绍的世界，与秘密警察肮脏、粗野、偏执的世界相比，犹如火星上的生活一样新奇。他对那些人物的描绘充满诱人的细节，而秘密警察通常只能透过长焦镜头瞥见。在父亲的笔下，

第十三章　父母的审判

这些外交官仿佛自萨默塞特·毛姆*的文学世界里，一个筋斗翻落到尘世。对这些女士和先生来说，政治和冷战的殊死斗争是没有吸引力的。父亲不牵连任何朋友，只花费很多时间在分析不同的婚姻、对桥牌的爱憎、奇特的服装喜好。没有一样东西有益于间谍审判。秘密警察得以近距离观察敌人，却得不到任何有价值的政治内容，一定倍感恼怒。由此，父亲智胜囚禁他的人，表面上履行了他们的要求，提供"间谍接头人"的详尽报告——实际上却没透露他们真正渴求的东西。例如，这是他对美国中央情报局驻布达佩斯站长吉扎·卡托纳的描绘："他是第二代匈牙利裔美国人，中等身材，抵达这里时，就已蓄了匈牙利式的八字胡。他能讲一口很不错的匈牙利语，爱唱匈牙利语民歌，爱跳匈牙利恰尔达什（czardas）民族舞蹈。"

关于从1951年到1953年的经济参赞马克斯·芬格："典型的纽约犹太知识分子，英俊，法语极好。首次婚姻是不幸的，但他本人看起来通情达理，总是充满魅力——说话不多……他对匈牙利历史充满热情，调走以前，在公使馆里开始了相关的每周研讨会，还计划邀请匈牙利的客座讲师。"关于公使馆顾问乔治·阿博特："一个高大、严肃的男人，五十五岁。他的健康问题从不妨碍他成为热情洋溢的高尔夫球手、网球手、酒徒和桥牌玩家。他喜欢社交，无疑是公使馆的智囊之一，雄心勃勃，精明强干。其他外交官也有同感：英国经济参赞辛普森曾经提到，'那些日子里，阿博特、[英国大使]汉基（Robin Hankey）、[以色列大使]阿夫纳（Avner），结束派对后仍会继续聚首畅饮'……阿博特好饮，但很容易喝醉，

---

*　萨默塞特·毛姆（Somerset Maugham，1874年1月25日—1965年12月16日），英国现代小说家、剧作家，著名作品包括《人性的枷锁》、《月亮和六便士》、《面纱》、《寻欢作乐》和《刀锋》等，据说是1930年代稿费最高的作家。——译注

1953年有一次在酒精影响下，要求我解释为何还没被当局抓起来！我能肯定，这一方面是在提问，另一方面是怀疑我在充当匈牙利当局间谍。"（最后一笔，真是聪明。）

父亲就是以这种方式，描绘远离家乡的外交官们，尽量随遇而安。他们与美丽的女人调情（最精彩的是阿根廷大使的匈牙利妻子冈萨雷斯太太），在网球场上大显身手，还在桥牌桌上相互斗智。而秘密警察们，则蜷缩在灌木丛中窥探。

父亲的描绘减弱了对美国公使本人的指控。他这样开始秘密警察渴求的介绍："依我看，雷芬达尔总是很善良，从无例外。他总使别人觉得，他或她是世界上最重要的人……青少年时，他立志想当歌剧演员［秘密警察能派上用处吗？］，赴维也纳学习音乐。在那里，他遇上他的妻子——一起学音乐的同学，谣传是犹太裔男爵的女儿……就我知道的而言，他笃信宗教，意志坚强，性格多元，喜欢抽烟和喝酒。无论做什么，他都全心全意投入，然后以同等速度告一段落。"最后一个吊胃口但毫无用处的细节，是父亲如下的宣告："在我所认识的外交官中，他和他的妻子是最令人敬畏的桥牌搭档。"秘密警察知不知道，爸爸在玩他们？

我以最大的兴趣，阅读父亲对助理军事参赞理查德·格拉斯佩尔的印象："他于1953年抵达，带着妻子米米，一位相当艳丽的金发女郎，他们两人趋向于年轻人的生活，喜欢唱歌、跳舞、享受。他们有两个小孩，一男一女。"这根本不像对一名危险特务的介绍，在某种程度上，解释了准尉格拉斯佩尔为何能持续他的出卖。

我想，这份报告处处点缀着讽刺和机智，而秘密警察是无法解读的，这令父亲得以短暂逃离他阴冷的牢房。

第十三章 父母的审判

9月17日，父亲的告密者/牢房难友做了一件事，可能救了父亲一命。那天"蒂博尔"汇报："我在牢房地上发现几片白色药片。我舔了一片，那种苦味让我意识到这些是安眠药。马顿说他不知道是哪儿来的，兴许是以前的囚犯留下的。但我注意到，他轻轻摸了摸自己上衣的内衬。他去盥洗房时，我叫来卫兵，建议做一次彻底搜寻。他们在马顿的上衣内衬里，找到六十片色维纳尔镇静药。马顿承认，收集药片是为了毒死自己。不过，自他妻子入狱以来，他已放弃自杀的想法。之所以保存这些药片，他是为了预防万一早期的残酷会卷土重来。"

"蒂博尔"汇报，他"严厉"训诫我父亲，有家室的男人还会考虑自杀是不道德的，如果成功了，那可真是大灾难，"把孩子们留在最凄惨的处境中，甚至连父母都没有了"。我不知道，"蒂博尔"救了一名仍对国家有用的囚犯，是否能获得作为奖励的香烟？

狱方允许我父母在审判之前会面是罕见的人性流露吗？更有可能是害怕他们九个月后的首次会面，会有难以预料的情绪爆发，扰乱法庭程序的平稳操作。母亲以她的特殊方式，为首次与丈夫会面做准备：尽力改善她的容貌。她在回忆录中写道："早餐时，我用铁碗底部残留的咖啡当镜子，为丈夫略作梳妆……我小心梳理头发，并穿上我为这次会面特意清洗过的尼龙宽松上衣。"

然而，父亲得不到剃须的许可。卫兵把他带到盖罗少校的办公室，这是一次既害怕又渴望的会面。他之后写道："她在那里，双手张开朝我微笑，但眼中噙满泪水……我知道，她能从我脸上看出我在这分离的九个月中的经历。"确实，母亲为丈夫的外表大吃一惊。"他巨大的黑眼睛深陷于紫色的阴影，他的眼神流露出悲哀和疲惫，我对此全无准备。我因震惊和悲怆而呼吸急促，急忙趋前。我们拥抱、亲吻，抱头痛哭，不顾少校的命令。我告诉他小孩的处境，她们住在哪里，谁在帮忙，她们的学校和健康状况。他询问我自己的健康状况，我才首次意识到，他也在为我的容貌感到震惊，就像我的震惊一样……突然，一直在桌子上摸索文件的少校站起身，喃喃道：ّ对不起，我出去一会儿。'他离开房间，但让房门敞开。我知道，这是机会。我用英文低语：ّ听我说！美国人将会来救你！'我像是给行将溺毙的人扔出了一根绳子。他的大眼睛睁得更大，像聋人那样凝视我，以确定他无法理解的声音。我拿起他的手，一字一顿地低声重复：ّ宝贝，美国人将会来救我们。'"

父亲于此继续他的叙述："少校归来，伊洛娜继续她关于小孩的介绍。规定的三十分钟结束之前，我只想告诉她一件事。我尽可能轻松地说，相信她会很快得到自由，至少比我早很多年，我要她跟我离婚。放我出来时，我将是一名老翁，于她和小孩一无用处。她笑着打断我，旁边的少校浮起微笑，但没做评论。很快，三十分钟结束了，我被押送回牢房。我为自己没能更聪明地使用时间而自我责骂——特别是没能叫她对这神秘消息做进一步的解释。"

"蒂博尔"向他主子汇报："马顿与妻子会面回来之后一味哭泣。他说，她向他保证，她既不生气也不怪罪。但他说，仍要她提出离婚。他很高兴孩子们受到较好的照顾，但担心父母的关押和家人的分离，会在孩子们心理上留下创伤，而在小女儿身上已是明显的事实。"（我很想知道，我们被分隔于最严密的城堡的厚墙内外，父亲究竟察觉到我的什么？）

会面后不久，父母被带入监狱建筑物内一个简陋法庭，面对秘密警察特别挑选的"法官"中最为臭名昭著的乔纳斯·贝拉（Bela

第十三章 父母的审判

Jonas）博士*。法官乔纳斯，外号"血腥法官"，专门审判阴谋、间谍、叛国的案件。截至1952年的大恐怖时期，乔纳斯共判处五十人死刑。不同于多数法官，乔纳斯还喜欢出席他的受害者的处决仪式。父母曾报道好几次他的审判，所以非常清楚他的纪录。这一次站在这其貌不扬的秃顶小个子男人面前，妈妈和爸爸不再是新闻人，而是他的受害者。

多么令人满意啊，乔纳斯终于得以面对这两名放肆、顽固的人民公敌。然而，又多么令人失望啊，他在法庭见到马顿夫妇时，因对国家"不忠"而被判死刑已不再流行。

父亲写道："我只被允许阅读那些指控我是间谍和叛徒的冗长而枯燥的文件，但不可做记录。我对整个闹剧已丧失兴趣……确信他们唯一会做的，就是让我在牢里'腐烂'多年，这是他们最喜欢的用词之一。"

对父亲的指控是严重的：他是美国人的"常任顾问"；具体说，他建议他们派黑人外交官来布达佩斯，建议改善《美国之音》的播出；他"窃取"匈牙利的预算，送交美国经济参赞。父亲不承认所控罪行。

对母亲的指控是可笑的，甚至按秘密警察的标准也是如此：她与美国人讨论蛋（和肉）的价格，这在拉科西时代的匈牙利就是叛国罪行。母亲记得："起诉书中列举的事项都是真实的，在数星期的审讯期中，由我自己提供给盖罗少校。我以为如此清白的事情，一旦依据刑法某章某节，结果就变成了叛国罪行。"她承认部分有罪。她向牢房难友／告密者解释，"部分有罪是因为我对我的孩子们感到歉疚"。

---

* 乔纳斯一年后在1956年10月的"匈牙利革命"中自杀。

这就是被认可的"公平审判"：没有罪证，没有证人，与世隔绝将近一年的被告，不得雇用自己的律师。基于一种离奇、无关紧要的传统，被告有"最后发言"权。父亲利用这个"权利"来争辩母亲的无罪。

父亲直面乔纳斯法官的冰冷凝视——在斯大林、列宁和拉科西的肖像下——向这个人民法庭宣读他的"最后发言"。他说："我敦促法庭谨记，我妻子的父母是被谋杀的。"这有关我的外祖父母的突兀声明令我吃惊。对我们小孩来说，他们的放逐一直是个秘密。我长到三十岁，才从陌生人处得悉，外祖父母死于奥斯维辛集中营，而父母对此却缄口不言。二十五年后，在马里兰州我家的安全氛围中，这个束之高阁的话题痛苦地涌现出来，导致疑窦丛生。在秘密警察的文件中，看到父亲如此直截了当的声明，我心中的疑惑全然烟消云散了。

他请求道："我也希望法庭考虑她的两个小孩。"他最后说："我现在是，过去是，将来也是一名爱国人士。我被控的'罪行'不可避免地与我的职业直接相关。"

判刑——就像整个进程一样——是预设的。母亲记得："我们站在那里。我突然忆起，曾看到很多类似情形的人，听法官宣读同样的文字：'以共和国的名义，我们查明你有罪。'"父亲被判十三年监禁，母亲被判六年。如服完这些徒刑，父母最糟的担心都会成真。他们将错过我们的童年。我们会在陌生人手里长大，会把他们视同路人。出狱时，父亲将是个五十九岁的心碎老人，母亲将达五十岁，未老先衰。

未来数年里，他们只轻松谈论这痛苦煎熬中的一小段：他们一起返回牢房的路。父亲记得："在我们所有的散步中，不管在树木

第十三章 父母的审判

葱茏的布达小山，还是在切维蔡斯*的杜鹃花丛，我将永远记住这一段穿越阴暗、幽冷的佛街监狱走廊的路。"

母亲回忆："长长的回监路上，我扶着安德鲁的手臂，低声告诉他我确信我们将会获救的理由。我解释，美国公使馆与纽约的美联社保持紧密接触，只是在等待审判，再采取相应措施……我告诉他，雷芬达尔允诺，美国将尽全力帮助我们。英国人和其他西方外交官也拜访过我，不仅表示安慰，而且答应帮忙。我压低声音，说个不停，以振作他的精神，假如我在他之前获释，更让他有所寄托。"

"在三楼［监狱中］，我们转进走廊。我们的卫兵敲门，守门的狱卒打开门。里面是两排牢房的熟悉景象，三名卫兵在巡逻——死一般的寂静。现在我知道，安德鲁当时押在这一层，我则关在第五层。我们在墙角的牢房面前停下，抬头看到 12 号。对面站有加派的卫兵，正在朝犹大孔窥视。安德鲁低语：'彼得·加博尔（Gábor Péter）。'"我遐想，秘密警察的创始者就关在我父亲曾经的牢房隔壁，这真是恶有恶报。在斯大林之后短暂的"解冻"期里，拉科西需要一个牺牲品。

既然已被判刑，按照法律，父母得以每月接待一名访客，却遭到监狱的百般阻挠。由于父母提出上诉，当局找到孤立他们的另一借口。但我不折不挠的母亲，找到绕过这道篱笆的途径。她抗议："如果我不能有外面的访客，至少应该有'里面'的访客。"所以，1955 年圣诞夜前夕，"整栋建筑物空空荡荡，只留下少数人值班。

---

* 切维蔡斯（Chevy Chase），美国马里兰州一个小镇，作者到美国后在此安家。

——译注

我获准与安德鲁会面,那是我们第十二个结婚周年纪念日。我们坐在克雷奇默少校的办公室,持续谈了一小时。我们谈到即将来临的新年,预测会有什么新气象。我告诉他,'一定是好事,我知道'。安德鲁苦笑,提醒我前一年的新年之夜"。

　　读到妈妈和爸爸亲密无间的描述,对我来说,滋味尤为辛酸。那年夏天,爸爸与辛普森太太调情,妈妈与拉约什艳遇。自那以后,他们跋涉了各自的坎坷历程。

第十四章　大洋彼岸

那年冬天，我们姐妹寄身于陌生人家，像是在过着家庭生活。我们的父母已被判为罪犯，正在服刑，监狱里的惊喜或震撼更为罕见。那里没有季节，没有颜色，在父亲的处境里，甚至没有希望。定罪后，他们的监狱生活有了一大改进，都被安排开始了翻译工作——监狱生活造成大量空闲，这不失为颇受欢迎的调剂。因这新工作，他们得到令人惊叹的"礼物"，一张木制的小桌子和一把椅子——对已习惯蹲伏在木板床上的罪犯来说，这是件大事。最愉快的是，父亲领到一台便携式打字机，以便促进他的工作。结果发现，这台打字机本来就是他自己的，只是与我家的其他财产一样，早已被充公。

父亲的第一份工作是某杂志中撕下的数页，已小心删除标题和作者名字。父亲记得："显而易见，这是奇妙的新消遣。该文由原子物理学家所写，以哲学观念讨论使用核武器的道德性，特别根据……长崎和广岛的经验。"父亲故意慢慢翻译，"那天晚上，我背对犹大孔,坐在椅子上吃晚餐,铁碗放在桌上"。(我现在忖度,爸爸后来讨厌自助餐,可能源自他的监狱经历。)

我试图解读秘密警察的文件,从人为的疏忽中,找出代号掩护下的真名。父亲为秘密警察做翻译,也在解读原作的真正作者。他写道:"几星期后,他们给我类似的数页,显然出自同一杂志。关于文章来源的线索,照样被小心删除……这篇文章是对前文的答复,提及相关的作者是西拉德·莱奥(Leo Szilard),相关的出处是《原子科学家公报》(*Bulletin of Atomic Scientists*)。"

母亲也从英国和美国的出版物中翻译科学文章。她需要使用英匈词典,很快领到一本韦氏版的。卫兵无意中说出:"你丈夫也一直在使用这一本。"母亲记得:"我细察每一页,他肯定不会用铅笔,但一定会以某种方式[发讯息给她]……我终于找到,在最后的空页上,他以指甲印写了一句监狱情话:'更胜往昔'(More than ever)。"

我们各人依自己的性情来应付那一年的创伤。父亲严禁"希望"渗入他的牢房,为无止境的禁闭做心理准备,自杀的计划仍在继续。母亲则在乐观和绝望之间轮流换位。我们姐妹与寄宿家庭的小女儿,好像总是忙忙碌碌:上演歌剧;收集阁楼上的旧衣来玩盛装打扮;取笑我仍像婴儿的举止。我从那年的"全家照"中搜寻自己当时的容貌,我们姐妹挤在陌生人中,假装是家庭一员。我已找不到那个下巴翘起、烦躁不安的斗士,一年前还被称作"丹尼斯威胁"。那段时间,我下决心向全世界微笑。除了让大人们喜欢我,我还有什么其他武器呢?

第十四章　大洋彼岸

被迫在自己的国家沉默的父母，开始获得匈牙利边界之外的注意。1955年末，日内瓦高峰会议成功后，匈牙利开始向少数外国新闻人颁发签证。三名美国新闻人抵达布达佩斯：《纽约时报》的杰克·雷蒙德（Jack Raymond）和约翰·麦科马克（John MacCormac），《纽约邮报》的欧洲通讯记者西摩·弗赖丁（Seymour Freidin）。在发给华盛顿的一份机密备忘录中，斯宾塞·巴恩斯代办提及：

> 每一名通讯记者都提及两个重要问题［向匈牙利官员］：枢机主教敏真谛的命运和马顿夫妇的命运。就马顿夫妇而言，从雷蒙德的拜访到弗赖丁和麦科马克较晚的拜访，官方立场像是有所转变。雷蒙德在外交部被告知……马顿夫妇因叛国活动而被监禁。无独有偶，这印证了拉科西先生提供给埃斯蒂斯·基福弗参议员*的声明。弗赖丁和麦科马克的印象是，主要不满是马顿夫妇所谓的缺乏爱国心和对新匈牙利抱有成见。当被问及这相对较轻的过失何以获得如此严苛的惩罚时，匈牙利人对此的回答是，最好去问内政部！

在他们受到实际审判的两个月之后，《纽约时报》在1956年1月15日推出标题为《匈牙利判决美联社记者及其妻子》的头版新闻，

---

* 埃斯蒂斯·基福弗（Carey Estes Kefauver，1903年7月26日—1963年8月10日），从1939年到1949年任美国国会众议员，从1949年到1963年任参议员。——译注

还附有我父母被逮捕之前我们完整家庭的照片。该文说，"布达佩斯电台今晚宣布"：

> 美联社通讯记者安德烈·马顿……因间谍罪被判六年监禁［当年12月的上诉使我父母的徒刑得以减半］。广播还说，他妻子伊洛娜，为合众社工作，被判三年徒刑……马顿博士于十一个月前消失，而维也纳给马顿太太的最后一次电话是在6月19日。马顿家有两名年幼的女儿，卡蒂和朱莉，据说与一名领养老金的匈牙利大学教授，同住在布达佩斯郊区……美联社总经理弗兰克·施塔泽尔，今天发表此项声明："安德烈·马顿是一名杰出的匈牙利新闻人，他代表美联社的活动都属外国记者的正常活动。只是他的新闻范围，因警察国家对新闻来源和记者的限制，而受到极大的局限……在极权国家，一个人对政府定为国家机密的东西表示兴趣，就会被判间谍罪。那显然是马顿的罪行，再加上他是一名直言不讳的反对人士。"

1956年2月4日，《纽约时报》又一次推出题为《美国再次禁止赴匈牙利的旅行》的头版新闻，"美国今天禁止美国公民去共产国家匈牙利旅行；取消拟议中与匈牙利政府的会谈；并告知匈牙利，将对匈牙利驻美外交官实行旅行限制……这些行动缘于匈牙利政府在布达佩斯逮捕安德烈·马顿和他妻子伊洛娜，他们分别是美联社和合众社驻匈牙利记者"。

同时，公使雷芬达尔敦促国务卿约翰·杜勒斯，对囚禁我父母的人采取更强硬态度。在1956年1月16日的秘密电报中，雷芬达

第十四章　大洋彼岸

尔写道：

> 我认真建议［国务院］部门利用一切媒体，让全球知道匈牙利违反人权。
>
> ……我也建议，授权我递送一项声明给外交部长……宣布：
>
> • 美国立即批准持美国护照将不再能前往匈牙利，当然意味着取消《波吉和贝丝》*的访问［一个广获宣传的国务院计划］。
>
> • 美国立即对匈牙利驻华盛顿公使馆，实施与美国驻布达佩斯公使馆所遭受的同样的旅行限制。
>
> • 美国放弃为扩大贸易和相关信贷的会谈准备。

美国国务院遵从雷芬达尔公使的建议，将一份措辞激烈的照会递交给匈牙利驻华盛顿公使馆；同时，也递交给在布达佩斯的匈牙利外交部。国务院找到聪明的方式，既谴责匈牙利政府对待自己公民的不公，又没有干涉匈牙利"内政"的表象，只提新闻自由的问题。

长期拘留美联社和合众社的合法新闻人，不允许这两名经验丰富的本国人与外界接触，从而阻塞取得匈牙利国内新闻的自由孔道，应被认为是对新闻自由的压制……好多年来，美国政府和人民在寻找一丝细微的迹象，以显示匈牙利现领

---

* 《波吉和贝丝》(Porgy and Bess)，美国音乐剧，首演于1935年，根据海沃德的小说Porgy改编而成，反映非洲裔美国人1920年代在南卡罗来纳州的生活。——译注

导能以实际行动证明，他们是独立且负责任的政府，会兑现他们的国际义务，会尊重匈牙利人民的权利，最终都归于徒劳。不管它在原则上如何花言巧语，匈牙利政府将得不到［国际社会］对它的声明的信任以及……对它的行动的信赖。

第二天，《纽约时报》以《真相与极权主义》的社论，重拾这段新闻：

> 极权主义政府的共同迷信是：如果人们不知道正在发生的讨厌事，将会变得更满足；如果政府隐瞒自己的罪过和愚蠢，将在世界上获得更多钦佩。在极权主义国家里，这就是事实。在那里，外国记者不知道报道真相的宽松政策何时终止……这碰巧发生在安德烈·马顿身上……正因间谍罪在服六年徒刑。这也碰巧发生在他妻子伊洛娜·马顿身上，她是合众社驻布达佩斯记者，在服三年徒刑。在这种国家中，间谍罪全凭政府意愿定夺。用作新闻人的圈套时，间谍罪行可能只涉及某种新闻。而新闻人之所以获取和发表这种新闻，就因为他是一名优秀的新闻人。

官方和媒体为两名囚犯而发起的猛击，震惊了匈牙利政府。2月7日，匈牙利外交部退回杜勒斯的照会，称其为"对匈牙利政府和人民的侮辱"。

我们的玩伴和我父母最亲密的朋友不敢来探看我们姐妹；在

第十四章　大洋彼岸

遥远的美国犹他州盐湖城，一名只从报纸上认识我们的医生，却在千方百计向我们姐妹伸来援手。美国盐湖城圣马克医院的放射科主任亨利·普伦克（Henry R. Plenk），1956年1月30日写信给国务卿杜勒斯，提出一项建议。该信说："普伦克太太和我自报纸得知，美联社和合众社记者安德烈·马顿夫妇遭到匈牙利政府的逮捕，我们为此感到震惊。我们还获悉，他们的两个女儿在布达佩斯，与一位领养老金的匈牙利大学教授同住。我们很愿意欢迎这两名小孩搬入我们家，无论时间的长短，视需要而定。如果她们的父母愿意，我们也很愿意收养她们……我们家有足够的空间，有充足的资源来保证小孩的抚养。希望你能好心提供意见，告诉我们采取何种步骤才能将她们成功带进这个国家？"

国务院没有处理收养的经验，为了普伦克医生的信而陷入混乱。副国务卿麦金逊（R. M. McKisson）和签证部门官员，包括领事办公室主任阿林·唐纳森（Allyn C. Donaldson），特地为此事开会讨论。将近一个月后，回信寄送给盐湖城的医生："马顿夫妇被捕的情况和此案引起的关注度，无疑会造成无法克服的障碍，令匈牙利当局不准孩子们离境，除非以政府的名义。[我很好奇，在唐纳森先生的头脑里，两个小女孩能以政府的哪种名义出境？]"领事办公室主任坚称，"极有可能，这样年龄的潜在移民最难取得离境许可。当局会把她们视作潜在的经济资产和政治资产"。

普伦克医生和他太太人道、大胆的建议至此为止。唐纳森先生可能不大熟悉我们这类小孩的低贱地位。入学的孩子们以他们的"阶级出身"分成六类[*]：

---

[*] George Paloczi-Horvath, *The Undefeated*. London: Eland, 1993, p. 280.

一、工人
二、农民
三、知识分子
四、小职员
五、"其他"
六、"阶级敌人"

第一与第二类很容易经由高中进入大学，第三、第四和第五类，依次递减，只在罕见的例子中能获得大学教育。朱莉和我是"阶级敌人"，受到的待遇与纳粹德国的犹太人不相上下。

我人生中没选择的另一条道路：成为犹他州放射科医生和他妻子收养的女儿。普伦克太太自己是儿童心理医生，有匈牙利背景。多么不寻常的慷慨精神——与我们国内匈牙利人形成强烈的对照！*独裁者都懂得，如何使用人类最强烈情感之一的恐惧，来扼杀同情甚或爱情。

---

* 不久前我在盐湖城联系到普伦克夫妇（丈夫是放射科医生，妻子是儿童心理医生），我打电话感谢他们很久以前的努力。他们已有九十多岁，但仍记得当初收养的建议。能与五十年前几乎成为自己养父母的人交谈，我非常激动。

第十五章 重 聚

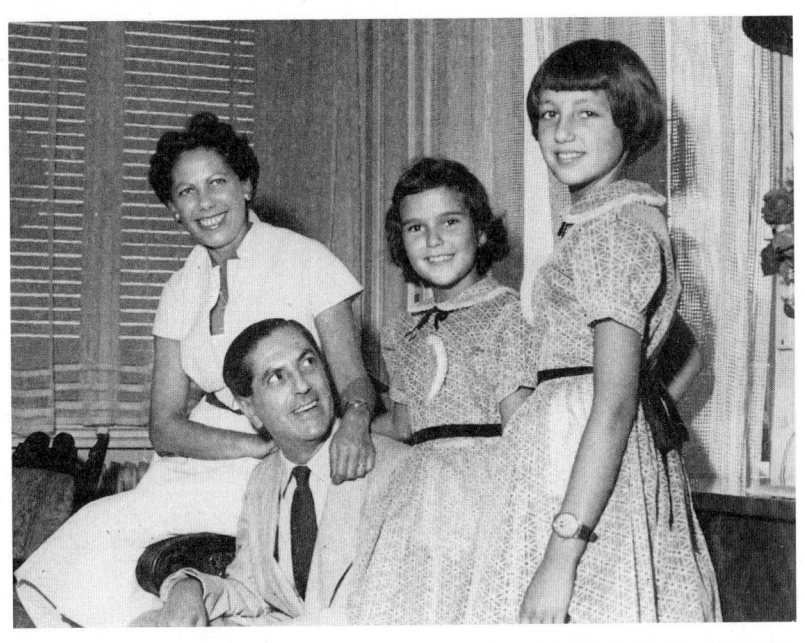

爸爸自由了！母亲已出狱好几个月——这是我们 1956 年 8 月重聚的快乐日子。（我们姐妹身穿美国公使雷芬达尔送的派对礼服。）

1956年4月3日是我的生日。午后，我自学校急行回家，因为我的"大姐"玛莉亚答应陪我去乔鲍街的老房子。自前一年的夏天以来，我从没回去过，真想再去看看，期待能找到我的旧时玩伴，甚至能偷看一眼前门已贴上红印封条的自家公寓。我想看看我们留下的一切，即使只是几分钟，我要向大姐展示我遗失的世界。

我牵着她的手，走向苏格利葛特镇公交车站，准备长途跋涉赶去乔鲍街。突然，一辆汽车在我们旁边停住，这是我认识的，属于我们偶尔的访客塞凯伊·米哈伊。玛格达阿姨从汽车里跳出来说："卡蒂，看后座，这是你的生日礼物。"啊，是母亲，我一下跳入她的怀抱，两人同时迸发出哭声。妈妈，妈妈，我不停地叫唤。她看起来很憔悴，比将近一年前看到她时苍老得多。像她被逮捕一样，这事先没有一点征兆，但我重新有了母亲！这突如其来的欢乐，就像以前的疼痛一样巨大。我们开车回到玛莉亚的房子，去拜见那些善良人。我知道，再也无须假装这是我的家，以及他们是我的家人。

姐姐认出母亲时，还悬挂在一棵高树的粗枝上，迅即跌落地面。于是，母亲又回到她抚慰者的角色，轻吻姐姐磕伤的膝部；朱莉透过她的泪花在笑。那种母子重逢的感觉是难以名状的，对幸运的孩子来说尤其如此，因为他们从没经受与父母的长期分离。那天一整夜，她与我们在一起（她开玩笑说，她的牢房比我们的家更暖和），我们以一年中的胜利（姐姐）和苦难（我）故事，来争夺母亲的注意。母亲又笑又哭，细述她坐牢的最后一天。

几天前，少校盖罗把她自牢房召来，指示她草拟一封递交给司法部的特赦请求书。赫鲁晓夫在第二十次全苏党代会上发表演讲，

第十五章　重聚

揭露斯大林的罪行；数星期内，苏联帝国兴起风起云涌的重大事件。几乎仅一夜之隔，妈妈的请求就获得批准。盖罗打电话给玛格达阿姨，她由此接过故事的叙述，少校指示她："不准将此消息通知任何人！"但是，当阿姨抵达佛街监狱时，"一半市民"都已知悉此事。

华盛顿得知母亲被释放，至少是间接地多亏我们的门房普利格尔太太。雷芬达尔4月7日写机密备忘录给杜勒斯："马顿公寓的家政包打听，告诉住在隔壁公使馆官员的仆人，马顿太太已于4月3日获释。她的获释，因公使馆官员［汤姆·罗杰斯］与马顿孩子的偶遇而得到确认……建议不发布消息，直到马顿夫妇全都获释，或知道更多有关他前景的资料，或她的释放已成为公众信息。"

妈妈迅速行动，申请要回我们的公寓；但在等得不耐烦的孩子眼里，还是不够快。现在，在寄宿家庭的住所再多待一天一夜，似乎都没有必要。我们想跟母亲在一起，住回自己的家。我们的公寓一直未被占用——政治气候不稳定的又一标志——但里面的一切财产都已归属国家。母亲被告知，如能筹集两千美元，有权将之赎回。她回忆："我写信给美联社，说他们是我唯一的希望……他们愿意帮忙。此外，他们向我保证，安德鲁的薪金一直没停，还将继续。为回报这一慷慨之举，我决定替代安德鲁，充当他们的通讯记者。同时，合众社也获准重新雇我。我又可重整旗鼓了。"对美国新闻业，这真是件天大好事，因为历史性的大事即将在匈牙利展开。

封闭的匈牙利开始向西方打开门户，但仅有一条缝隙。美国《时代》杂志驻维也纳的主管西蒙·布尔金获得签证，经过十七天旅行，

7月5日在自由欧洲电台上报道：

> 我发现政治形势大有改变。匈牙利人公开讨论拉科西，甚至不能说只是讨论而已。他们说，拉科西必须下台……你能听到这样的谈话，从修车厂的技工、中产阶级，到旅馆的行李搬运工——只要你能把他们拉到一边，接受你的访谈……莫斯科去斯大林化计划所发轫的事件，在迅速发展，其结果很难预料……数星期前获释的伊洛娜·马顿（其丈夫安德鲁仍在监狱），于星期六晚上被重新认定为美国通讯社的通讯记者。她在星期天发出有关此事的第一篇新闻，这意味着，人们应更加注意美国通讯社自布达佩斯发出的消息，因为马顿太太是一名非常胜任的记者。*

当然，我太年轻，一点也不懂赫鲁晓夫有关斯大林罪行的演讲。拉科西禁止匈牙利媒体登载这篇演讲，但很快，它的拷贝在布达佩斯到处流行，引起极大的兴奋。对我而言，好像是整个城市都在跟我一起庆祝母亲的归来。

好消息连续传来，就像友善的浪涛，一波一波推送我们度过整个夏季。7月中，克里姆林宫解雇了我童年中最厌恶、最惧怕的人——拉科西·马加什，叫他提早退休去苏联，由副手盖罗·埃尔诺继位。盖罗是离职老板的忠实仆人，但较隐晦，不会造成恐惧和颤抖。斯大林和拉科西的肖像，实际上是在一个晚上，销声匿迹于全部的公共场所。

---

* 《新匈牙利季报》（*New Hungarian Quarterly*）第37卷，142册，1996年夏季。

第十五章　重聚

5月初，我们搬回山顶公寓。奇迹般的，我们的玩具仍站在书架上，像我们当初离家时一样，只是少了几件珍贵物品——我们的汽车、父亲的相机和母亲的钻戒。那钻戒，我们始终认为落入了"夫人"之手，她已从我们的生活中一去不复返。我们太幸福了，不会计较这些。我们老房子的邻里小孩，依然一如平常，好像我们从没离开过，好像从没看到秘密警察抓走我们的父母、运走我们的财产、将红印封条贴上我家前门。我们回来了，没人问询，每个人都重新梳理自己的生活。

我们现在有了新玩伴，就在隔壁。我们不在的时候，罗杰斯一家搬入外交官住所（以前是堂·唐斯夫妇），有四个女儿，与我们年龄相仿。阿拉贝拉·罗杰斯（Arabella Meadows-Rogers）2008年回忆："我记得大街上的游戏、你家大楼里的孩子帮、脚踏车。大家在我家院子里玩，也在你家公寓后面的山坡上玩。我们爬树，在我们花园的鱼池里跳进跳出。"

一旦回到母亲的身边，我便放弃了过去一年强加于己的模范行为，回复到货真价实的"丹尼斯威胁"，多痛快啊！阿拉贝拉说："那年夏天，我们开始尝试抽烟，从我母亲那里偷来香烟和抽烟架式。我们的女佣纳道什迪·安（Ann Nadasdy）[沦落为女佣的伯爵夫人，来自匈牙利古老的贵族家庭]在楼上空置的女佣房找到我们，大发雷霆。朱莉是我们的'大'姐，没有她在，我们都不准过街。我还知道，苏兹[走廊对面秘密警察官员的女儿]应遭藐视，厄兹和马格蒂[普利格尔太太的女儿们]值得同情。即便如此年幼，我仍能感受到，与匈牙利小孩在大街上玩是很特殊的，不同于在外交官孩子堆里厮混。我感到很荣幸，能成为你们的玩伴，我还记得你校服上的小红领巾。"

那年夏天，我记得，阿拉贝拉四岁的妹妹露易莎（Louisa），隔着我们两家之间的栅栏大声问："马顿太太，你丈夫在哪里？"无疑，她听到了自己父母汤姆和莎拉低声讲起我父亲的缺席。我们也在嘀咕，但随着时光的流逝，母亲越来越有信心。我们继续夏天的日常作息：乘电车去土耳其浴室，搭公交车去玛吉特岛（Margit Island），在奥林匹克尺寸的游泳池中玩水。我把母亲的手指攥得更紧，但我是幸福的。

母亲经过数星期的不懈努力，得以在6月中探视牢中的父亲。她坐在熟悉的审讯室等待，问盖罗少校，她丈夫知不知道她已被释放，盖罗摇摇头。她哭泣着说："但你答应过我，你会告诉他的！"他回答，因为收到了不允许的命令。秘密警察的操作准则，仍是抗拒每一次人性流露的机会。父母终于见面时，看到显然已获自由的妻子，父亲"快乐得几乎大哭"。"我告诉他，我在继续我的老工作，他很难过。"他警告她，不可再去美国公使馆，不能再承担如此巨大的风险。"我在想，如何才能使他明了：国内的政治气候已有改变，我和他人已在享受更多的自由。但我事前得到警告，不得［跟他］提及此类的事。突然灵机一动，有办法了……我随意地说，昨晚我与约翰·麦科马克一起吃晚餐。他简直无法相信，《纽约时报》记者麦科马克是我们的好朋友，1948年遭匈牙利政府驱逐，之后一直没回来。现在是1956年，他不但回来了，而且可以在任何时候来去自由。对安德鲁来说，这是政治形势已趋好转的最好证证，远远超过任何其他的。分手时我告诉他：'不会太久了。'"

1956年8月中，我们在玛吉特岛等红绿灯，准备过马路去帕拉丁（Palatinus）游泳池，我自妈妈的手中挣脱。她大叫："卡蒂！停下！"我知道的下一件事是，我已躺在一辆汽车的前轮之间，陌生

第十五章　重　聚

人纷纷俯身朝我探看。"我的红凉鞋还好吗？"是我讲的第一句话，因我刚收到美联社驻维也纳记者送给我的最时髦的凉鞋。凉鞋完好无损，但我受了脑震荡，住医院好几天，一直在哭叫妈妈。丈夫还在坐牢，又要为美联社和合众社同时写稿，母亲每晚仍然来到我的床边。小孩子是多么自私啊。当时和以后，我从没想到，我应好好谢她，或为自己的任性胡为向她道歉。

现在，我从秘密警察档案中获悉，妈妈的获释有附带条件。并没有人命令秘密警察去另找工作，他们仍有权力摧毁他人的人生。（截至1956年7月，三万一千名秘密警察负责监看一千万人。*）每隔十天左右，妈妈要去"安全房"与秘密警察会面。根据秘密警察的档案，她不愿呈交书面报告，只口述她的近期活动，譬如看到谁和听到什么，尤其是在拜访美国公使馆的时候。这一附带条件，虽然来得较迟，却验证了美国人的猜测。特别在最恐怖时期，那是父母必须付出的代价。我忆起，美国外交官厄内斯特·纳吉和汤姆·罗杰斯都曾告诉我，在我父母被捕之前，"我们从不告诉他们敏感的东西，为他们好，也为我们自己"。

知道母亲的附带条件，我感到揪心。我对那个夏天的记忆，因为她的自由和我们的重聚，仍洋溢着闪闪发光的幸福。很显然，一旦秘密警察将牙齿咬入你的肌肤，决不轻易松口——永远都不。丈夫仍在坐牢，女儿需要她更多的呵护，可怜的母亲尝试重组自己的

---

* Paul Lendvai, *One Day That Shook the Communist World*. Princeton: Princeton University Press, 2008, p. 107.

生活，秘密警察却在享受对她的骚扰。我现在明白了真相，真希望她还活着时，我就知道这一切，就有机会告诉她，我多么钦佩她的精神和勇气。

2007年11月一个潮湿、阴霾的日子，我离开秘密警察档案部门，去寻找奥迪电影院（Ady Cinema），那是母亲被迫与秘密警察见面的地方。即便缺乏说服力，我也想重循她的路线，以某种方式来分担她的负荷。路人告诉我，这地区以前曾有一家电影院，但已不复存在。天开始下雨，使明光锃亮的新布达佩斯，看起来更像我童年时的灰色城市。我对秘密警察的愤怒——甚至我耻于承认的对匈牙利本身的愤怒，伴随走过的街区而愈益强烈。路上，我转错了弯，走入不熟悉的乔瑟瓦勒斯区（Jozsefvaros）。被煤烟熏黑的断壁残垣，似乎自二次世界大战以来就原封未动。与之相连的，是刚被修复的折中型建筑物，粉红和白色相间。它们坐落于新街区的窄街，而这街区又处于新兴闹市区的边缘。一名身穿绿色防雨外套的男人，一手夹着香烟，一手以短皮带牵着一条大狗，问我是否迷了路。他的语调颇不友好，在这个街区，陌生人很易引起注意——跟很久以前的情形一样。汗和雨在我脸上流淌，夜幕步步逼近，又叫不到计程车。我步行良久，搜寻谙熟的地标。每走一步，对秘密警察的愤慨，以及对自己的气恼，都在逐步加深，但我还是找不到古旧的奥迪电影院。

2008年4月中，我由女儿伊丽莎白陪同，返回布达佩斯。自从上一次拜访，我已消化档案中母亲被迫与秘密警察保持

第十五章 重聚

联系的最新披露，变得更加镇静。那天阳光灿烂，伊丽莎白和我手拉手，找到曾经的奥迪电影院，保持联系的会面就在楼上举行。它恰好处在纽约咖啡屋的对面，后者在秘密警察对我父母的骚扰中也发挥过作用。女儿为外婆直面秘密警察的勇气而感到骄傲，这安抚了我的愤愤不平。伊丽莎白给她外婆受辱的地点拍照，我则返回档案部门挖掘新的宝藏。

1956年8月13日，拉科西已经不在了，布达佩斯洋溢着新鲜的自由和暂时的自信。秘密警察官员科瓦奇·雷若（Rezso Kovacs），在提呈给内政部长的最高机密备忘录中表明："安德烈·马顿博士的罪行——叛国和间谍——我们已有充分证据。所以不建议减刑，马顿应继续服刑。"科瓦奇又补充，"除非国家的最高利益不这样认为"。科瓦奇少校以老练的手法，既表达出他反对释放这位已获证实的叛徒，又留有他自己仕途的退路——万一风向转得太快。

确确实实，第二天风向就转了。8月14日，《纽约时报》通讯记者麦科马克，对共产党新首脑盖罗·埃尔诺进行一次罕见的访谈。8月15日，《纽约时报》以头版刊登麦科马克的文章，标题为《匈牙利要求与美国更为紧密的关系》。新闻的头条说："匈牙利政府愿意改善与美国的关系，我们希望看到更好的匈美关系。我们高度重视美国，不管是过去还是现在。华盛顿的雕像还耸立在瓦洛斯利格特（Varosliget）[布达佩斯的一座公园]，这就是实证。但是，就如匈牙利谚语所说的，需要两个人来成全一件风流韵事。"然而，在我父亲的问题上，盖罗是狡猾的。"他被问到，匈牙利为何不释放美国公使馆前员工和美联社前记者安德烈·马顿，以开创更好的关系。

他回答说，这些人作为匈牙利公民受审，如何处理应是匈牙利的问题。"

麦科马克的文章刊出那天，父亲不存任何希望，照旧开始一天的牢房生活，恰似定罪以来的每一天。到8月15日中午，他牢房笨重的钢门被打开，狱卒叫他出去。在审讯室里，他面对克雷奇默少校和另一名便衣男子。克雷奇默朝陌生人点一下头："扬博尔（Jambor）上校，内政部的。"然后，克雷奇默开始读他的文件。一开始，父亲太过惊愕，以致跟不上文件的内容。该文件通知他，他已获得官方特赦。等到少校说"我们要你重新开始被打断的生活"，父亲才猛然醒悟，半信半疑地问，你要我回美联社工作？是啊，出去看看，向全世界报道。上校向他保证："对发生的变化，你会感到吃惊。"

仍处于震撼状态的囚犯，最后一次回牢房，他违反了罪犯不得与狱卒对话的首要规则，向狱卒低语："我要回家了。"狱卒笑着颔首，这的确是一个新世界。

同一天早晨，克雷奇默少校在电话上声音粗哑地告诉我母亲："我给你一个半小时，必须向美联社和合众社宣布你丈夫的释放，做完后马上来接你的丈夫。"母亲迅速照办，她的心跳得比她打字的手指更快。"然后我跑到街上，拦住一辆计程车，告诉司机我的目的地。他惊讶地看着我：'去监狱，还那么高兴？'我解释给他听。到达后，我请他等我。他回答：'啊，不，我看见太多人进去，再也出不来了。付钱吧，女士。出来时，再叫一辆吧。'"

母亲的计程车停在离佛街一个街口的地方，让她下车。父亲的衬衣、内衣裤、领带、手表、钱包，都已拿来还他，监狱理发师还清理了他长了一星期的胡须。父母的重聚显得拘谨，她给他一个"我

第十五章 重聚

早就告诉你了"的微笑,其余的则保留到之后,不愿在这鬼地方表现。接下来,克雷奇默少校向我父亲转交雷芬达尔公使的圣诞礼物,整整晚了八个月:几条美国长红香烟(Pall Mall)和父亲最喜欢的烟斗烟草。母亲宽宏大量地把颇受欢迎的美国香烟,分派给在场的秘密警察官员。然后,克雷奇默从他立墙的大保险箱里,取出装满照片、信件、文件袋的几个手提箱,即那个遥远的晚上从我家搜走的东西。母亲给秘密警察讲述了那个被吓坏的计程车司机的故事,克雷奇默提供一辆官方汽车,把两名前罪犯送回家。

父亲回忆:"我家位于半山腰,大约要走二十多级台阶才能到达门口。我将永远记住,我的女儿们——当年多么娇小——在夏天温暖的下午奔下台阶,朝我伸出双臂,扑在我怀里哭泣。"

我年轻、英俊的父亲,一下子变成老人。他漆黑的头发虬结在一起,可见斑斑的灰白。我从没在医院之外,看到过像他这样苍白的肤色。他刚迈进家门,母亲就命令他脱掉被捕以来一直在穿的磨损发亮的西装。我们姐妹将之送去普利格尔太太处,以便扔进火炉烧掉。现在,整个邻里都知道囚犯回家了,但仍敬而远之。父亲洗澡时,母亲和我下山去泽纳特区(Szena Ter)的露天市场,买我们能找到的最肥最大的鹅。归来时,父亲已穿上他最喜欢的泡泡纱西装和领带,正与维也纳的美联社通话,口述他获得释放的新闻。

8月17日,爸爸再一次上了《纽约时报》的头版新闻,标题为《匈牙利释放美联社通讯记者》,由约翰·麦科马克署名。他报道:"美国禁止除新闻人和商人之外的美国人访问匈牙利,马顿夫妇的被捕就是原因之一,这条禁令严重影响了匈牙利试图推动的旅游业。东西关系的解冻,特别是拉科西先生的消失,显然促成了马顿博士的释放。"该文还说:"本记者上星期二访问盖罗·埃尔诺时,提及马

父亲1956年8月突然获释,坐回他的书桌,身穿心爱的泡泡纱西装——但他眼眶底下的黑眼袋泄露出决然不同的故事。

顿博士的关押。他是拉科西先生的继位者,成为匈牙利共产党首脑。盖罗先生说,此案……正在复查当中。"

跟随新闻一起上报的爸爸的相片,英俊如电影明星:浓厚的黑发朝后梳,脸面光洁,商标似的烟斗叼在下唇。他现在身穿泡泡纱西装,不像相片中的自己,开始越来越像自己的本来形象。现在,那份《纽约时报》头版被装入镜框,挂在我们的纽约公寓。

学校尚未开学,朱莉和我牵住爸爸的手,跟他到处跑。他像首次坐上餐桌的饿汉一样,贪婪地吸收他的城市的景观和气息,为新的自由——他自己的和这座城市的——感到晕头转向。他回忆道:"人们再也不需要瞻前顾后。我告诉陌生人我是美国新闻人时,再也看不到那种嗫嚅畏缩。"(直到生命终止,他一直称自己为"美国新闻人"——并为之满怀骄傲。)他先去拜访他的老理发师,在回忆录里他这样描述:"理发师修剪我的头发时,发出愤怒的咕哝声,诅咒监狱理发师技术的低劣。他说:'在报上读到你被释放,我一

第十五章 重聚

直在等你，已有好一阵子。'理发师满不在乎的态度，逗得我直乐，也惹我气恼。我想，人们看到我活着出来，应感到异常惊讶。理完发后，我享受了前所未闻的指甲修剪服务，但我的运气未获任何改善。我不认识年轻的指甲修剪师，便警告她，我需要她的特别关照，因为持续十八个月，我只能用牙齿来咬断长得太长的指甲。她若无其事地回答：'监狱？我明白你的意思。他们来时，都有同样的麻烦。'"

我处于心醉神迷的状态中，丝毫没思忖父母当时的心境。爸爸虽然穿上往日的衣服，但已不是同样的人，他是怎么想的？释放带来的震撼——他没得到任何预兆，没有时间在心理上做好准备——肯定是势不可挡的，犹如一名被突然要求退役的军人。将近两年的怒斥和侮辱，所留下的精神和感情的伤疤，世人是无法看到的——特别是我。他没有瞬间的独处，最为隐私的片刻也会有人观察；这样的侮辱，给这位最重隐私的人，造成了多大的痛苦；他在深夜的牢房，流露出自己的绝望，旁边仍有人监视；他被逼到悬崖峭壁，乞求母亲与他离婚，敦促我们把他彻底遗忘；他不仅认真考虑过自杀，并且在数月时间内，有条有理地筹划自己的死亡；因为我们，他有迟疑；他已不再是从前那个骄傲、温雅的男子。没有任何理发师、指甲修剪师、裁缝，能消除那些无形的创伤，甚至他的妻子和女儿，都不拥有如此的康复力量。

监狱加固了父母的婚姻。母亲后来会说，逮捕一事保全了他们的婚姻。这段经历是他们一起共同经历并得以幸存的，就像他们曾共同经历并幸存于纳粹统治的梦魇。损失、禁锢、战争、监狱，最后还有——爱，把他们紧紧焊接在一起。父亲知道他亏欠母亲太多。她不仅漠视他离婚逃逸的劝告，还继续他们的危险工作，极力争取他的获释；当他身处绝望的边缘时，她为他注入钢铁般的意志。从法庭走回牢房的那次沉郁的散步中，母亲对父亲不断低语："美国人将会救我们。"从某种意义上讲，美国人做到了。

档案透露的另一个秘密，父母只愿彼此分享，而不愿公开。像妈妈一样，爸爸的自由也有附带条件。从他获释到10月23日的"匈牙利革命"，父亲必须定期向秘密警察汇报，联系人就是扬博尔·阿帕德（Arpad Jambor）上校，释放时已经打过照面。秘密警察解释，他们之间的关系犹如"社交"，公开碰头——事实上在布达佩斯最公开最亮丽的场所：纽约咖啡屋。于是，黑制服侍者给围坐于漂亮餐桌的顾客递送浓缩咖啡，父亲必须向扬博尔上校数说自己最近的活动。父亲的特赦，与匈牙利极欲改善匈美关系有关；他能否继续外国记者的工作，还有赖于他与扬博尔的合作。

父亲留给扬博尔一个强烈印象，见证于后者的描绘："马顿的联系人［扬博尔］发现，他是个说话算数的人，不喜欢廉价的小谎言。他正直、诚实，没有道德上的弱点。至于他的热情所在，我们未有察觉。他在逮捕前和审问中的表现，显示了他的勇气。他爱妻子和孩子，还资助他父母和弟弟［在澳大利亚］。"

父母的释放都有附带条件，这也是档案部门主管库特鲁茨·卡塔琳博士，一开始就叫我单独来的原因之一。但现在，我花了足够的时间研究秘密警察，研究他们基于猜疑和无知的保密世界，已不再轻易生怒。我开初的"他们怎么可以这样！"，已被另一问题所取代。"我"将怎样幸存于这种制度？近来，我一直在思考，为保护自己的自由和孩子的前途，我愿付出多大代价？

尽管很奇怪，我想我确实欠秘密警察一个感谢，他们试图碾碎这令人钦佩的男人和女人，但没有成功。即使不是我的亲生父母，

第十五章　重聚

我也希望认识他们。没有这些档案，我对父母的了解就不会如此深沉。

公使雷芬达尔激励华盛顿坚定地站在我父母一边，绝不遗忘他们的小孩。他任期结束后离开布达佩斯，转任驻厄瓜多尔大使。怀念他的不仅只我们一家人。从那年夏末一直到秋天，令人惊愕的对苏联帝国的挑战，爆发于布达佩斯的大街小巷，却少了一名资深美国外交官。宣告要把铁幕往回推的冷战勇士约翰·杜勒斯，没有派遣新公使来接替雷芬达尔，直到他鼓励的自由革命被扑灭在血泊之中。

我搜寻记录，发现另一人也离开了布达佩斯。1956年8月22日，从伦敦到纽约的泛美公司旅客名单显示，理查德·格拉斯佩尔和他妻子米米、小孩格雷戈里和克劳迪娅坐单程票回了美国——正好在我父亲获释的一星期之后。

第十六章 革命

1956年10月,受人痛恨的匈牙利秘密警察成了自由战士的俘虏,有些甚至在革命中遭到愤怒的暴民私刑处死。

我对"匈牙利革命"的记忆,与我家的重聚紧密相连。我觉得,自己复又还原成妈妈和爸爸被带走之前的我,一个紧密家庭里的小女孩。我回顾那段时日,这场发生在布达佩斯的戏剧,在全世界的眼中是扣人心弦的契机,尽管以灾难告终。我万万没想到,自己竟然身处历史的风口浪尖。我们又是一个完整家庭——妈妈、爸爸、朱莉、卡蒂——原样重组,没有什么东西能再把我们分开。革命爆发时,妈妈碰巧在伦敦。作为全面改革的一部分,也是抚慰沸腾人群的最后一个尝试,政府开始颁发出国护照,只给个人,不给整个家庭。父亲敦促母亲"在西方"好好享受一番;于是,他全部归我们姐妹所有。

10月23日,父亲和我乘坐黄色有轨电车,去多瑙河的布达一侧的伯尔尼广场。平日是很安静的地方,这时却挤得水泄不通,以至于我都看不到广场中央的波兰将军大雕像。学生们自大街小巷向广场倾泻,越来越多的人——工人,甚至身穿制服的军人——加入人群。我想在混乱中拉紧父亲的手,但他老在笔记簿上忙碌地奋笔疾写。人群中洋溢着愉快和假日的气氛,每个人都在激动地大喊大叫;甚至小孩都知道,这截然不同于阴郁、机器人般的五一劳动节游行。电车因人群的拥挤而停驶。这是自发的聚会,无人筹划,非同寻常。一名妇女出现在一个阳台上,挥舞着匈牙利的三色旗,原来占据中心位置的铁锤和镰刀已被剪除,仅留一个大洞。每个人都在喝彩。"匈牙利革命"的象征——还会出现其他的——由此诞生。在匈牙利国旗中除去苏联象征是不可逆转的举措。界线已被越过。我抬头看父亲,一根香烟栖在下唇,他的脸上浮现微笑,一种我从

第十六章 革命

没见过的微笑。但我明白，极其重大的事正在发生。然后有人大声呼喊："*Ruszkik haza!*""俄国人，回家！"引起疯狂的喝彩。这群人不怕威胁。空气中的激烈，加上父亲脸上异常的表情，使我的心跳得飞快。

那天晚些时候，一个老头在国会的阳台上出现。我认识他，就是几星期前在公交车上与我母亲交谈的人。当时，他摇动变秃的脑袋告诉她："你的被捕不应发生。"母亲向我们低语，那是纳吉·伊姆雷，一个好人，一名善良的匈牙利人。他看起来普普通通，跟我们一起坐公交，像是一名退休教师，八字胡，老式的圆形小眼镜。现在，人们期待地抬头看着他。他开始了，"同志们……"大家发出嘘声，大叫："我们不是同志了！"革命开始了，并已远比这名善良、爱国但已不再具有感召力的老人走得更远。

革命以象征行动发轫。我没有现场见证，但爸爸亲临其境。人群要摧毁斯大林时代最受人憎恨的象征，他们前往竖有二十六英尺高的斯大林塑像的市公园，父亲和他的摄影师辛马·安德拉什（Andras "Bandi" Sima）紧随人群。人们带上火把和绳子，试图拖倒这座巨型塑像。

此举足足花了数小时，因为事前毫无计划。推倒青铜巨像，不是年轻大学生仅凭高涨的热情就能完成的。帮助最终来自工厂，载有工人和设备的卡车赶到现场，带来了电石气焊枪。父亲叫辛马在拍到塑像刚刚倒下的照片之前不要走开。父亲过后告诉我们："可怜的人，站在那里好几个小时，但我们拿到了所需要的照片。"随着群众的大声欢呼，斯大林塑像坠毁下来，基座上仅剩两只巨大的

1956年10月革命的"自由战士",很多人只是第一次拿起枪杆子的少年男女。

长筒靴。辛马的照片在全世界频频出现。

那天是1956年10月23日,内政部于同一天宣布,安德烈·马顿博士的个人档案#10-30084 / 950正式封存。

革命很快蔓延至我们平静的布达小山,我们可以听到来自泽纳特区的枪炮声,那是我们邻近的公交车和电车的终点站。学校关闭了,妈妈仍在伦敦,爸爸又经常外出,我们姐妹全无监督,奔下小山,去检视"前线"。"自由战士们"推翻电车作为路障,最令人惊奇的是,其中一部分成员只是邻里少年,十四五岁,却拖着似乎太长太重的武器。他们充满严肃的责任感,无暇理睬我们。

我家饭厅已变成临时的新闻编辑部,朱莉和我来去匆忙,扮演"女主人"角色,招待《纽约时报》的杰克·麦科马克(Jack MacCormac)、路透社的罗纳德·法夸尔(Ronald Farquhar),还有

朱莉（左）和我们的玩伴瓦格纳·山多尔（Sandor Liptay-Wagner），在起义期间拉雪橇上坡。背景是我们的公寓，墙上仍有10月革命留下的迫击炮弹痕。

汤姆和莎拉·罗杰斯。（我心中窃喜，我们很高兴母亲不在，我们才得以顶替她的位置。）我们从没见过大人们变得如此兴奋。

10月25日，节日的气氛急转直下。苏联坦克在国会广场朝徒手的和平示威者开火，父亲和麦科马克是现场仅有的新闻记者。父亲记得："我们立刻卧倒，示威者纷纷寻找掩护……有人俯卧在地，我不知道他们是中了弹，还是吓瘫了。最疯狂的情景是……坦克。它们的炮塔迅速旋转，朝着所有的方向，好像在寻找敌人。他们在疯狂地放枪开炮。谁开的第一枪？肯定不是示威者，他们是徒手的。突然，麦科马克抓住我的手臂，指向广场南端一栋六层建筑的屋顶。灰白色的烟雾自屋顶上的矮墙后缓缓升起……等到尘埃落定——十分钟，但像是过了几个小时——杰克和我光在广场的一角就数到大约五十具尸体。"最后的计算揭露，七十五人被杀，二百八十二人受伤。屋顶上的灰白色烟雾，被认为是来自秘密警察狙击手的射击。这种无心无肝的残杀，猝然改变了城市的情绪和革命的性质。

父亲称之为"我一生中最重要的新闻"，但他倍感挫折，因为无法找到一条仍然通畅的电话线来送出他的报道。他回忆："我知道，电讯中断不会是全部的，政府可能仍有个别线路，可以与西方联系。我认识某组织的主席，揣测那里的电话仍是通的，便决定试试。"

父亲尚是孩童时，曾与他的母亲蜷缩在通向吊索桥的隧道中，以躲避霍尔蒂的右翼暴徒。在二次世界大战的尾声，他总比残忍的箭十字党抢先一步。他知道这座城市的大街小巷，他会躲避苏联的坦克和秘密警察的狙击手。

半小时后，父亲抵达尚有佩斯最后一条电话线的办公室。他向晚上的值班职员提供许多美联社欧洲局的电话号码，然后等待。"我的电传系统突然弹跳，屋子里深夜的沉默骤然打破……然后，文字奇迹般地在纸上出现。'美联社，维也纳。'我坐在那里，手指发抖，赶紧敲键，'美联社布达佩斯'。回电是：'安德烈，真的是你吗？'"

隔天，父亲关于国会广场大屠杀的报道出现在《纽约时报》头版，还出现于许多主要日报。多亏父亲大胆的艰苦跋涉，布达佩斯吸引了全世界的注意。他在黎明时分，蹑手蹑脚回到家里；我抬头哀诉："你为什么不待在家里，像所有其他的父亲一样？"为表安慰，他把在回家路上刚买的新鲜面包，撕给我一截。那香气和美味，真是太棒了。

那个星期，革命旋转得失控。人们把愤怒和害怕，指向旧政权最厌恶的象征：秘密警察。秘密警察官员到处寻找掩护，褪下蓝色制服，但往往因长筒靴而露出马脚。愤怒的暴民行使残忍的私刑报复，拖曳殴打他们；尸体很快出现在佩斯的路灯柱子上，也有几具

第十六章 革命

悬挂在泽纳特区，我们尽量避免抬头去看。父母（妈妈已结束她的短暂旅行，从伦敦归来）厌恶这种过度的血腥，担心它将在世人眼中损害革命的形象。克雷奇默少校想办法跑来我家，一整天藏匿在我家女佣的房间。这个人前不久还是看管我父亲的"无所不能"的狱警，现在看起来吓破了胆，甚至在我这个小孩眼中，也显得瑟缩变小了。父亲在我家前门悬挂上美国国旗，让搜寻者不来打扰。过后，克雷奇默走了；我要到几年后才体会到他来我家寻求庇护的全部讽刺。

父亲过后告诉我，他的审讯者鲍拉日上尉和鲍比奇上尉，大概在10月24日逃出布达佩斯，前往捷克斯洛伐克。秘密警察官员获得命令四下疏散，等到安全了再返回匈牙利。曾是佛街监狱囚徒的农夫，认出潜逃中的两个秘密警察。村庄老人抵制鲁莽人群的处决要求，组织护送队，将这两名秘密警察送回佛街。这一次，他们自己成了囚徒，但禁闭不长，结束于苏联军队大举归来之时。

革命慢慢耗尽氧气，西方国家则另有要事。10月30日，英国、法国、以色列向苏伊士运河发起攻击，事前又没通知美国，令艾森豪威尔和杜勒斯深感愤慨。1956年的美国总统选举正处在最后一周，竞争双方是阿德莱·史蒂文森（Adlai Stevenson）和艾森豪威尔，杜勒斯又因患癌症而突然住院。苏联指控华盛顿在安全理事会提出匈牙利事件是在打马虎眼，以转移世人对其盟国干涉中东的注意力。被激怒的莫斯科指责西方伪善，投票否决了自布达佩斯撤军和停止干预的提案。杜勒斯的使节爱德华·韦尔斯（Edward T. Wailes）于11月2日抵达布达佩斯，为时已经太晚。华盛顿虽倍加赞扬这反对苏联的首次武装起义，却任其自生自灭。

起义期间停泊在我们街区的苏联坦克。学校关门，父母忙于采访"一生中最重要的新闻"，朱莉和我自由自在，不受监管。

11月4日的清晨，妈妈唤醒我们，我们姐妹听到猛烈的枪炮声，吓得不敢哭泣，我们的住房在轰炸声中瑟瑟发抖。父母看起来像是受到了重击，俄国人回来了。我们四人蜷缩在客厅的收音机旁，听着一个老头的声音。"我是纳吉·伊姆雷，今天黎明，苏联军队攻击我们的首都，显然想推翻合法的匈牙利民主政府。我们的军队正在战斗中，政府人员在坚守岗位。我向全国和全世界的人民，通告此一事实。"这悲伤的最后恳求之后，播出了悲恸的匈牙利国歌。父母一度忘却我们姐妹，异常兴奋地疯狂拨电话，想在欧洲某处找到还醒着的接线员。终于有名接线员拿起电话，边哭边说："太晚了，我不能再联系你了。"

父亲发不出报道，也不清楚自己的命运，抬头看看自己的两个女儿。"没有眼泪，没有恐慌，没有不必要的询问，宛如等待命令

匈牙利士兵目睹苏联坦克在 1956 年 11 月占领布达佩斯。

的两名小兵。但那命令又是什么呢？"

与母亲被捕时相比，我这次没那么害怕。是啊，俄国人回来了，手握莫洛托夫鸡尾酒炸弹的少年，在长长的坦克纵队面前，能支撑多久呢？但这次，我有父母在。

黎明在城市上空破晓时，我们赶紧走出公寓，随身携带寄宿用的旅行袋。走下楼梯时，秘密警察邻居的妻子卡尔马尔太太仍穿着晨袍，看起来蓬首垢面、丧魂失魄，拦着我们问："现在怎么了？"父亲回答："夫人，你不用再担心了。他们回来了，他们是你们的朋友。"

父母将我们塞进美联社借给我们的大众牌甲壳虫汽车，朝多瑙河和佩斯的方向开，大家都一声不吭。不知道去哪里，只是任何地方都会好过我们山顶上的居所；几个月之前，父母就是在那里被秘密警察抓走的。我们到达多瑙河，眼前是一幅令人恐惧的情景：两辆苏联坦克挡住通向大桥的隧道口。父亲迅速向右疾转，沿多瑙河驶向下一座大桥，自由桥（Liberty Bridge）还是畅通的。我们在佩斯一边颠簸下桥时，能在汽车后视镜中看到俄国坦克正辘辘驶进身后的广场，就在盖勒特酒店的面前。父亲注意到，这些不是较早时俄国人使用的坦克，而是更新更大的 T-54 型，专门调来镇压革命的。

我们一家加入聚集在多瑙河宾馆大厅的外国记者之中，和往常一样，我们是其中仅有的小孩，母亲是唯一的女人。父亲立即提议，由他带领记者们外出做一次侦察。困乏的母亲和我们姐妹，蜷缩在宾馆暗淡大厅的长沙发上，看到他们数分钟之后归来，很感释然。显然有一辆 T-54 型坦克将炮筒指向了这群记者，宾馆在坦克强大的炮火声中颤抖。二次世界大战后仅十一年，布达佩斯辉煌的古老建筑，又一次被捣成瓦砾碎石。

外国记者到处走动，想撤离这已暴露的宾馆，他们逐一钻进大厅旁的电话亭，打电话给各自大使馆或其他友好的西方使团。我们能去哪里呢？父母又一次卡在两个世界中间——没有一个是安全的。只是现在，阅读布达佩斯和华盛顿之间的外交电报，我才知道我们如何得救于炮火，父母又如何逃避了无疑的再次被捕。

抵达布达佩斯后的第二天，美国公使爱德华·韦尔斯在自由广场已被包围的公使馆中发电报给国务院。"五名美国新闻人现在楼下，敦促我接收安德烈·马顿夫妇。他们是美联社和合众社的匈牙利通讯记者，不久前刚刚获释，世人都很熟悉。我不喜欢接收匈牙利人，"韦尔斯继续，"但这一次倾向于同意。我相信，这是要我们接收的最后两名非美国新闻人。如果接收，我相信我们必须讲清楚，

第十六章　革命

我们无法提供足以应付匈牙利当局的庇护。你们有何想法？"*他在请示他的华盛顿上司们。

发回的答复是："关于美国新闻人的问题，你可向德国人和其他非匈牙利国民提供收容……然而这不算是政治庇护。"

韦尔斯返回他的秘密电传系统，继续与华盛顿的即时对话。"新闻团队都在为安德烈·马顿及其妻子、孩子奋争，他们似乎是仅有的直接为美国新闻社工作的匈牙利人。此外，他们还指出，马顿夫妇被捕就是由于所谓的协助美国（迄今，我还没向新闻团队提及，我在征求国务院意见。今后，我也不准备提及）。我偏向于认为，接收他们属于两害相权取其轻。你们愿给出意见吗？或是由我做主？"

"由你来裁决。"这是华盛顿简洁的回答，获得副国务卿罗伯特·墨菲（Robert Murphy）的批准。

这五个字使我们的命运获得保障，也是我们美国之旅的起点。其时，我们尚蒙在鼓里，但我们的处境已获很大改善，爱德华·韦尔斯不会让我们失望。

在公使馆度过的日日夜夜，好像是我们去美国的首次旅行，我保存的全是幸福的回忆。我们姐妹是仅有的小孩，所有非必要的外交官和他们的家人早已疏散至维也纳。记者们把我们当作新奇人物（我自己加入新闻业时，与他们当中有些人再次相聚），我们分享已改成临时宿舍的电影放映室。附近战火激烈时，我们大家鱼贯躲入地窖，睡在自起居室搬来的波斯地毯上。

---

* 《美国外交》(*Foreign Relations of the United States*)，1955—1957 年，第 25 卷，382—383 页。

有个黑影坐在地窖角落，沉浸在祈祷中，他是匈牙利最高级别的王子大主教约瑟夫·敏真谛。三天前，他还在监狱里服无期徒刑，随即获得自由战士的解救。他是个悲恸之人，令人生畏。但有一天晚上，他将我母亲和我们姐妹召至公使的角落办公室，在临时搭起的祭台前做弥撒（敏真谛将在此蜗居十五年）。我们在他面前跪下，枢机主教张开手掌盖上我们的脑袋说："通过你们，我保佑匈牙利每一个女人和孩子。"

陪同枢机主教敏真谛的是图尔恰尼·埃贡教士（Monsignor Egon Turchanyi），他是一名面带微笑的顽皮教士，与他侍奉的主教的难以亲近，形成鲜明的对照。他跟我们姐妹一起坐在地毯上，教我们用牙签搭房子，以转移我们对外面炮火的注意。

父亲不顾严格执行的宵禁，经常离开公使馆，追踪俄军在这座城市的推进。他回忆："这是场奇怪的战争。一边是坦克，另一边是小群的自由战士，由学生、年轻工人、军人、警察所组成——他们手中只有轻武器，偶尔有一把机枪或反坦克炮，来与对方交火……坦克能做的只有摧毁，那也正是苏联坦克所做的。"

11月10日，激烈战斗业已结束。我们在美国公使馆的新闻人同伴，组成一列车队，离开自由广场，前往维也纳。父亲记得："那是个令人沮丧的时刻，当我们与同事们握手时……对［那些］没有护照而必须留下的人，他们能说什么呢？……看起来，我们彼此再见已极不可能。"

我们无处可去，只得回家，开车穿越城市时，我们默默地自车窗向外探视。我们开过几个公寓街区，有的整堵墙壁被炸，有的没了窗户。大街上留有火山口般的坑洞，掀翻的公交车和烧坏的电车躺卧在路上。我们自己的房子，遭到苏联迫击炮的隔山攻击。

第十六章 革命

尽管如此,我们找回了邻里的孩子帮——学校仍然关闭——遇上鹅毛大雪,我们就在我家后面的田野里试试我们的新雪橇。我们冲出房子,去看苏联喷气式战斗机的盘旋呼啸,复又被赶入地窖。楼房里的每个人都在谈论消失不见的卡尔马尔一家,有人推测,秘密警察拥有自己的防空洞。我们收到标明是"来自丹麦人民"的包裹,略显神秘,但里面确有奶粉和肉干,还有温斯顿香烟——迅速被长辈们兴奋地抢走了。

父母的脸色像市景一样辛酸,又像是一盏被骤然切断电源的灯;没有笑容的无奈,取代了持续几星期的激动。压倒性的认知是,国人为之耗尽了鲜血和勇气,将回到"二战"后的悲惨日子,而如今甚至不再有希望。布达佩斯电台很快恢复广播,还是老一套虚假、欢快的语调;人们不再是不同的个体,重又变成这个同志和那个同志。现在,"革命"被称为"反革命","自由战士"被称为"歹徒"、"资本家"、"帝国主义者"和"法西斯"。巨大的谎言又一次降临。

我们姐妹在食品店外的寒冷中排队好几小时,店内一片狼藉,只有很少的食物。如果说艾森豪威尔总统和杜勒斯国务卿既不感到懊悔也不感到羞耻,其他美国人则迥然不同。约翰·麦科马克在1956年11月26日写信给西蒙·布尔金:"在我余生中,一想到此事['匈牙利革命']就会哽咽。很多时候我甚至会热泪盈眶。"这位《纽约时报》记者还写道:"我怀疑记者们曾报道过如此撕裂自己情感的新闻。目睹它的失败,心里却很清楚是西方世界辜负了他们,包括你在内,这真太可怕了。"*

11月底,俄国人摧毁了最后的武装抵抗,为此也承受了腥风

---

*　西蒙·布尔金的私人文件。

血雨，七百名苏联军人在与匈牙利人的作战中阵亡。但人口低于一千万的匈牙利，是个悲痛欲绝的国家：两千五百人死去，大部分是平民，两万人受伤；另有二十万人逃离突然开放的奥匈边境。随着西方媒体的集体离去（只有合众社的罗素·琼斯［Russell Jones］和路透社的罗纳德·法夸尔留下），我父母开始忙于新的报道工作：武装抵抗之后的公民抗命。

革命爆发后一个月，在11月23日，恐怖的沉默笼罩在布达佩斯的上空。公交车、电车、轿车戛然而止，工人放下工具，服务员停止服务，厨师不再烹饪，店主关上收银机，整座城市遵守一小时的"沉默罢工"。尤其不寻常的是，组织这一次抗议，全凭口头传信，没有通过公众通告——报纸和电台已回归当局掌控。我觉察到，忧郁不乐中的父母为自己的祖国感到骄傲，这可能是他们生命中的第一次。母亲在她日记中记下："我们坐下吃第一顿晚餐时［自美国公使馆返回后］，卡蒂问：'妈妈，除了那段日子，你是否真正自由过？'"

布达佩斯的大街小巷受到重创，先被巨型坦克征服，后又在俄国军队的严密警戒下，新闻报道由此转向工厂和工人理事会。汤姆·罗杰斯在2008年回忆："你父母最勇敢的行为是在革命的最后阶段，即战斗结束之后。卡达尔·亚诺什（Janos Kadar）［背叛'匈牙利革命'的苏联傀儡，掌权长达三十年］取缔工人运动，兜捕工人领袖，而你父母却与他们保持联系。你父母都是精英人物——特别是你父亲，非常敏感于阶级差别：穿衣方式，以及对自己家教的骄傲。但在这革命的最后阶段，我观察到，他对最淳朴、教育水平最低的工人们，表露出了尊敬和钦佩。"

路透社的罗纳德·法夸尔也记得，在革命后的日子里，即1956

第十六章 革命

年的年尾,他如何与我父母一起"猎取"(这是他偏爱的叫法)新闻。法夸尔是苏格兰人,我还记得他的红头发和雀斑。他在2008年说:"罗素〔合众社〕、你父母和我,结成一队来分享新闻资源,这对我们大家都有利。大部分的新闻,都是你父母让我们分享的。"他重温已沉睡半个世纪的记忆,继续讲述:"他们两人都给我留下非常深刻的印象。你父亲很冷静,绝不流露半点的恐惧或愤怒,嘴上叼一支烟斗,不会发火,你甚至能够以命相托。他们受了那么多的折磨——却向秘密警察官员提供掩护!你母亲很会开玩笑,对俄国人的观察很敏锐。对我来说,这只不过是重大新闻;对你父母而言,这关乎他们的国家。"

12月初,大布达佩斯工人理事会的会议上,年轻的工会主席拉茨·山多尔(Sandor Racz)转向我母亲:"我们明天可能需要你,但一定要单独来。"看到她三名男同事疑惑的神情,拉茨补充说:"因为你是女人,他们可能不让男人进工厂。"这里的"他们"是指守护在贝亚洛尼斯(Beyolannis)工厂的秘密警察。那是一家大型精密模具工厂,位于布达佩斯的七区。法夸尔回忆道:"我有一辆小车,斯柯达牌的。我载你母亲去工厂,民兵们已在厂外设了警戒线,我告诉你母亲:'你进不去了。他们如果只是把你赶走,就算是最好的结果。'但她仍要试试,我只好待在车里,等在附近。"

她遭到一名警官的阻拦,便出示她的记者证。警官似乎颇为困惑,示意让她继续走,又耸耸肩说:"看他们放不放你进去。"工厂里,工人正在等她。拉茨告诉她,有人泄露总罢工的秘密计划,"今天早上,他们突袭了我们的总部,逮捕了在场的每一个人,并切断我们所有的电话线。你是我们唯一能传话出去的渠道,罢工定在星期二和星期三,全世界都应知道。外国电台一广播,所有匈牙利工人就知道该怎么办了"。

母亲匆匆走出厂门，坐进法夸尔正在等待的斯柯达汽车。她微笑着说："我拿到新闻了！"法夸尔记得："我们开车到了多瑙河宾馆，以便她向合众社发出消息。"但当时有彻底的新闻管制，电话线全都不通。虽有重要新闻在手——成千上万的匈牙利工人在焦急等待罢工指示——我父母与他们的路透社同行，却蜷伏在宾馆房间里。法夸尔记得："突然我的电话响了，来自路透社的伦敦办公室。我很尴尬，我是指，这是你母亲的新闻，但我有电话线。你父母说：'赶快！必须送出新闻！'我只能照办，你母亲把罢工指示译成英语。我结束后，要路透社转接伦敦的合众社，你母亲随之开始口述：'今天将举行总罢工……'突然，电话线一下死掉，肯定是有人得了风声。但此时，西方电台已在报道罢工的指示，广播传回匈牙利境内。"

刚刚恢复掌权的警察国家，让特务再次尾随我父母的每一步。母亲在取得罢工指示事件中所犯下的罪，超过她以往所做的一切。圣诞节前后的一天，我们正在吃晚餐，电话铃响了，父亲拿起电话。他回忆道："我听得出〔声音〕来自一名熟识的工人。11月期间，在大布达佩斯工人理事会烟雾缭绕的破旧会所里，我几乎与他夜夜见面。他开始说：'你知道我是谁，是吗？我们打听到，他们计划今晚来抓你。我建议，你和妻子不要待在家里。'说完，那人便挂了电话。"

我记得，父亲返回餐桌，冷静地悄声叫我们取来外套。母亲不需解释，只说了声："那个洞。"他点头。我们一人跟一人，向外潜行到房子背面。那里与罗杰斯家的居所，仅隔一道两边长满灌木的铁丝网。早些时候，美国外交官（不记得是堂·唐斯，还是汤姆·罗杰斯）用剪钳在铁丝网上开了一个大洞，可供一人穿过。尽管灌木

第十六章 革命

长得茂盛密集，我们还是找到了那个洞，一个一个钻过去，出现在隔壁的美国外交领地上。

阿拉贝拉·罗杰斯回忆："我记得那天晚上的不速之客。壁炉里烧着火，爸爸在看报纸，我们在地板上玩，你是第一个走进来的，东张西望，然后放声大哭。对你所承受的，我一直没有真切感受，直到那一刻。"黎明前，俄军炮火对我们城市的猛击；我们千钧一发赶去美国公使馆避难，抢在坦克之前，仅一座桥梁之差；父母忙于"猎取"革命后的新闻，我们姐妹彻夜独处。上述的这一切，仅发生在父母获释的数月之后；我们曾一度盼望，我们的"正常"生活能得以恢复；我持续几星期压抑自己的害怕，因为那是对我的期盼。现在，炽烈的火焰、温暖的房间、正常家庭的生活场景，让我感受到足够的安全，令我原形毕露，回到小孩的举止——并且放声大哭。

我们住在罗杰斯家将近一星期，他们慈爱、温暖、随和。我们姐妹变回在外过夜的正常小女孩，但我们知道，这只是临时收容所，最终还得要回家。等到父母认定首批大逮捕的浪潮已过，我们便搬回自己的公寓。罗纳德·法夸尔记得："12月的一天，我正在你家，你母亲在读报，突然开始哭泣。这篇报道讲述了铁幕如何被重新建起：二十万名匈牙利人逃跑后，布雷区、警卫犬、瞭望塔全部恢复。你母亲对你父亲说：'你看，我们又错过了机会，我们永远出不去了。'你父亲站起，走到她跟前说：'我向你保证，我们一定会出去的。'"

自释放以来，父亲第一次专注于我们自己，而不是他"一生中最重要的新闻"。汤姆·罗杰斯记得："他们不得不认真考虑再次被捕的可能。你父亲权衡各种事情，以及匈牙利转向民主和自由的不是很妙的前景。他必须为你们着想。你们将有可能面对更严酷的生活。这是他最优先考虑的因素。"同时，在美国公使馆逗留期间相识的公使爱德华·韦尔斯和他妻子科尼莉亚（Cornelia）宣布，如果我们父母再次被捕，他们准备收养我们姐妹。富裕且无子女的韦尔斯夫妇与我父母接洽，征求他们的同意。但汤姆·罗杰斯说："莎拉和我表示抗议，我们告诉韦尔斯夫妇，我们已有四个女儿，不在乎再多出两个！我们还告诉他们，两个小女孩将搅乱他们的生活。随后便是相互争夺，以我们的胜利而告终。一旦决定，韦尔斯便草拟一份协议书，由你父母签字。"

接下来的一个星期，美联社维也纳局主管理查德·卡西希克（Richard Kasischke），打电话给匈牙利外交部，抢先抗议对我父母迫在眉睫的逮捕。他同时通知匈牙利外交部，美联社想把我父亲调至维也纳。1956年12月21日的秘密警察档案透露，父亲找到他的联系人扬博尔·阿帕德上校，请求他来我家公寓。（因革命爆发，他和我父亲在纽约咖啡屋的会面早已中止。）父亲明白，我们的命运掌握在匈牙利真正有权者的手上，而那权力只听令于莫斯科，所以直接寻求扬博尔的帮助，以申请我们四人的护照。扬博尔提及，美联社想把我父亲调至维也纳，"马顿将是一大成功……在西方"。扬博尔进一步称："马顿说，他永远都会把匈牙利视作家园……希望在未来回归。"他在结束时还称："马顿夫妇将接管重要的美国新闻社维也纳局。此外，马顿将来可能会有用，一半出于社交，一半出于爱国。"

父亲没有讨价还价的本钱，但玩得很巧妙。这一次，他将家庭放在职业和自己的骄傲之上。上一次，他几乎失去妻子、小孩以及自己所珍视的一切；现在他很谦逊，愿意与魔鬼交易，以保护家人。他劝说他的敌人，放我们走，反而对他们有利。他将永远是"一名

第十六章 革命

友好的匈牙利人"（他的定义当然有别于他们的）。如果他继续留在匈牙利——即使在监狱里——也只会制造麻烦，对此他们已有充分证据。扬博尔也有他自己的计划，这位秘密警察上校注意到，"如果他想逃避［作为一名友好的匈牙利人士］，我们总可依赖［名字已被涂黑］来对其施压"。我实在查不出此人究竟是谁。

扬博尔上校以不容置疑的做主口气，将这样的信息送至内政部长："我告诉马顿，他将在一星期内获得护照。我已把类似答复交给外交部的绍尔卡（Szarka）同志，他曾就此事征求我们的意见。"我现在意识到，扬博尔其实是在帮我们，在向爸爸致以默默的敬意。

在数天内，我们拿到了护照。我们为这最后的旅程整理行装，心里没有丝毫遗憾。马顿家族定居在布达佩斯几近一百年，现已到了这等地步：我们迫不及待地只想出走。我记得，自己在卷起的波斯地毯上狂喜地跳上跳下。那是祖父母留下的珍爱之物，但我们决定放弃。我们觉得，我们的生命将重新开始。我们姐妹每人被允许带一个手提箱，带上衣服和心爱的玩具。还有一个"情感"手提箱，装满相册和家庭纪念物品。罗杰斯一家拿走几样大件家具、古旧的扶手椅、绘画以及其他小摆设。这些东西跟随他们周游好几个大陆，最终回到华盛顿，物归原主，还给了我们。

秘密警察档案没有披露我们获得护照有何代价，但有一个小要求。那是1月中的一天，非常寒冷，而且阴霾密布。我们为第二天一早的出发在忙碌整装，电话铃响了。如果父亲的脉搏因在电话里听到扬博尔上校的声音而加快，他也并没有流露出来。秘密警察官员说："我们知道你们明天动身，你愿为你的祖国提供最后的帮助吗？把枢机主教敏真谛一起带走吧，我们将在边界铺上红地毯。"这是一个圈套吗？父亲很惊讶。扬博尔读懂了他的沉默："我理解你的疑虑，但你应该懂我。躲在美国公使馆的敏真谛，对我们和美国人来说，都是一件头痛事。如果他出去，能在你的报纸头版待多久呢？可能持续三天吧。然后他将消失于罗马某处的修道院厚墙后，很快被世界遗忘。"

父亲打电话传递这项建议*，公使韦尔斯说："这风险太大。"他还说，甚至都不愿将此建议转报枢机主教。于是，枢机主教在公使办公室里一住十五年，直到克里姆林宫与梵蒂冈达成一笔交易，授予他去西方的安全通道。

1957年1月24日，公使韦尔斯将一份机密备忘录传送至美国国务院，标题为"美联社和合众社记者安德鲁·马顿夫妇一案"，那是美国对我父母的一次详尽评估。

> 马顿博士和太太……带两个小孩于1月17日合法离开匈牙利，前往通讯社调派他们去的维也纳。这次离境终止了他们与公使馆保持多年的关系。
>
> 该项关系开始于战后的最初年份，其时马顿夫妇首次担任记者，除了他俩的被捕时期，一直持续至今。作为评定合格的美国通讯社通讯记者，保持关系是理所当然的，尽管有些年份与美国人的联系通常被认为是危险的……从大约1949—1950年到马顿博士被捕，他们每星期来一次公使馆，与公使馆官员进行各式讨论……［甚至一度］除了马顿夫妇，其他记者都停止前来……由于一名或多名［记者］被捕。马顿夫妇的态度一直是坚决的反对派……公使馆官员总有人怀

---

* 汤姆·罗杰斯对作者的口述。

第十六章 革命

疑马顿夫妇可能是违心的秘密警察特务，尤其是在他们1955年被捕之前。不管怎么说，这样的证据从来没有浮现……他们向公使馆提供甚多珍贵的资讯。从马顿夫妇处获得的有价值的匈牙利资讯，超过任何其他本国人的。

马顿博士被捕于1955年2月，马顿太太被捕于同年6月。他们的获释（如同很多其他人），得益于苏共二十大的气氛，在某种程度上，还得益于匈牙利意欲改善与美国的关系……西方新闻通讯社自匈牙利［革命时期］发出的大部分消息，直接源自他俩，或源自获得他俩重要帮助的其他记者……在这一时期，他俩对公使馆具有相当大的价值……他们不愿在相对容易的10月、11月和12月初非法离境，可解释为：他们担忧他们的小孩在这种旅途中的遭遇，不愿离开正在发生最重要"新闻"的国家，尚不确定国家的前景。在非法离境变得比较困难时，他们正好被调派去维也纳，便决定申请合法的出境护照，如果遭拒，再考虑非法离境。

至于匈牙利当局为何决定签发护照给显而易见的反政府人士，如马顿夫妇，公使馆推测……他们继续留在匈牙利反而对当局不利，因为他们将提供给西方媒体更多准确的消息。而逮捕他们,将对西方和美国造成不必要的激怒（签发护照时，来自美国的大笔援助尚未派出）。拒绝签发护照，导致他们非法离境，对政权没有任何好处。此外，他们在国外写反政府的东西，不会比他们在国内已写的更多。

仔细阅读这份备忘录，便可看到韦尔斯（以及帮助拟稿的汤姆·罗杰斯）如何谨慎应对，1950年代华盛顿对共产国家居民的怀疑心态。韦尔斯试图减轻美国对这异常案例的任何担忧。那是1957年，约瑟夫·麦卡锡（Joseph McCarthy）虽已受参议院的谴责，但仍在世。偏执狂埃德加·胡佛（J. Edgar Hoover）是联邦调查局局长，仍处于权力的巅峰。

上述一切，当时的我丝毫不懂。那个冬日，我们穿过贫瘠、覆雪的农田，驶过万籁俱寂的村庄，前往奥地利边界。一路开来，实际上见不到一辆私人汽车，只见驶向布达佩斯的军用卡车，上面载有俄国军队。我们离开乔鲍街的公寓，搭乘汤姆·罗杰斯的镶板装饰的福特房车，四小时后抵达边境哨卡。一名穿苏联式厚大衣的匈牙利军人，头顶的绒毛皮帽上挂着一颗红星，趋前要看我们的护照。几分钟后，我们花了当时的我整个人生的时间试图跨越的哨卡徐徐升起，那名军人挥手让我们出关。我太年轻，太专注于自我，没去思忖父母永远离国的感受。他们在此出生，尽管在法西斯和匈牙利当局治下，承受如此的苦难，仍对之深爱不已。

我们刚刚通过无人区，抵达奥地利领土，汤姆·罗杰斯就把车停在路边，拿出一瓶白兰地和三只小酒杯。大人们默默喝酒，我们姐妹尝试遏制我们小孩的兴奋。之后，汤姆从他大衣口袋取出一份打字文件，即我父母签名的让罗杰斯夫妇成为我们养父母的收养协议。母亲以夸张的动作把它撕得粉碎。这一举动，我能理解。

我们回到通向维也纳的荒凉雪道，薄暮正降临大地。

第十七章 美 国

爸爸重新成为外国记者,先在维也纳,后在华盛顿,直到退休。他在华盛顿时,专为美联社报道国务院新闻。

我将永远记住，维也纳是我感觉安全的第一个地方。宛如安全上岸但已筋疲力尽的泳者，父母开始放松他们脸上的紧张兮兮。我们四人见惯了布达佩斯的空货架和污秽，此时沐浴在维也纳的和煦舒适之中：闪烁的灯火、各式商家、卡琳瑟大街上咖啡和糕点的芳香、处处可见的丰盛。它也有鹅卵石街道和灰暗的哈布斯堡时代的宫殿，像是布达佩斯的翻版，只是更友好，更富裕。虽然不再报道他"一生最重要的新闻"，父亲喜欢有真正的同事，而不是乔装的告密者。美联社维也纳局经理安吉拉·里斯（Fräulein Angela Riese）小姐已入中年，却以少女般的害羞腼腆对待我父亲，外加冷战英雄应得的尊重。童年时的父亲曾对这个城市心醉神迷，如今沐浴在它的大都会气氛中，更加得心应手。

我们姐妹每天早晨满怀奔赴夏令营一般的兴奋，在我们借宿的亚特兰大宾馆附近，跳上来接我们的黄色校车。旋即又转学去维也纳国际学校，与其他小孩一起，我们很快加入"百瓶啤酒在墙上"的无止尽大轮唱。我们酷爱市政厅拉哈斯凯勒餐馆（Rathauskeller）的鸡汤。在玛丽亚大街购物中心，第一次见到电动扶梯时，我们随之奔上奔下（这也是我们第一次见到购物中心）。没有危险的外界迫使我们安分守己，我们回复到正常的姐妹关系，在父母视线不及之处，便相互出手。

然而妈妈没有感到幸福。终于抵达安全地，她现在可以放纵心中的焦虑。苏联军队前不久才从奥地利撤走，她觉得，这么近的匈牙利犹如脊背吹来的飕飕冷风。她看起来比在布达佩斯时更为烦恼。我们在2月获悉，父母将被授予新闻界最高奖项之一的乔治·波尔

第十七章 美国　　　　　　　　　　　　　　　　　　　　　231

克奖（George Polk Award，第一对获奖的夫妇），她看到一个良机。我们将去纽约领奖——再也不回来！她要与这旧世界一刀两断。

美联社却有自己的计划，由于从来没有非美国记者在报道美国新闻，他们倾向于让我父亲留在欧洲。不过，父母因受逮捕和审判而赢得的名声帮上了忙。他们对"匈牙利革命"的署名报道，特别是父亲的，使他们在美国家喻户晓。美国国会众议员和参议员们都渴望他们出席国会的"匈牙利革命"听证会提供证词。尽管如此，总经理弗兰克·施塔泽尔仍在继续推诿，于1957年1月25日，写信给美联社理事会主席罗伯特·麦克莱恩（Robert McLean）："此时考虑把马顿带到美国是不妥且轻率的。"施塔泽尔的信极其冷血："我要[华盛顿局经理威廉·]比尔（William Beale）劝阻国会众议员，慎重对待为马顿取得美国公民权的提案。马顿具有一种潜在麻烦，必须小心处理。他，尤其是马顿太太，非常想来美国。我相信，如果此时把他们带来，劝他们回欧洲将有很大困难。过些时辰，让他们在维也纳安定下来，我们可以升职的名义加以考虑……我将推迟做出决定，直到今年较晚时候……国会委员会想取得证据，不一定需要马顿。有些众议员并非因为这一点才对他发生兴趣。他们知道，马顿是理想的工具，可为自己谋得声誉。"

但这次，父亲置家人于职业之上。1957年3月19日，大使卢埃林·汤普森（Llewellyn Thompson）自维也纳发电报给国务院："马顿已通知大使馆，不管美联社的意愿如何，他和家人愿意前往美国定居，也非常愿意与参议院小组委员会合作。"

"美国"这一神奇的名字含有特殊意义。它允诺远大的前景，虽然难以想象，但你知道，它会改变你的人生。现在，它掉落到我们的掌心之中。我们准备离开维也纳去慕尼黑，再搭乘前往纽约的难民飞机。父亲接待了一名始料未及的访客：基恩·布朗（Keirn Brown），美国驻维也纳大使馆的安全主管。他们一起核查了给我父亲造成这么多麻烦的布达佩斯公使馆泄密事件。布朗告诉我父亲，叛徒是理查德·格拉斯佩尔。父亲记得："直到那时，我从没想到是公使馆的人，把公使馆内的秘密透露给当局。"父亲从不在公开场合提及格拉斯佩尔，但我时不时听到父母讲到他，语气中的悲哀和惊讶多于愤慨。怎么会有人背叛世界上最伟大的国家？

在慕尼黑起飞的飞机上，我们姐妹都没有睡觉，而在"帮助"空中小姐照料我们的难民伙伴。等到飞机下降，飞近新泽西州基尔默营（Camp Kilmer），我们虽已筋疲力尽，仍激动无比，为目睹美国做好准备。离机前，我们藏起很多未用的塑料餐具留待将来使用。我们尚不习惯一次性消费的文化——还有其他的诸如此类。

我第一眼看到的乐土并不美丽：普通的木板兵营，原是二次世界大战的战俘营，现改成小型内陆的埃利斯岛（Ellis Island），专门接待源源而至的匈牙利难民。但我几乎没有四处张望的机会。我们似乎获得特殊待遇，离开晕头转向、疲倦不堪的乘客队伍，直接被护送到长队的前面。我记得，美国海军陆战队员坐在桌子旁，抬头朝我们难民小孩微笑。我以前从没见过穿制服的向人微笑。然后，他们在一叠文件上盖章，"砰砰"，一个又一个。欢迎来到美国！当他们注意到那天是我生日时，拿出几枚一元的银币。（我抚弄片刻后，母亲收起来，放入她抽屉里的小钱包，直到我十六岁生日。我取回后，却把它们花掉了，这是我的又一遗憾。）

第十七章 美国

　　随之是一连串难忘的事项。纽约市警察以刺耳的警报和挎斗摩托车护送我们，快速越过新泽西收费公路，赶去河对岸的大都市。我引颈探头，终于亲眼看见美国。缎带似的沥青公路，两旁是枯褐色的沼泽地。哪里有人？视线所及之处只有汽车。匈牙利甚至奥地利的道路上总可看到人：骑自行车者、行人、扛筐挎篮的女人、背负沉重书包的学生。这里，没有看到任何人。我告诉自己，这不是真正的美国。就在那时，我们进入隧道，过了好像很长一段时间，在另一头钻出：曼哈顿！但也没有什么漂亮的东西：高耸入云的建筑物略嫌丑陋，在本该是人群的地方却看见更多的汽车。噪音，引擎的吼叫，紧急刹车的轮胎尖叫，不耐烦的喇叭轰鸣，好像全市人都在匆匆赶去一个名叫罗斯福酒店的地方。我们到达时，恰好赶上大型午宴。我们到达的消息在讲台上宣布时，引起热烈的欢迎掌声。照相机在我们面前频频升起，闪光灯使我们困乏的眼睛短暂失明。欢迎来到美国（再一次）！颁给妈妈和爸爸一个奖！到底发生了什么？

　　当晚，我们住入西57街亨利·哈德逊酒店的三十四楼，四个人都点了牛排三明治晚餐。服务员推进呻吟作响的餐车，上面是一大块牛肉，在我们看来，像是牛身的一半。我们知道，我们走进了天府之国（吃剩的留置在窗台，供我们连吃几天）。在美国的第一夜，我们姐妹不让父母睡好觉，把父亲拖至酒店的游泳池。他向女管理员要求给女儿两条毛巾，自己不准备入池游泳。她开腔回话，给了父亲一大惊奇："怎么回事，你这胆小鬼，还是什么其他窝囊废？"这次小对话，成为父亲最喜爱的欢迎来到美国的轶事之一。

　　1957年4月4日，《纽约时报》以一篇《两名匈牙利人获得波尔克新闻奖——为报道反抗在此获得荣誉的夫妇团队》，报道我们的抵达。《纽约时报》写道："抵达这个国家后的三小时内，夫妇团队的匈牙利记者由于在'新闻业的杰出成就'，昨天获得特别的乔治·波尔克纪念奖。安德烈·马顿，美联社前常驻匈牙利记者，去年11月率先发出'匈牙利革命'的目击报道，在罗斯福酒店的午宴上领奖。他和妻子，即在匈牙利为合众社工作的伊洛娜，分享此一殊荣。他们都曾遭监禁。获得奖牌时，马顿先生说：'不要忘记我那不幸的国家，让匈牙利的故事常青不衰。'"这样，父亲履行了他对秘密警察监护人的承诺：他仍是友好的匈牙利人，一名爱国者，但不是秘密警察所确切盼望的那种。

5月6日，第十八届海外新闻俱乐部奖的晚宴，在著名的华尔道夫（Waldorf-Astoria）酒店壮观的大厅中举行，爸爸获得另一奖项。那个晚上，他和来自马萨诸塞州的年轻参议员约翰·肯尼迪（John F. Kennedy），分享同一个讲台。肯尼迪呼吁美国对欧洲的"被俘国家"（"captive nations"），采取全新的政策。他告诉在场的媒体人士："所谓的卫星国家，构成了苏联帝国的阿喀琉斯之踵。""匈牙利革命"六个月之后的那天，他还宣布："我们已有足够的痛苦、绝望、空洞承诺……现在是行动的时候了。"父亲被授予海外新闻俱乐部第一个总统奖，因为他在"最异常的骚扰和政治压力之下，仍忠实坚持最高的新闻道德"。

我们每次走出宾馆，好像总有摄影师在捕捉我们对各种事物的第一反应，包括对纽约的交通（惊慌），对超级市场（害怕和漠然），对百货公司（我们什么都想要，当母亲对售货员解释"我们只是看看"时，我们有时会号啕大哭。在美国的第一年，我们基本上还是穿别人穿过的）。我们是典型的难民家庭：勇敢的父母（母亲已怀孕），以熟记电视商业广告来勤学英语的小女孩（"刷、刷、刷，使用新

第十七章　美国

型的 Ipana 牙膏！"是我的最爱）。美国杂志登载故事，介绍我们在匈牙利当局手里吃的苦。《更好的家园》(Better Homes) 的文章，名叫《好世界拜访两名孤独小孩的圣诞节》，记载了我们那个没有父母的圣诞节，"一小列奇怪的队伍出现在布达佩斯郊外的破旧老房子面前……领头的是美国驻匈牙利公使，坐在黑色轿车里……把礼物带给马顿的小女孩"。这篇圣诞节故事继续讲述，母亲被捕后，原先允诺参与照顾的朋友弃我们姐妹于不顾。该文还引述了母亲的话："最终照料她们的人告诉我们，她们非常勇敢。这一次是朱莉泣不成声，下一次轮到卡蒂，但她们其中一人总能找到词语来激励正在哭泣的姐妹。"

这篇文章以快乐的新消息结束："一家人得以重聚，马顿一家珍爱他们新的国家和新的自由。他们享有平静的骄傲，因为即将出生的婴孩将是美国公民——家庭中的第一位，他们也盼望自己入籍的那一天。"

我在 2008 年第一次读到这篇离奇有趣的冷战文章——还有诸如此类的其他文章。先前（即使我的英语已能胜任），我更感兴趣的是如何蜕变成一个美国女孩。我当时没有回顾或考虑在过去一年中失去了什么，或在前一年的受苦受难。除了四个手提箱和父亲的新闻人薪金，我们一无所有，但都知道自己该怎么做。母亲突然宣布，她怀孕了。这是令人惊讶的消息，对我来说，她似乎年龄偏大（45 岁）。鉴于我们难民生活的不稳定，我想，这时间点有些怪异。安德鲁·托马斯·马顿（Andrew Thomas Marton，取名托马斯是为了向汤姆·罗杰斯表示敬意）出生于 1957 年 12 月 16 日，如果说有什么不一样，那就是增强了我们本已浓厚的亲情。这也是他至今一直在扮演的角色。

父母无需讲明这段旅程是为了我们。欧洲是他们的大陆——

即使他们的祖国背叛了他们；我们的未来则在这新大陆。在我之前的第四代马顿是一名犹太拉比之子——我的曾祖父莫里斯·曼德尔（Maurice Mandl）出生于1848年的欧洲革命年代——为了孩子的前途而搭乘东摇西晃的火车，从波西米亚来到布达佩斯。现在，我父母远涉重洋也是为了孩子，剩下的就全看我们自己的造化了。首先，我们姐妹必须学好英语，然后取得更进一步的蜕变：由难民变为"正常"的美国小孩。

父亲访问美国各地，发表关于"匈牙利革命"的演讲。1957年，匈牙利赢得了美国人的心。艾森豪威尔总统再次顺利当选，称布达佩斯为"人们向往自由的光辉象征"。《时代》周刊挑选"匈牙利自由战士"为"年度先生"。那年秋天，眼眶湿润的华盛顿郊外三年级老师，把我介绍给同学，称我为"凯蒂（Katie），我们的匈牙利难民"。我感到无地自容。

5月，父亲向参议院内部安全小组委员会做秘密的宣誓听证，他反对美国向"匈牙利革命"后新成立的镇压政府提供任何援助。他告诉参议员："我认为，你们应该帮助波兰。因为波兰仍是灰色的，援助可避免波兰再度变成黑色。但匈牙利已经变黑，黑得不能再黑了。"被问到他是否计划长住美国，爸爸回答："我希望成为一名公民，还包括我的家人，我们在这个国家是幸福的。"根据秘密警察的档案，匈牙利特务支付二十美元，自一名参议院速记员手里获得了这份秘密证词的复件。备忘录还提及："她[速记员]还可提供未来的服务。"

美联社将爸爸分配到国务院（妈妈的胜利，她拒绝返回维也纳，限制了美联社的选择），我们搬去华盛顿，定居在郊区。我们姐妹

第十七章 美国

全力以赴,一头栽进尽快变成合格美国女孩的努力之中。有限的英语词汇妨碍了我的表达,我就尝试透过笑容来留下美好印象。(几年后我问朋友,为什么选我——母语不是英语的人——担任安全巡逻队长?这是我寻求和赢得的众多职务中的第一项。她回答:"因为你的微笑。"那是我取胜的法宝。)

没有我们不喜欢的郊外生活:保龄球、旱冰鞋、东西高速公路上的卢尔德圣母教堂弥撒(尽管教士的传道中混入糕点销售通知,我很快丧失兴趣。我怀念乔鲍街阴暗教堂里冰冷的石头和神秘的感觉)。到1960年代,我们感觉自己仿佛成了纯粹的美国女孩。只是在暑假期间,我才重回自己爱幻想和喜欢读书的样子,一连数星期在客厅沙发上读亨利·詹姆斯、列夫·托尔斯泰、辛克莱·刘易斯以及鲁德亚德·吉卜林(为使父亲满意)的作品。我在8月的一个周末读完《罪和罚》,几乎都没离开那个沙发。但同时也确定,我已征服"移动"舞步(Locomotion)。那是那年夏天最流行的舞蹈,我为它发狂——并且我的动作很快!

为了能负担房屋贷款、"每月付款计划"购买的一屋子新家具、新生儿子和三名热情的消费女士,爸爸每天晚上都记账,甚至包括花在午餐牛奶和小吃店可口可乐上的小钱。他秋天前往纽约报道联合国大会的开幕,回来时,为我们姐妹买回全套的击剑服,这样奢侈的礼物可能是我们愿望清单上最后的项目(首选的大概是漂亮的脚踏车或立体声收录音机)。但他决意培养我们成为击剑运动员,以继承家庭传统。他自己是击剑运动员,并且是1936年奥运会比赛中连获三块金牌的匈牙利国家队中的一分子——他担任比赛评委(他还拒绝在柏林的开幕式上向希特勒行礼致敬)。我仍可想象出来当初的画面:父亲在地下室的娱乐室鼓励我们相互进攻,"迅速而

1970年代，父母在华盛顿特区——终于安全了。他们幸存于纳粹和匈牙利，把美国当作世界上最伟大的国家。

安静，宛如小老鼠"，或向前插刺，或轻巧挡开，但我们无法模仿到家。普通美国小孩不学击剑，我们冀望成为普通的美国小孩，而不愿做旧世界的遗老遗少。

父母显得太欧化，所以我们不想拿他们在人前炫耀。除了每年一次，父亲以美联社高级外交记者的身份，受邀来我们利兰初级中学发表世界形势的讲话。对我而言，他的其余行止则是一个谜。我只知道每天早上，他穿上剪裁合体的深色西装，将银灰色头发向后梳齐，叼上已点着的烟斗，开车去他称为"国务院"的地方。他谈起各位国务卿时总带有一种敬畏，甚至包括约翰·杜勒斯。杜勒斯曾极力鼓励"匈牙利革命"，过后又袖手旁观。一张他主持记者招待会的照片，总悬挂在我父亲的书桌上方。照片上，坐在前排的父亲躬身于自己的笔记簿；边缘处有杜勒斯的手迹——"给安德烈·马顿，他对匈牙利自由反抗的精彩报道，为自由世界评判那项重大事件，提供了稳固基础。签名：约翰·弗斯特·杜勒斯"。

1963年，父亲的外交记者伙伴——哥伦比亚广播公司记者马文·卡尔布（Marvin Kalb），刚从被派驻的莫斯科回来。卡尔布在2008年回忆："你父亲为我们其他新闻人树立了很特殊的榜样。我们只是在报道冷战，他却是在身体力行。他是可靠的新闻来源，予人帮助时非常慷慨，并成为我们中很多人的真正导师。我从没催逼他讲述在监狱的时日，如果他因此而留下烙印，他的确掩饰得非常成功。对我来说，他是一位高雅、勇敢的人，是我学习的榜样。他走进哥伦比亚广播公司的隔间，我感到是一种光荣。他的外貌，他周遭的尊严——使他不易接近。你如果接受这个事实——他保持的自然距离——他又变得热情友好。他在记者招待会上不会提很多问题，你会感觉他不需要，因为有自己的新闻来源。他代表了他那个外交新闻的时代，非常精彩。"

另一名记者斯特罗布·塔尔伯特（Strobe Talbott），他之所以选择新闻业，部分原因是我父亲对"匈牙利革命"的报道。他现在是布鲁金斯研究所（Brookings Institution）的主席，在1970年代曾担任《时代》杂志的外交记者，也是我父亲在国务院的年轻同事。"安德烈（Andre，由于Endre比较拗口，这是父亲改用的新名）经过我的小单间出去时，会故意慢行，捕捉我的眼神，略微挑起他的眉毛，唇上浮起微笑，所表达的信息很明显：'怎么样，我能帮忙吗？'通常一语不发，以便我只需要报以微笑和眨眼。或者我会说：'你可否在这件事上帮帮我？'他的答案永远是'好啊'，他的帮助永远是专业的。我经常向他寻求咨询，通常是面对面的，有时也会在电话上。他总是有空，总是帮上忙，并做得巧妙，不让我感到自已是名新手。"斯特罗布是颇受尊敬的外国记者,曾任《时代》杂志华盛顿局主管和《时代》专栏作家,直到1993年成为美国无任所大使。他在1995年告诉我,俄国人抢占布达佩斯时我父亲发出的最后电讯,是激励他投身新闻业的关键。

1960年代早期的我对此毫无兴趣。我们太忙碌,无暇回首,我们正为亲身经历美国中产阶级的普通礼仪——郊外家庭的完美形象——而倍感兴奋。

第十八章 "花"

几近八十岁的妈妈和爸爸。

我原想就此终结这本书，认为那之后只会是一个普通的美国故事。至少，我是这样想的。在我们拥抱新生活的冲刺中，朱莉和我都忽视了那些无形和危险的暗流。它们只在我研究的后期，即我取得父母的B卷宗时，方才浮出水面。B代表"*Beszervezes*"（"告密者招募"），这个匈牙利词汇没有精确的英语翻译，因为我们没有"招募不情愿的间谍"的传统。所以说，我们到达美国后，故事还没有完。B卷宗始于1962年，那是我们抵达乐土的五年之后。

有人以不友善的意图，旁观我父亲日益增长的声誉和频繁的署名报道。1962年5月中，利兰初级中学最可爱的男孩杰里·斯泰西（Jerry Stacy）告诉我，他想尝试"开放式约会"（play the field）。同一时刻，匈牙利国外情报部门也开始了对我父母的监视。代号为"*Virag*"（"花"）的特务，其任务就是想方设法与我父母建立友谊，目的是"为了招募"；其他的特务，则开启了对马顿一家的外围监视。

根据档案显示，特务们宛如无处不在的白蚁，在那年蜂拥而至。（我试图想象，身穿防水雨衣的特务，潜伏在平淡乏味的马里兰州贝塞斯达镇，尽量不引起他人注意。他们是否跟踪父亲，每周去布拉德利购物中心的西夫韦超级市场［Safeway supermarket］，或布拉德利药店？如果我同去，他会在现炸甜甜圈店中停留片刻。那家店因我的频繁光顾，奖励我第一份暑期工作——为甜甜圈蘸糖粉。我想知道，1963年夏天我在此店上班时，是否有特务从我手中买到甜甜圈？）

"花"披有理想的外衣来完成任务。他是匈牙利官方新闻社的驻外记者，持有国务院的通行证，定期走访外交记者的办公室。父

第十八章　"花"　243

亲当选为国务院记者协会主席后不久，"花"向我父亲做自我介绍，他们用匈牙利语彼此问好。就像乐意帮助马文·卡尔布、斯特罗布·塔尔伯特等人一样，父亲以同样的热情接待来自布达佩斯的新同仁。

1962年5月21日，匈牙利内政部要求匈牙利驻华盛顿大使馆的情报部门，开始"招募，或至少打通与［马顿的］妻子的交往以争取招募"。"花"获得指示，要维持与我父亲的联系，避免引起任何怀疑，但要撰写详尽的备忘录，列举我父母的"性格、弱点、爱好、优点、相互关系、与小孩的关系、财务状况、计划、社交、朋友、对匈牙利形势的见解、对美国生活的适应状况。特工们还要查清他们的家庭住址和上班所在，并开始常规的外围监视。**夫妇当中谁比较容易受招募**"。"花"必须将收集到的情报，转交给在大使馆扮演外交官的六七个间谍，再辗转送回国内的总部。

因此，监视者再一次开始他们的工作。爸爸有否生疑，他那些频繁出现在国务院的匈牙利"同仁"是来侦察和招募他的特务？马文·卡尔布相信他有。"我们对苏联集团的记者，总抱有警惕性。你会假设，他们必须向当局汇报以保住工作，除非事实证明这是一个例外——是货真价实的新闻人——我会很机警，你父亲自然也会加倍警惕。"

在华盛顿，监视者自己也受胡佛的联邦调查局的监视，所以我父母是安全的，远远超过他们在自己国家时。他们猜测不到的是，华盛顿和布达佩斯两地的特务，都在策划把他们诱回匈牙利。阅读两个城市之间数百份的电报和备忘录，我实在为这项努力的恶劣感到极度的恶心。父母在他们手里已吃够苦头，在冷战的高峰期——

古巴导弹危机——我们在美国感到安全，匈牙利却发起这项新的招募攻势。我父母在囚禁中都没屈服于他们，他们从哪里得到印象，如今身在华盛顿反倒会表示同情呢？

父亲能向"花"透露什么"秘密"呢？父母在华盛顿接触到的国家机密，一点也不比他们在布达佩斯时的多，但这不是这项努力的目标。秘密警察的档案解释得很清楚，他们企图发现足以要挟的东西，进而勒索他或她来为他们服务。如果你长时期努力寻找，用蒸汽打开够多的信件，窃听够多的电话，你一定会找到——在任何人的身上。一旦你发现什么小东西，机器便开始运转。档案透露，秘密警察认为，他们只需要两小时来说服我母亲或父亲——只要能找到那珍贵的小玩意，这就是"花"的任务。

如此浪费人力，却一无用处！位于两个首都，数百小时的时间，特工们评估什么是最佳方法，以拦截每天驾车去马里兰州罗克维尔镇（Rockville）罗伯特·皮尔里高级中学（Robert E. Peary High School）的母亲；其他人则计算我家每月的支出，以揣度钱财能否成为诱因。（我记得，母亲努力争取成为马里兰州蒙哥马利镇高级中学的资深法语老师，大多数晚上，都在熬夜修改她的学生们为加缪的《异乡人》和圣－埃克苏佩里［Saint-Exupéry］的《小王子》所写的法语论文。而她的匈牙利同胞，不愿为这"外交"任务学习英语，也在熬夜做他们的低贱功课。就是这批人，使人怒不可遏，从而引发革命，距今才不过六年。他们很清楚自己如何惹人憎恨。）

这些阴暗阴谋，却筹划于一个绝不相称的高级所在。匈牙利大使馆位于华盛顿的第15街，从外面看，无异于多数中等国家的大使馆。一座高雅的乔治王时代风格大厦，门口有可环行的车道，还有修剪整齐的灌木丛。事实上，这不是真正的外交机构，而是死硬

第十八章 "花"

冷战间谍的巢穴,任务是阻止缓和与任何"正常化"。这些"外交官"虽身在华盛顿,却生活在密封的社会主义亚文化中。他们不与西方外交官或美国人交往,心里明白,一旦受到诱惑,他们的司机、女管家甚至配偶,就会立即向布达佩斯汇报。不消数日,已成嫌疑犯的外交官即被召回,再也没有离开匈牙利的可能。他们身处与美国开展无休止的斗争的前线——但他们真正的敌人是匈牙利人民;英勇但失败的"匈牙利革命",在老百姓与他们的主子之间,造成了永久的疏远。

在这一时期中——主要是从1962年到1967年——华盛顿和布达佩斯之间产生了数百小时的情报交流,以最缠绕的秘密警察风格的文章,来推测马顿夫妇中哪位是更理想的特务人选。妈妈开始为《美国之音》播音,不再仅仅是高级中学法语老师,使自己成为更具吸引力的目标。

"花"在1962年的夏季打开缺口。他计划回布达佩斯度暑假,愿意为我父母携带礼物给玛格达阿姨。父母仓促筹备了一批化妆品和旧衣服。8月,"花"回到华盛顿,于8月10日汇报:"马顿打电话感谢我为他们携送包裹,并说他妻子想当面谢我[设宴招待]。我接受了邀请,这是我与马顿太太好好谈话的首次机会。晚餐很愉快,由此发现两个事实:1. 马顿夫妇尚不是美国公民,这给马顿太太的教学工作带来一定麻烦。马顿说,雅各布·贾维茨(Jacob Javits)参议员意欲加速他们的公民申请,但美联社予以否决,认为这是无法接受的恩赐。2. 我察觉到他们对匈牙利的深切怀念。他们知道无法归国,已在这里打造体面的生活,但仍然深受匈牙利生活方式的吸引。"

下个月,"花"觅得一枚宝物:"马顿夫妇不满意他们的财务状况。"1962年10月2日,匈牙利内政部基拉·约瑟夫(Jozsef Kira)将军发送一份备忘录到华盛顿大使馆。基拉写道:"就'伊祖契'[我父亲的代号]和他妻子而言,[马顿]仅领到一项任务[来自秘密警察],就是把敏真谛一起带到国外,但美国人不同意。"他画龙点睛的片段,准确描述我父亲是"爱国的匈牙利人,责怪我们逼迫他离开匈牙利。扬博尔同志[父亲与秘密警察的联系人]认为,马顿是个诚实、正直的男人,不追逐女人;如果真的与其他女人有染而离家出走,一定是已经深深陷入浪漫爱情……他妻子没有坚定的政治信仰,喜欢冒险的生活,寻找乐趣,爱喝点酒,曾涉及其他男人"。这份备忘录的空白处,有人匆匆写道:"很好——但我们需要名字!"

1962年底,匈牙利大使馆拟就一份针对我父母的行动计划。"花"将深化与马顿的交往,并伺机利用我父亲对匈牙利的"思乡之情"。他应花更多时间与马顿家庭走动,与之混熟,并可告诉马顿,他能轻易得到去匈牙利的旅行签证。"如果[马顿]和妻子同意这次旅行,我们将与他们取得联系,以确定招募的可行性。对于此事,我们已向其他[社会主义]同志寻求帮助。签名,桑托(Szanto)。"

一年后的1963年8月1日,匈牙利内政部的基拉·约瑟夫将军向华盛顿的特务下达指示:"建立马顿的招募档案。"(迄今为止,他们只在谈论此事。)依据"花"的消息,基拉在1964年2月3日建议——应缓慢进行!——如果我父母能回匈牙利,"万一招募不成,将予以逮捕和审讯"。

我想,即使父亲对"同仁"加倍警惕,如果他知道与"花"之间看上去最清白不过的闲聊,也会变成秘密警察的重要资讯,仍会感到异常惊讶。这是"花"在1964年9月12日的秘密电报,对我

第十八章 "花"

父亲做出如下评估：

> 马顿在国务院有极好的人脉。他认识每个人，他们也都认识他。最近的招待会中，[国务卿迪安·]腊斯克（Dean Rusk）走近马顿，以亲昵的语调与他打招呼……马顿可以打电话给国务院任何人，并很快收到回电。我对马顿的个人看法是，他多才多艺，敏感且敏捷。他从不泄漏他在想什么，他的面部表情极难琢磨……要从他手里获得高级资讯，我对此很表怀疑。他不仅机灵，而且非常小心，好像很能把握与人分享的尺度。马顿最大的用处在于，我们可透过他传递我们自己的消息，给国务院的任何人，包括国务卿本人。

整个 1965 年，"花"和他在华盛顿及布达佩斯的主子都在精心策划，如何劝我父亲回到匈牙利。他们需要不受干扰的两小时，以"说服"他归顺。回到匈牙利，是他们眼中可获得这两小时的唯一途径。因此，设法将父亲带回匈牙利的各式计划，层出不穷。

他们也没放弃我的母亲。1965 年 3 月 10 日，华盛顿的秘密警察情报主管通知布达佩斯，"我们计划今年招募马顿太太……但仍有何时何处的问题，完成此举至少需要两小时。我们仍需掌握更多的资讯：她的日常作息，她通常的驾车路线，她是单独驾车，还是有丈夫或他人做伴？她在晚上要不要教书？她的家离校多远？她丈夫离开华盛顿的频度和长度？她的小孩们的计划？她家有无他人居住？我们计划邀请马顿太太参加 4 月 4 日 [匈牙利自由日] 庆祝会，我们的同志可借此熟悉她的容貌，并与之交谈。"这份备忘录附有母亲的照片。

我没有找到母亲接受匈牙利大使馆邀请的记录，这强烈显示她根本没有接受邀请。但在1965年12月10日，父亲未做通知，直接走进匈牙利大使馆，穿越高雅的大理石休息室，搭电梯直达三楼的领事办公室。曾是秘密警察囚犯的爸爸，前来申请赴匈牙利的签证。我只能想象，这意外的拜访给这栋建筑物带来的震颤。怎么办？父亲要求紧急签证，因为他要陪同林登·约翰逊总统（Lyndon Johnson）的特使埃夫里尔·哈里曼（Averell Harriman）访问布达佩斯。这是为追求越南和平而发起的全球外交。匈牙利外交部长彼得·亚诺什（Janos Peter）曾经暗示，他可提供通向北越的另一渠道，哈里曼想在布达佩斯做进一步探索。（这个渠道证明是彼得的自我发明。）

匈牙利大使馆——精于策划阴谋，却拙于做出决定——紧急征求外交部长彼得的指示，该如何处理这意外事件？

父亲身为美联社的外交记者，要求陪同美国的高级谈判代表，是合情合理的，但风险也极大——远远大于他所了解的。读档案时，我的反应像是在看一部已知道有幸福结局的电影，但还是为男主角做出突然的危险动作而捏一把汗。我想朝父亲呼喊：别这么做！最终，在激动的特务做出积极准备之前，哈里曼自己取消了对布达佩斯的访问。

因此，情报交流继续。两个首都的特务仍在争论不休——马顿夫妇中哪位更理想？如何诱引他们去可实施安全招募的地方？

1967年6月的一天，匈牙利大使馆腼腆低调的三十三岁的三等秘书贝尔纳特·埃尔诺（Erno Bernat），突然自大使馆消失，事先没有任何预兆。他其实是莫斯科训练的间谍，但披有外交官的外衣。

第十八章 "花"

就像约翰·勒卡雷*谍报小说中的场面，间谍本人、妻子、三个儿子和岳母，一起于马里兰州塔科马公园镇（Takoma Park）的普通红砖住宅中消失。贝尔纳特精于让人失踪，现在用同样的戏法也让自己家庭消失。美国联邦调查局或中央情报局，为他家安排了新的安全居所，为每名家人配备新身份。从那一刻起，贝尔纳特一家蒸发得一干二净。在冷战岁月里，贝尔纳特的蒸发和他明显的叛变是一大新闻。过后，没有更多详细资料的浮现，他慢慢退出公众视野，可以假定，隐入了证人保护计划。我无法找到他，如果今天仍活着，他应有七十九岁。更重要的是，贝尔纳特负责招募我父母的任务，也指挥"花"的活动。可以推测，贝尔纳特向联邦调查局和中央情报局坦白了一切。但我没有机会问，促使他反叛的到底是厌恶生命的浪费，还是想给三个小孩不同的前途。不管是何种动机，我感谢贝尔纳特。他的叛变，揭露了秘密警察"招募"我父母的最后尝试，联邦调查局现已掌握他们的全部活动。

六星期后，贝尔纳特的上级，四十五岁的职业外交官劳德瓦尼·亚诺什（Janos Radvanyi）打紧急电话给国务卿迪安·腊斯克。劳德瓦尼是代理大使，也请求政治避难。他不属于大使馆情报部门，但仍是高层次的叛变，所引起的公众关注多过贝尔纳特。劳德瓦尼不需要证人保护计划，现在是密西西比州立大学的教授。他在2008年秋天告诉我："整个使馆变成间谍的巢穴。开初，我尚能容忍，因我担任专业外交官，与他们井水不犯河水。但渐渐地，我变得忍无可忍。"他使用"花"的真实名字告诉我："'花'其实是一名很

---

* 约翰·勒卡雷（John le Carré，1931年10月19日——），英国著名谍报小说作家，自己曾是英国间谍，遭到金·菲尔比（Kim Philby）的出卖。——译注

熟练、很勤奋的特务，曾向我自夸，秘密警察因欣赏他的工作而奖励他全套的海伦德瓷器。他有那么厉害。"

劳德瓦尼也告诉我，腊斯克曾打电话给我父亲，向他征询此项政治避难。"你父亲想必表示了赞同，他与我很熟。"劳德瓦尼是冷战期间苏联集团最高级别的反叛者，遭到布达佩斯法庭的缺席审判，以叛国罪被判死刑。随着苏联帝国在1989年的崩溃，对他的判刑被宣布无效。

1967年7月14日，劳德瓦尼叛变的一个月后，匈牙利内政部的基拉将军通知他在华盛顿的同事，马顿案件因两名变节者而"告吹"。那年，我的姐姐朱莉在法国学习，计划访问匈牙利，她是我们离国后第一位重返匈牙利的家庭成员。"花"将这一讯息传送给他主子，但他们已不再感兴趣，马顿档案正式寿终正寝。

对我家长达二十年的监视由此终止了，这正好是我们抵达美国的十年之后。我们的生活——不管我们知道与否——终于摆脱了仍在布达佩斯当权的执政党间谍的遥控。

第十九章　往返布达佩斯

自逃离以后,我 1979 年春第一次回到匈牙利——作为美国《ABC 新闻》的记者。我已在期待女儿伊丽莎白的诞生。

我为最后的研究回到布达佩斯。和往常一样，我呼吸着熟悉的气息，丝毫没变：多瑙河驳船上吹来的石油和煤炭的气味，栗子树坚果的气息，空中飘浮的咖啡香味。我与这城市的关系，就像一段古老但无望的爱情。布达佩斯和我之间没有未来，只有过去。我对短暂且中断的童年，怀有无以名状的渴望。这渴望，又与古老的恐惧掺杂在一起。我这次回来，重建了与老朋友的交往，还要与"花"见面。

我坐在法国人开的宾馆的辉煌正厅里，面对多瑙河，等待"花"的到来，不知道会有怎样的结局。他同意这次会面，但不清楚我的实际目的。我联络上他，因为他曾是我父亲的同事，如今虽已退休，但在新闻界仍有名望。我在写父母的传记，对他的回忆甚感兴趣；这是事实，但不是我必须见他的真正原委。这只是暧昧的解释，以应对一个暧昧的处境。实质上，我想见见这位以朋友面貌出现却肩负招募重任的人。

一名衰老的男子从旋转门中浮现。他穿戴小心，但身上的西装已经褪色，是1970年代风格的宽胸襟，配一条漂亮的丝领带，衬衫领子显得偏大。他步履蹒跚，靠他的司机，一个魁梧的年轻人的支撑。我看不清他藏在巨大、厚实的眼镜后的眼睛。我怀疑，他配这副眼镜时，要比现在的自己伟岸得多。他变秃的头颅上，可见太多日晒留下的痂斑。父亲临终前也有类似的皮肤特征，也步履蹒跚，遇上特别时节，也会穿戴小心。我伸手去扶"花"那骨节嶙峋、满是斑点的手，心中的勇气在迅速消退。他处处让我想起我的父亲。我突然感觉，自己像是捕食者，在迫近一只太弱小的猎物。

第十九章　往返布达佩斯

我们一起坐下。我告诉他，我带来了我父母与他相识时的照片，帮助他恢复记忆。我于是拿出1960年代和1970年代的照片，上面是一对年轻、英俊的夫妇，皮肤晒成棕褐色，女儿们伴随左右。我期望他会像别人一样啧啧称羡：你父亲多气派！你母亲多漂亮！你们姐妹多可爱！（档案透露，他1960年代去过我们在贝塞斯达镇的家。他告诉秘密警察，小孩的英语很好，但她们的匈牙利语更好。）但"花"一言不发，只稍稍瞟了一下照片。

"花"的冷淡使我硬下心肠。我开始我的访谈，如同我在写作生涯中对成千上万人做的。你首次见到他们是什么时候？他回答："当然，我在布达佩斯时就知道他们，那是1950年代。但我们不允许与你父母交谈，因为他们在帮美国人做事。"我真想问，谁禁止你与他们交谈？但我抑制了。当年有很多人，包括匈牙利人，与我父母交谈。禁止一名新闻人与同行交谈，这是哪种命令呀？我只在内心思忖，"花"却带着些许骄傲，提起曾使所有匈牙利人发抖的拉科西·马加什。拉科西曾打电话给他，请他担任某份报纸的编辑。拉科西告诉他，"因为你是最棒的"。"花"随即接受了此职。然后，他又讲了那个年代一个众所周知的笑话，关于邻里之间的对话："我有好消息！是什么呀？昨晚，三个穿皮夹克的男人敲我家门。那算是什么好消息？当然是呀。他们不是来找我，只是要我告诉他们，哪间是绍博·亚诺什（Janos Szabo）的公寓。"我感到，在当时的情况下，这是个很奇特的选择，但"花"尚不清楚将会发生什么。

他继续："第一次真正见到你父亲，是在华盛顿国务院。当然，我感到荣幸，能够成为如此杰出人士的同事。""花"于此稍作停顿，

"但你父亲非常小心,不想与我走得太近。据他所知,我可能是一名间谍!"他脸带讽刺的微笑。

强烈的冲动差点让我脱口而出——"你就是一名间谍!"但我竭力忍耐,勉强成功。

"你知道,他总是愿意帮忙,随时准备把我介绍给别人,提供新闻的背景资料。他真是一位好同事。""花"继续。

"那你为什么要告发他?"我终于找到缺口,以抱歉的口吻问。"我并不想使你难过。"我迅速补充。但他脸上没有丝毫的难堪,我步步进逼:"你看,我已读了那些档案,知道你向秘密警察汇报我父母的事。"

他摘掉那副硕大的眼镜,锐利的小眼睛下有着暗蓝色的大眼袋。"我从没告过他们的密!"

我心里真的充满歉意,他已老态龙钟,举手投足令我想起父亲。"很抱歉,你想看那些档案吗?"我在一赌,因我没把档案带在身边。我没想到,他竟然全盘否认。我只预料他会懊悔,会尝试获得同情,会解释从事卑鄙的告密工作是迫于无奈。我曾想,他会说:"嗯,那时都是这样的,我讨厌做这样的事,但别无选择。"但我丝毫没有想到竟会如此——毫无悔恨地全盘否认。我站起身:"我去取,只需几分钟。"

"花"理直气壮、挑衅地说:"好,让我看看。"

我迅速跑向电梯,冲进我的房间,从床上抓起紫色的标记着"花"的档案。我估计,即使他想逃走,我也会比他更快。档案在手,我赶回我们可观赏多瑙河风景的桌子,发现他虽没笑容,但仍旧怡然平静。我忆起亚历山大·索尔仁尼琴(Aleksandr Solzhenitsyn)的小说《第一圈》中的场面,屠夫大师在轻蔑地琢磨天真的小商人铁

第十九章 往返布达佩斯

托。我感觉自己成了铁托,而"花"是斯大林。他不仅逃过了霍尔蒂、希特勒、艾希曼("花"也是犹太人)的毒手,而且幸存于斯大林、拉科西、卡达尔的时代,如今到了已成为欧盟和北约成员的新匈牙利。"花"在每一届接替的政权下,都能茁壮成长;在我的紫色档案面前,他不会畏缩退却。他肯定认为,他已躲过历史的最后一颗子弹。他前后在六个国家担任过驻外记者,在卓越的新闻生涯之后体面地退休,仍然普受尊敬。他儿子也已担任重要的职务,现是匈牙利的议员。

我向他展示文件,上面没有他的真实名字,只有他的代号。这一次,他都不屑于再否认我的指责。他说:"我没写下任何东西。他们要我提交书面报告,但遭到我的拒绝。我去大使馆,每星期一次,也许两次。我们一起玩扑克牌——桥牌和凯纳斯特游戏[*]。"他摇动他的光头,"那些家伙从不出来,不会讲英语,什么都不知道!想象一下,他们不知道高华德[†]与汉弗莱[‡]之间的差别!他们什么都要靠我。"他自豪地说:"他们会问:'——有什么新闻吗?'我就会给他们讲一些四处听来的政治闲聊。"

"但这里明确说是你写的。"我回答,"它还提到,会议发生于一个安全所在,并不是大使馆。"

"你知道,"他圆滑地移至下一个解释,"他们不会向海外派遣

---

[*] 凯纳斯特游戏(Canasta),通常使用两副纸牌,四人参与,发明于1938年的阿根廷,迅速在南美流行,1948年传入美国,成为1950年代的时髦。——译注

[†] 高华德(Barry Goldwater,1909年1月2日—1998年5月29日),美国共和党参议员,1964年美国总统选举的共和党候选人,美国保守主义运动的主要精神人物,常被誉为"保守派先生"。——译注

[‡] 汉弗莱(Hubert Humphrey,1911年5月27日—1978年1月13日),美国民主党参议员,1965年至1969年间出任第38任美国副总统,1968年代表民主党角逐美国总统,败于理查德·尼克松之手。——译注

一名不愿向当地大使馆汇报的记者。我们一共有十二名驻外记者，每人都必须签署文件，承诺我们的合作。大使馆是我们真正的老板。"

"假如你不签呢？"我问。

"我就不会被派去国外。你知道，"他岔开自己的话，"那在国外的十六年是我人生最幸福的岁月。其中四年在美国，我采访了休伯特·汉弗莱和杰克·莱蒙*——"

我打断他的职业回顾："但他们企图招募我父母当特务，你却在帮助他们！我父母处在危险之中。"

"我从没想到，我会给你父母带来危险！"他突然激动地说，"我汇报的东西，哪一件会构成危险呢？"这问得有点文不对题。"花"很清楚，秘密警察能将最细小的信息转化成武器。财务烦恼、依恋妻小、申请入籍的延误、母亲爱好"冒险"——这一枚枚都是"花"挖掘出的宝藏。他难道从不自问，这些信息最终派上什么用处？提供这些信息，他又得到什么回报呢？"花"没有处在生死攸关之中，为派遣海外而听从秘密警察，是事业上明智的举措。在他心里，他只是巨形机器中一个小小的齿轮。但那巨形机器，就是恐怖国家不可或缺的引擎。

我以自认惊心动魄的证据与"花"当面对质，在情绪上顿感疲惫不堪，自己受的打击反比"花"的更大。老翁好像充满活力，渴望战斗继续。他抗议道："他们从没征得我的许可，以此来胁迫你父母！如果有真正的危险，我会通知你父亲的。他们利用我，趁机通过我来接近你父亲。但我从没接受他们的指令。"我回忆起那张

---

* 杰克·莱蒙（Jack Lemmon，即 John Uhler Lemmon Ⅲ，1925年2月8日—2001年6月27日），美国杰出的电影演员，曾获三次奥斯卡金像奖（一次配角，两次主角）、三次金球奖影帝、一次威尼斯影帝、一次柏林影帝、两次戛纳影帝。——译注

第十九章　往返布达佩斯

精确的清单，列出他与我父母见面时应询问的各项：他们的财务状况、他们的相互关系、他们与小孩的关系，等等。他无罪的抗议之后是愤愤不平："他们怎么可以这样对待你父亲，他在自己国家已受尽折磨！"他频频摇头，显得义愤填膺——他与秘密警察的工作是毫无干系的。

他的死不后悔反倒让我轻松许多，我本来就惧怕面对与人为善的人，不忍心去打扰仁慈老人的平静晚年。他到最后说："我不认为自己是特务。"他再也不能否认活生生的事实，但仍坚持己见。

我已满足，没兴趣在他自己的国家把他揭发出来——这里有太多的人打着同样的如意算盘。我一开始就被告知，只能责怪这个制度，不能责怪已变成齿轮的个人。那也可能是我父母对"花"的看法：已经无关紧要。何必自寻烦恼？

但我还要会见其他人。第二天下午，我看到一名坐在宾馆大厅里的长者，貌似陌生，但不尽然。他身穿漂亮的灰色软法兰绒西装、方块条纹的蓝色衬衫、红色丝领带，披在肩上的是挺括的军用雨衣。他的侧影看起来面熟，我问，是拉约什吗？是的，他微笑，起身欢迎我，这比我们约会的时间早了好几个小时，他仍然高大挺拔。在我们人生的最低点，这位英俊男子曾与我母亲和我们姐妹交往。往事历历，突然潮水一般涌上我的心田。他从慕尼黑的家赶来，我有太多问题，但思潮澎湃，反倒不知从何说起。似乎是在选择最自然的事，我挽起他的手臂，走入淫雨霏霏的都市。我们上次见面是在半个世纪前，按理说他只是个陌生人，但我感受不到我与他之间的任何距离。计程车里在他身旁坐下的美国女人，还保留多少渴求他人喜爱的淘气女孩的身影？

神秘的信任把我们捆绑在一起——都离我母亲这么近。看起来完全自然，他伸出手，我以双手捧起，感情上的亲昵仿佛从上一代移至下一代。破旧但舒适的匈牙利餐馆里，菜单自父母带我离去之后从未改变。服务生领班认出了他，朝我颔首，问："女儿吗？"拉约什回答："很遗憾，不是。"他没有女儿，结婚较晚，只有一个儿子。我们坐下后，他问："你以前知道吗？"他无须详述他与我母亲的事。我回答："嗯，我只是猜测，长大些，便琢磨出来了。"我们后来的生活不再有拉约什，虽然我知道，他在"匈牙利革命"后逃走，之后又彻底销声匿迹。他突然音信全无，更使我猜测曾有过的亲密关系。我说："你是如此珍贵的朋友，特别在亲友都避而远之的时候。"

他以平淡的语调说："你母亲是我一生中最爱的女人之一，她让我心碎。"母亲如何使这位英俊、柔顺、浪漫的男子心碎？"她出狱后，我们再次见面，我仍记得她讲的一字一句。她说，我们过得很愉快，但不会有结果，你知道，就像歌中唱的一样。"这从容的冷淡和词语的伤人令我吃惊，我为母亲感到些许的愧疚。当然，监狱改变了她，更加深了父母之间的信任。也许，母亲决意与拉约什分手，唯一的方法就是故意的冷漠。

他告诉我："我抵达纽约时，联邦调查局就来找我，想知道我是否为匈牙利共产党做事。他们不知道怎么了解到，秘密警察曾向我询问你母亲，那已存入我的档案。你母亲为我的良好品德向联邦调查局作证，他们便让我走了。那是我最后一次看到她。"拉约什因为我母亲，两次陷入困境，仍保留着对她的美好记忆。他从上衣口袋拿出一张照片，上面的妈妈眉开眼笑，看起来轻松愉快，无疑

第十九章 往返布达佩斯 259

在为自己讲的笑话自得其乐。那一片刻,她看起来是身边有英俊男子爱慕的女人,而不是因失宠于丈夫而担惊受怕的妻子。他短暂沉浸在回忆中:"她以一种很有趣、独到的方式来看待事物。她告诉我,她被人盯梢,也有人持续监视。我回答说,他们算是找对了有趣的材料。"所以,这么多年后,我也算找对了有趣的材料。母亲尽一切可能帮助丈夫,照顾两个受惊的女儿,同时又有人陪她,让她快乐。

拉约什和我在彼此的陪伴中感受到我母亲的存在。我们作为朋友而道别分手,因重建联系而感激涕零。

我曾经的"大姐姐",现在是玛莉亚·纳塔利医生,从罗马的家中赶来与我见面。我在中央咖啡屋,心跳加快,像是期待一位从前的恋人。她走进来,身材纤细,一身黑色套装,留着时尚的金色短发,自然地焕发出大都市气质。我从座位上跳起,上前拥抱她。我曾是个思念母亲的小女孩,偎依在她柔软的怀中,现在的我却比她更高更大。我在她已有整齐皱纹、晒黑的脸庞上,搜寻熟悉的特征——一双眼睛还是老样子。她惊呼:"你曾是我的小妹妹!"她为我们现在的形体感到同样的惊讶。我回答:"你曾是我的保护人。"我们的谈话很快回到那段时日:寒冷、饥饿、悲哀,我俩都渴求的亲情和温暖。她回忆:"你还记得吗?我曾梦想我们每个人吃一个鸡蛋!"我们谈起,她与残暴的父亲之间的隔阂,还有我对自己父亲的思念。她多次重复:"但你从不埋怨。"她像拉约什一样,也在革命期间逃走。她的家人却留了下来,因她的"叛变"而饱受惩罚。她妹妹安德烈娅,因此不能上大学,不能得到好工作。

我们谈完回忆后,转向较不安全的领域。玛莉亚现在对美国是大有意见：这是个日薄西山的腐败帝国，因一位总统（克林顿）的好色而几近瘫痪；继任的总统（布什）好像是在全世界挥舞拆楼用的大钢球。尽管我同意她的部分见解，她的愤怒和我的拒绝参与，在我们之间造成一条裂缝。我说，"玛莉亚"，意欲返回安全的话题。她回来了，微笑着。我们吻别，允诺再一次见面。

我终于获准探访当年关押父母的监狱，佛街现在是匈牙利囚禁最危险犯人的最严密的监狱。它是一栋硕大的红砖建筑物，墙上有条匾，提醒着此地发生的众多罪行之一："1958年6月15日，纳吉·伊姆雷和他的同志们，在此地的秘密审判中被处以死刑。"母亲经常说，她在牢房中可听到玩耍的小孩的喧笑和哭声。就是这里：不出一个街区就有一个游戏场。从那里，别人家孩子的哭声，可以轻易飘进母亲的牢房。

监狱长准将博格尧什夫斯基·乔鲍（Csaba Boglyasovszky）在门口等我。他身材高大，穿一件黑色皮外套，尽管壮硕，却没有予人任何威胁感。监狱长把我带进六道钢门中的第一道，钢门随即紧闭。他友善，喜欢聊天，已在网上查询了我与父母的情形。我尽可能想象父母当时的感受：钢门的声响就像断头台上的利斧迅速坠下，随之是一系列小钢门，陆续关紧，直到最后一道，再加上钢铁滑闩，你一个人独处牢房——彻底束手无策。这走廊迷宫的每个转弯处，不再有腰插手枪或肩背步枪的秘密警察站岗。但建筑物一如既往地固若金汤，不露半点悔恨。

我们爬上几节照得通亮的楼梯（我总想象监狱是阴暗的；当然，囚犯的每一次抽搐都必须能被看见），与几个面相严峻的男犯打了

第十九章 往返布达佩斯

照面。他们剃成光头，戴上镣铐，面露愤怒，被押回自己的牢房。"至少这些囚犯知道他们关进来的原因"，监狱长评论，暗指我父母的情形。他以自己的阔背长臂，为我提供安全的空间。我们来到他的办公室，漆成阳光灿烂的黄色，摆有软包饰的扶手椅，办公桌上方是一幅19世纪著名匈牙利风景画的翻版。斯大林和捷尔任斯基曾经从这些墙壁往下凝视。

"卡普奇诺，好吗？"监狱长问，随即为我讲述这座监狱的历史。自1919年以来，它见证了国家生活中这么多臭名昭著的章节。他带着平静的骄傲说："自1989年以来，这里不再有政治犯。"我一边啜饮卡普奇诺咖啡一边问，这办公室当年是否曾用作我父母的审讯室？在那里，父亲因直射的强烈灯光而几乎失明，鲍比奇上尉朝他吆喝淫秽的诅咒；另一名秘密警察警告我母亲不要像大街上的娼妓一样。博格尧什夫斯基准将回答，很可能是这间房，也可能是类似的另外一间，只是装饰不同。审讯者喜欢他们的房间配合自己的口味。

喝完卡普奇诺，我们攀登楼梯，到达囚禁父亲长达十八个月的那一层。卫兵打开一间牢房的门锁，后墙高处有一扇小窗，封以铁条和通气网，钢门上有以胶带粘着的杜嘉班纳（Dolce & Gabbana）古龙香水的广告，上面是皮肤晒成古铜色的男子，身穿紧身的内衣裤。我要求在牢房独处片刻，卫兵开初摇头——在今天的匈牙利，将无辜者关押起来是违法的。监狱长重复我的要求，这次变成了命令。他们撤离时，监狱长笑呵呵地说："再见，再见！"当然，我自愿的短暂羁留，无法与父母的监禁同日而语。尽管如此，那仍是可怕的声音：你无法控制的钢铁滑闩，移入锁住的位置——再也不能与任何外人联系了。

刹那间，我能感到旧日恐惧的升温。在这密闭的牢房中，我没有丝毫的资源或保护，这真是可怕的感觉。假如监狱长的友好只是一种伪装？假如"花"——我刚撕下他的假面具——依然有权可使？但我知道，我只是在异想天开。几分钟后，我将重得自由，而当时的父母却是望穿秋水。

温和的监狱长十分钟后归来，微笑着问："够不够？"我点头，伸出手说"谢谢"，便准备离去。监狱长笑了起来，说道："你以为离开这里，这么容易吗？我必须带你出去。"由此，我们经过一道道钢门。这位高大友善的男子做手势，让卫兵一一打开螺栓和门闩，直到通向前院的最后一道哨卡。

到了外面，我深深呼吸多瑙河的潮湿空气，那是我非常熟悉的。我将手伸到监狱长面前，他握住片刻，然后问："你会想开吗？你自己。"那主管数百名最危险犯人的男子在为我担心，我有点感动。他站在这栋建筑物的阴暗处，识破我这老成的美国人，内心深处仍是他监狱旧囚徒的小女孩。我回答："我不知道。"

由女儿伊丽莎白陪伴，我们前往我的老家乔鲍街。途中，就在险峻的小山脚下，我们在瓦罗斯玛捷天主教堂停下。正好在举行婚礼，我们就站在后面，旁边是精心雕刻的木质告解室。这里，什么都一成未变。同样的木雕使徒，仍旧排列在祭坛两侧；多少个星期天，我曾在它面前跪下。突然，寒冷的教堂中央广场沐浴在亨德尔*的

---

* 亨德尔（George Frideric Handel，1685年2月23日—1759年4月14日），出生于德国，后来定居并入籍英国。代表作之一《弥赛亚》（*Messiah*）1743年在伦敦上演；英王乔治二世亲临剧院，听到《哈利路亚大合唱》时按捺不住内心激动，站立起来听完全曲，称之为"天国的国歌"；现今音乐会演奏此曲时，全体观众均会起立聆听，成为惯例。——译注

2008年4月,女儿伊丽莎白和我在布达佩斯。这是我最后一次考察旅行,看到了"花"。

《哈利路亚大合唱》中。我转过身子,不让女儿看到我的眼泪。

教堂对面的大街上是新开的约翰牛酒吧(John Bull)。我们经过一个女孩,穿着迷彩长裤,头发梳成非洲武士的长绺辫,就像在布鲁克林区威廉斯堡*常见的。我们朝老房子的方向,攀登险峻的小山,一路上见到以骨节嶙峋的手支撑着手杖的老翁,还有矮小臃肿的老妇。他们不属于新匈牙利。我们在乔鲍街和罗斯考维兹街(Roskovics Utca)的交叉点停留片刻,我曾在那里学习脚踏车,父母遭秘密警察的劫持也在那里发生。但我们没看到骑脚踏车的小孩,也没在街边花园看到任何儿童。我们喧闹的孩子帮,曾经在那花园里玩匈牙利版本的捉迷藏。

我们的老房子刚漆上明亮的黄色,给人以一种昏昏欲睡的感觉;这里不再是不同公寓的小孩相互叫嚷的地方。伊丽莎白和我窥探我

---

* 布鲁克林区威廉斯堡(Williamsburg, Brooklyn),美国纽约市下辖五区,其中之一是布鲁克林区,而威廉斯堡是该区中一座小镇,隔威廉斯堡桥与曼哈顿相连。——译注

们的旧公寓，由于闭合的百叶窗，里面黑洞洞的。木制的百叶窗，很像"夫人"曾用最大声响在我头上卷起卷落的窗子。一名身穿日常便服的老妇，手执拖把走上阳台。我经常在那阳台，在爷爷的膝上，练习我们第一次学到的英语单词："Attycake, pattycake, Baker's man."

"现在我知道了为什么紫丁香是你的最爱。"伊丽莎白说，她认出我们小孩房间的窗外仍长有紫丁香的灌木。这栋房子和邻居之间的铁丝网（仍是美国外交官的居所）已变得破旧不堪，顶部不再有带刺铁丝。当年为逃避父母的再次被捕，我们穿越这铁丝网上的一个大洞——已不见踪影——去邻家避难。

匈牙利留给我们的最后印象是在赴机场的途中，我们的计程车超越一长列摩托车队。骑士们身穿黑色皮夹克，头戴纳粹德军式的钢盔，为首的挥舞一面大旗，纯是箭十字党三色旗的新版。虽然细节做了修改，但上面的信息却非常明显。我们在度假的科罗拉多州特柳赖德镇（Telluride）经常看到摩托车队，中年男骑士带上他们的摩托"女孩"，重温歌手杰里·加西亚*的梦想。但现在，这一长列摩托车队不是在寻求欢乐。他们的神情严峻，他们钢盔下的头颅没有头发，他们是阴沉愤怒的群体，他们在继承匈牙利最黑暗时期——箭十字党与阿道夫·艾希曼携手追捕犹太人时——的残渣浊泥。路人避开他们的眼睛，假装没看见蛇行于城市的一长列黑色。我再次感到历史的阵痛。假如他们旁边没有警察随行？假如他们截住我们的计程车，要求看我们的证件？我的镇定自若还能维持多久？但我们已达机场，就要飞回我们美国的家。

---

* 杰里·加西亚（Jerry Garcia，1942年8月1日—1995年8月9日），美国吉他音乐家、作曲家、歌手，被认为是 Grateful Dead 乐队的领袖。——译注

第二十章　又一惊奇

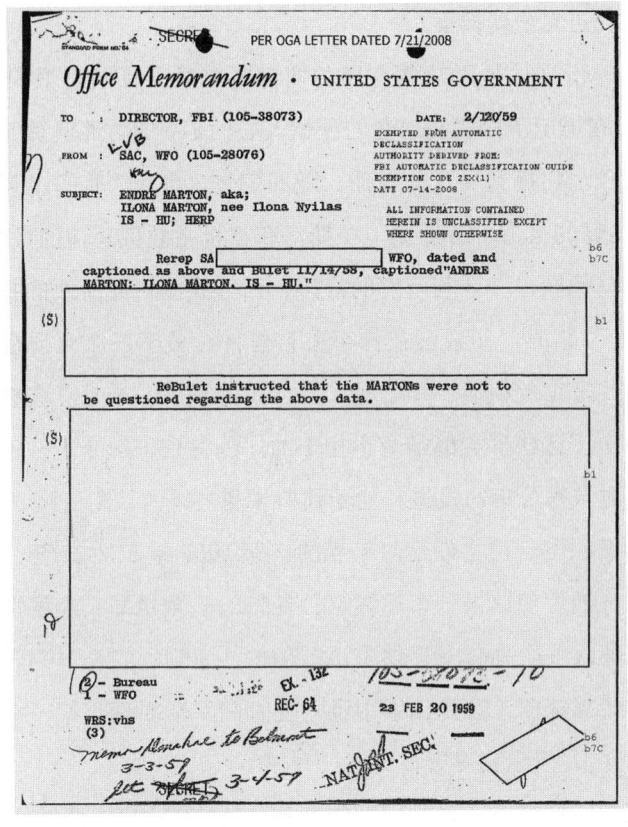

我依据信息自由法案，获得联邦调查局为父母建立的档案。这是其中一页，上有大量删减。

赴布达佩斯做最后一次研究旅行之后，我回到纽约，前厅的桌上已有一个包裹在等我。它的回信地址——华盛顿特区司法部联邦调查局——将我从时差效应中即刻唤醒。有关专家告诉我，我依据《信息自由法》所索求的文件，可能要等候多年。但这就是我申请的：已受大量删减的二百十五页马顿档案，另有六十五页由于国家安全的原因仍须保密。我甚至没有时间打开自布达佩斯带回的手提箱，就一头扎进这份新档案。

第一份文件是联邦调查局的内部备忘录，日期是1955年5月10日。它显示了冷战妄想症的深植人心，不管是在布达佩斯，还是在华盛顿。它提到父亲的被捕，随即发表这条令人惊讶的愚蠢的声明："马顿的报道[劳伊克·拉斯洛和枢机主教敏真谛的做秀公审]显示，马顿颇得匈牙利政府的好感，西方媒体对此所做的报道都非常有限。"其时，父亲已在佛街监狱里持续关了三个月，母亲在为小孩寻找寄宿的场所，那是她人身自由的最后一个月。在联邦调查局的眼中，这些事实都是毫不相干的。爸爸是可疑分子，不然如何解释他对做秀公审的报道？他受到匈牙利当局的"宠信"。

档案的下一份文件是两年后的，即1957年5月27日。由于父亲向维也纳大使馆报告布达佩斯公使馆的安全泄漏，埃德加·胡佛要求国务院安全办公室提供资讯。胡佛注意到，安全泄漏已呈报给陆军的情报部门（这是档案中唯一提及陆军准尉理查德·格拉斯佩尔的地方），但想获得更多资讯。

档案还披露出一些戏剧性的细节。从1957年到1959年，用联邦调查局的专门术语，我父母是"调查的潜在对象，有可能与匈牙

第二十章　又一惊奇

利政府合作，为其提供信息"。显然，有些人（名字已被删改）向联邦调查局发出警告："根据马顿夫妇在匈牙利过着优裕生活的事实，尽管他们亲西方，与西方过从甚密"，但妈妈和爸爸仍有可能是匈牙利秘密警察的特务。其他的猜疑是，"马顿自漫长的徒刑提前出狱，离境时并没受到匈牙利官员的阻挠"。

住在共产国家时，"他们亲西方，与西方过从甚密"，激发了秘密警察的怀疑；这同一特质，使父母在埃德加·胡佛的华盛顿也变得不可信赖。如我早已推测的，秘密警察和联邦调查局都不相信他们。处在金·菲尔比和詹姆斯·安格尔顿（James Jesus Angleton）的时代——前者是站在苏联一边的声名狼藉的英国双重间谍，后者是偏执狂的美国中央情报局反间首脑——我的父母吻合既定的类型，身不由己，在两大阵营的眼中都变成有用的资产。父母作为冷战英雄受到众人欢迎，却在华盛顿受到联邦调查局的监视。再一次，他们的自由是有条件的。

1958年12月11日，联邦调查局特工"在安全的条件下"访问我父亲，发现他"全力合作，如果遇上匈牙利政府代表的接触，愿意立即通知华盛顿区办公室"。所以，父母在第一回合中获得清白。但他们没有获得彻底的自由，至少在埃德加·胡佛的世界中没有。

四年后，即1962年5月1日，联邦调查局的内部备忘录"发现［马顿夫妇］没有参与颠覆活动。自抵达这个国家以来，马顿夫妇与众多美国政府机构合作，并提供匈牙利的有关信息"。

尽管联邦调查局消除了爸爸是匈牙利特务的怀疑，但他显然感受到了压力，要向联邦调查局汇报他的活动和联系。从1958年到

1962年，根据联邦调查局档案，爸爸与华盛顿区办公室保持定期联系，这种关系有点出乎我的意料。当然，这种联系不同于他在纽约咖啡屋与秘密警察的强迫会面。它基于爸爸的信念，他在支持冷战中的自己人。即使在华盛顿，父母仍不同于其他普通人。所有这一切，都是在我鼻子底下发生的。

1962年，大约是秘密警察为招募而重新打开我父母的档案时，联邦调查局也显示出新的兴趣。这不是巧合，因为联邦调查局对"花"实施严密监视，一定观察到他与我父亲的互动。联邦调查局的特工监视这名"新闻记者"，称他没有"外交豁免权，事实上却以在华盛顿的匈牙利公使馆和匈牙利驻联合国代表团为运作基地"。

1962年5月23日，联邦调查局特工佛勒特（Folet）约见我父亲，也是在"安全的条件下。他的解释是：他与['花']在国务院新闻处天天见面；他们在那里都有自己的办公位置；这类接触是非正式的，并没有其他形式的接触；某个星期天的下午，['花']顺道走访马顿的住处，遇到他家人，暗示希望有更多聚会，但得不到马顿的搭理；['花']回匈牙利度假时，把汽车留在马顿的住所"。我不记得，那年夏天我家车道上停有陌生的汽车。表面上平和的爸爸，在巧妙平衡两个敌对国家的特工，我只能叹为观止。

1967年的夏季，"花"的控制官员贝尔纳特·埃尔诺变节，获得联邦调查局的保护。他暴露了匈牙利公使馆的间谍活动，包括招募我父母的企图。联邦调查局重又找上我父母。一名特工（名字已删）在1968年5月7日写信给联邦调查局高级官员威廉·沙利文（William C. Sullivan），他说："约见马顿夫妇是我们现在最合逻辑的下一步，将决定马顿夫妇是否有安全风险，是否有可供调查局利用的潜质。"

第二十章 又一惊奇

与秘密警察一样，联邦调查局也选择分别约见他们的目标——即便是已婚的夫妻。因此在1967年8月8日，联邦调查局授权对我母亲进行一项"谨慎的背景调查"。1968年4月23日的内部备忘录解释，"之后，将在尽量短的时间内约见主要目标［爸爸］，以对照比较他俩各自的故事"。

父母在审讯者眼里留下了良好印象。约见他们的特工在1968年7月30日呈递给局长胡佛的报告中写道："伊洛娜和安德烈·马顿非常友好，没有紧张或忧虑，做出的声明似乎是诚实的。两人都受过非常良好的教育，担任需要相当才智的工作。很难想象，他们受到招募［秘密警察］而木然无知。马顿陈述,他在美国的时候……匈牙利人可能会劝他为祖国做事，他对此非常警觉。与匈牙利和其他东欧国家人士交往时，他一直在头脑中保持这样的警惕。他声明，他认为自己还算聪明。就他所知，还没有人企图从他那里取得信息，或利用他为任何外国效劳。他陈述，如果有人企图征求信息，或招募他为外国政府工作，他……会立即报告。"

1968年7月30日，呈送给埃德加·胡佛的秘密备忘录总结说："综合考虑手头的种种资料，马顿夫妇此时似乎没有构成安全威胁。马顿太太的情报潜质似乎是负数的，马顿先生的潜质似乎与资讯来源有关。就这点而言，如有必要，将继续与他保持接触。"

这是父母在联邦调查局档案中最后一份文件。自那以后，父母开始过上了郊外普通夫妇的生活。妈妈和爸爸从冷战中幸存，终于回家，不过是在美国。

尾 声

我最喜欢的父亲的照片——摄于他任外交记者的国务院。随身携带的记事本放在膝盖上,他在等国务卿亨利·基辛格。

如果父母仍在世，我是不会写这本书的。他们喜爱历史，但不愿是他们自己的。他们全身心投入美国，很少回头看。流亡者们围坐在沸腾的辣椒鸡煲前，沉溺于古老的回忆；但这一类的怀旧聚会不是他们所爱。他们在血泊浸染的20世纪，生活于欧洲的残杀地区，即使感受到愤怒或怨恨，也早已将之转化成在美国建设新生活的动力。如果回头看，他们会把目光投向那种精致、宽容、开放的文化。它曾短暂存在于多瑙河边的闪闪发光的城市，但已消失，变成一厢情愿。当我发现我们的犹太出身，他们很不高兴。生命中许多不寻常的细节，尽管我们渴望了解，他们却故意隐瞒；如果早点知悉，我们只会对妈妈和爸爸更为钦佩。但我理解，父母挣得了遗忘的权利。我现在发现他们经历的如此丰富的细节，使他们的最终胜利更为甜美，使我的理解和赞美更为深刻。多少男女花费自己的时日，设定圈套来害他们，最终都一一败北。

我对家史劲头十足时，他们的缄口不言曾让我倍感挫败。我们在美国根基浅薄，我需要祖父母和曾祖父母的故事，每一个小孩都会这样做。我会问母亲："我长得像外祖母吗？"她的回答是她的盈眶热泪。还有其他更多的疑问，都找不到答案。"我把情感留在哨卡了"，父亲曾如此评说我们多年前在奥匈边界上的跨越。"花"曾汇报，马顿"从不泄漏他在想什么，他的面部表情极难琢磨"。这些扭曲矫饰的情感，使一名在情绪上极需帮助的孩子，更难接近父母，更难接近过去。但它们让我父母得以存活。如果父母一生都在为伤痕和悔恨而耿耿于怀，我无疑也会长成截然不同的人。他们在世时，尤其在我完成有关罗尔·瓦伦堡一书后，我们之间因父母

尾声

的隐瞒而徒生紧张的气氛。现在，多亏了秘密警察，他们的故事水落石出，虽仍有模糊之处，很少黑白分明，但我希望，我能当面告诉他们，我理解他们的选择。

他们与美国人站在一起，不仅因为自己的信念，还因为想在战后享受生活。因此在无意中，他们陷他们的孩子和自己于危险之中。出狱后，父亲在纽约咖啡屋与秘密警察定期见面，又寻求他的帮助，以获得我们的护照。母亲必须在电影院楼上的安全房，与秘密警察保持联系。他们邀请"花"到我们在华盛顿的家，感谢他把包裹转交给玛格达阿姨。这些是他们为获取无比重要的自由，而心甘情愿支付的小费。我现在想知道，我在一个贬低人格的制度下将如何存活？我将愿意付出怎样的代价？

他们以被剥夺者的全部激情热爱美国。对母亲和父亲而言，郊外的平凡生活是珍贵的：每周去世界上最大最冷的超级市场购物，周六的网球游戏，数小时在郊外的前院清扫落叶。这些取代了在安德拉斯街（Andrassy Boulevard）咖啡屋闲荡整个下午的回忆。母亲成了一名世界级的厨师，父亲放弃了自己孩子们的剑术，把精力集中于教会四名孙子孙女滑雪——在这项工作上，他大功告成了。他们在这种生活日常中找到了他们的欢乐。

我曾惊讶于，他们怎能忍受像节拍器一样单调乏味的郊外生活。现在我理解了，平淡和人生的可预测，恰恰是人们罕得的珍宝，20世纪缺少的就是这两桩。1955年，父亲自佛街监狱的深渊写给克雷奇默·阿帕德少校的信中说道："十年前有过一次，我们几乎倾家荡产。在我余生里，对于再一次重建家业，我不抱存任何奢望。"在美国，他们从20世纪两大人类试验中复苏过来，重建新的生活。

父亲吝于表扬，但在我的成长过程中，没人比他发挥更大的作用。我认为，我甚至在选择人生伴侣时，都把他带在脑海中。1977年我获聘担任《ABC新闻》的驻外记者，父亲让我观察和学习彼得·詹宁斯（Peter Jennings）："你看，这个男人拥有全部的重要品质：智慧，对这个世界的领会，非常英俊——卡蒂，他是应有尽有。"所以，我记得自己当时的理解，那是他愿意认作女婿的人。虽然我俩已离婚，他仍把他外孙的父亲彼得，当作自己的女婿，直到生命的最后。彼得也是如此。时任助理国务卿的理查德·霍尔布鲁克与我结婚之后，会与父亲一坐几小时，一起回忆那些享有殊荣的大使、副国务卿和次国务卿。他们还讨论父亲的万神庙中最令人尊敬的人物，即他采访和钦佩的国务卿：约翰·杜勒斯、迪安·腊斯克和亨利·基辛格。如有幸出生在另一时代、另一地点，父亲会是一名非常优秀的外交官。

大多数的死亡同时带来伤心和解脱。父母过世后，关于过去的禁忌也烟消云散。就像我较早提及的，爸爸从没打开那第一份秘密警察档案。它仍躺在书桌上，原封不动；其普通的黄色文件袋，盖有秘密警察档案室的图章。他去世后，我把它打开。我在傍晚开始，手不释卷，一直读至第二天清晨。我哭了，因为我不知道他们受辱的程度。我总是认为，父母的坐监只是相对短暂的囚禁（父亲的不满两年，母亲的一年不到）。现在我明白，他们一直是自己国家的囚犯，直到抵达美国，甚至还没有完。法西斯和匈牙利当局都把他们当作人民公敌，予以监视和跟踪——他们也没得到美国人的全部信任。

1995年，理查德·霍尔布鲁克和我，在美国驻布佩斯大使官邸新婚燕尔。1950年代，我家曾在那里度过美妙时光。

我在研究期间觉得，我似乎也参与了监视，但我的动机与秘密警察的大相径庭。我为自己而写，为我的孩子而写，但这不是我的故事。人类中相当部分的人群曾这样活过，在某一地点，在某一时间。因此，在这些故事被人遗忘之前，在我们继续迈步之前，让它水落石出是非常重要的。

我开始与官方打交道，想取得其他档案，但从没想到会有这么多。档案文件开始陆续抵达，我意识到其中的风险。假如档案透露出可怕的欺骗怎么办？但我愿意承担，最终的结果恰恰相反。我反复阅读这些文件，使我更加贴近父母。

我曾在旅程开始时写道，小孩不可能完全认识他们的父母，因为双方都在这样行事，犹如一个共谋。在很大程度上，多亏了秘密警察，我觉得，我现在读懂了他们。父母不再是我年轻时想象的半神半人，而更有趣、更机灵、更复杂，远远超越我的想象，也更有人情味。父亲在巴拉顿湖边喝啤酒，与母亲之外的女人彼此亲昵。他浪漫地与冷艳的英国丽人同坠爱河，而母亲则在更年轻男子的赞美中寻找安慰。监狱把他们带至人生低谷——父亲已到自杀的边缘——又把他们捏成一体。

当然，若是能看到的话，他们会发现这本书写得太近隐私，不会喜欢如此袒露。就像伟大的土耳其作家奥尔罕·帕慕克[*]所说的，写书是很危险的，会惹人发怒。最终，父亲可能会说："嗯，这是你的书，你是作者。"他几乎从不闯入我的生活，所以我如此重视他的见解。他是一位笃爱子女的父亲，但不随和。多亏了档案，我才知道孩子是我父亲最致命的弱点，两个大陆上的特工都曾这样指出。他的牢房难友／告密者本克·莱奥博士曾报告："我确信，他的妻子，更甚者，他的小孩，如有大难当头，他会招出一切来拯救她们。"秘密警察的扬博尔·阿帕德上校做出同样的结论，华盛顿的"花"再一次确认此事。因为这一点，我感谢他们中的每一个人。

任何子女能要求比这更重要的证据吗？——父亲在1955年9月2日给克雷奇默少校的信中写道："昨天是9月的第一天，幸好没有受审，因为我心里只记挂着这是开学第一天，[我的孩子们]却杳无音信。"

母亲过世后，在他生前最后一年，爸爸搬来与我们同住。每次我从布达佩斯回来，他总会问："佩斯有何新气象？"他阴晦的眼

---

[*] 奥尔罕·帕慕克（Orhan Pamuk，1952年6月7日—　），土耳其作家，2006年诺贝尔文学奖得主，著名作品包括《白色城堡》、《黑书》、《新人生》、《我的名字叫红》、《雪》等。——译注

神短暂地变得警觉起来。他感兴趣的不是人，肯定也非政治，而是他的布达佩斯本身。他会说，告诉我格雷舍姆宫现在做何用途了？四季酒店！我的上帝！他会摇头，无疑忆起1944年他和母亲曾在那里躲避箭十字党狂热分子的追捕，现在却变成欧洲最壮观的宾馆之一。那么纽约咖啡屋呢？已归意大利连锁店所有！歌剧院呢？还有像塞凯伊·米哈伊这样的男低中音吗？然后，我们会一起缅怀那很久以前的岁月：父母都已入狱，那位著名的歌剧明星（他会说，饰演《唐·乔万尼》*中的仆人，没人比得上塞凯伊！）来看望我们姐妹。真是个了不起的人，我们无数次表示赞同。父母从不多谈那些没来看望的朋友。

每次交谈之后，他会坚称："没有一座城市，在地理上如此有福气——甚至好过巴黎，让一条大河横贯她的心脏。"

母亲不在了，他在生活中乐趣甚微。当他不再点燃烟斗时，我知道他已对活下去丧失兴趣。我们经常在晚上一起看老电影，在他去世前的一星期左右，我们看黑白经典片《大鼻子情圣》†，由何塞·费勒‡饰演长鼻子的机灵鬼。当这位英雄终止追求心爱的罗克珊（Roxanne）的每周报告时，父亲抢先背诵自己熟记的旁白："星期六，26日，在日落西山的一小时之后，德·贝热拉克先生死于他人策划的谋杀中……"然后父亲微笑着说："你知道，要是用匈牙利语来念这些词句，会更好听。"

---

* 《唐·乔万尼》(Don Giovanni)，著名作曲家莫扎特谱曲的两幕意大利语歌剧，以唐璜为主要人物，首演于1787年10月29日的布拉格城邦剧院。——译注

† 《大鼻子情圣》(Cyrano de Bergerac)，1950年发行的美国黑白电影，改编自法国诗人埃德蒙·罗斯丹(Edmond Rostand)的同名戏剧。——译注

‡ 何塞·费勒(José Ferrer，1912年1月8日—1992年1月26日)，美国波多黎各裔电影演员和导演，在《大鼻子情圣》中有精湛演出，因此获得奥斯卡最佳男主角奖。——译注

九十五岁生日的一天后,他在家里安然去世。他对我说的最后话语包括:"你母亲是很好的伙伴。"

在这春天的清晨,时差效应让我早早苏醒,熟悉的纽约城市警笛声在远处呼啸。我在布达佩斯的最后一瞥,是一长列挥舞着排斥外人的旗帜的摩托车队。相比之下,这里的警笛声听起来温和许多——几乎让人感到宽慰。写到此处,我抬头看看我最喜欢的父亲的照片——镶着银色相框,挂在可以俯瞰中央公园的我家客厅。他坐在国务卿办公室外面的长沙发上,膝盖托着记事本,视线避开摄影师镜头的打扰。父亲以尊严为盔甲,是个超脱、镇定、警觉之人。我希望他能听到我的声音:谢谢你。

致　谢

　　这是一本回忆录，基于我对往事的追忆，其中一小部分具历史性，剩下的都与私人有关。个人的回忆当然是不完整的。我许多最早的记忆，可追溯到五十多年前；然而，由于父母和姐姐多年来的复述，始终栩栩如生。我在写本书时，还参照了父母各自的回忆录，即父亲在1971年由"Little, Brown"出版的监狱回忆录《遭禁的天空》，以及母亲在2004年去世前托付给我的从未出版的日记。根据新的匈牙利法律，我有权浏览AVO——可怕的匈牙利秘密警察——在布达佩斯为我一家人设立的档案，即国家安全历史档案（*Allambiztonsagi Szolgalatok Torteneti Leveltara*）。我感谢该部门主管库特鲁茨·卡塔琳博士，帮我找到并读懂这份在其库存中仍属大部头的档案。它成为本书的主要来源，为恐怖国家对我家二十年的完全监控，以及父母在狱中遭受的种种折磨，提供了细致入微的具体情景。其中的关键部分，我不但仔细精读，而且从匈牙利文译成英文。在本书的叙述中，哪些片段来自匈牙利秘密警察的档案，都有明确的注释。

我的家庭故事只是广泛的冷战博弈的一部分，所以我还需要华盛顿的外交记录。为了跟踪约翰·杜勒斯治下的美国国务院在我父母的被捕和审判中所扮演的角色，我参阅了存于马里兰州国家档案馆的1948—1957年的外交文件。新美国基金会的萨姆·谢拉登（Sam Sherraden）帮我寻找此类文件，觅得了大量珍贵的材料。在寻找有关我父母的其他国务院机密文件上，约翰·内格罗蓬特（John Negroponte）大使和玛格丽特·格拉菲尔德（Margaret Grafeld）也大有助益。我在寻找涉及父母的机密文件时，很幸运地获得了汤姆·布兰顿（Tom Blanton）的指点，他是乔治·华盛顿大学的国家安全档案主管。瓦莱丽·科莫尔（Valerie Komor）以一流的专家技能，引导我浏览美联社的档案，也找出了其中的相关奥秘。

为了补充对那个年代的回忆，我还得依靠冷战时期的幸存者及有关的专家，不仅是匈牙利人，还有美国人。他们为这本回忆录提供了宝贵的人证，我对此充满感激，其中最突出的是外交官汤姆·罗杰斯。他是我父母在布达佩斯的最亲密朋友，曾开车送我们去奥匈边境投奔自由，更填补了我记忆所遗漏的点点滴滴。

促使我完成本书的其他人士还有：

Tamas Lorinczy	Laszlo Jakab Orsos
Laszlo and Judit Rajk	Arabella Meadows Rogers

致 谢

Donald Downs	Geza Katona
Istvan Deak	Attilla Szakolczai
Ferenc Partos	Ernest Nagy
Helen Nagy	Marika Hallosy
Magda Pless	Lajos Csery
Janos Radvanyi	Simon Bourgin
Maryanne Szegedy Maszak	Richard O'Regan
Ronald Farquhar	Peter Kokas
Balint Kokas	Békes Csaba
Sandor Liptay-Wagner	Dr. Maria Hellei Natali
Andrea Hellei	Conchita Glaspell
Elizabeth Jennings	Christopher Jennings
Andrew Marton	Julia Marton Lefèvre
Nicolas Marton Lefèvre	Mathieu Marton Lefèvre
Brigadier General Csaba Boglyasovszky	
Katalin Bogyai	Christopher Hill
Strobe Talbott	Walter Isaacson

我的作家朋友史蒂夫·科尔（Steve Coll）和拉里莎·麦克法夸尔（Larissa MacFarquhar）是本书首批读者中的两位。他们慷慨投入自己的时间，为改进原稿提出宝贵的意见，我要感谢他们在这个写作项目中所给予的深情厚谊和道义支持。本书还得益于伊丽莎·格里斯沃尔德（Eliza Griswold）的认真阅读和语言天赋；在帮助改

进本书上，丹尼尔·门德尔松（Daniel Mendelsohn）、弗兰克·里奇（Frank Rich）、德克斯特·菲尔金斯（Dexter Filkins）、理查德·伯恩斯坦（Richard Bernstein）、本·斯金纳（Ben Skinner）和乔治·派克（George Packer），各自发挥了重要作用；儿子克里斯托弗·詹宁斯（Christopher Jennings），帮助润饰了最后阶段的原稿；我的助手洛琳·哈奇（Loryn Hatch），在这个写作项目中足智多谋、镇定自如；Simon & Schuster 出版社的罗杰·拉伯利（Roger Labrie）和吉普赛·达·席尔瓦（Gypsy da Silva），再一次挥动魔杖；我感谢上述的所有人士。

如果我高明的编辑兼挚友艾丽斯·梅休（Alice Mayhew），没有给予早期的支持和后续的鼓励，本书是不可能写成的。艾丽斯，以及我写的七本书中六本书的经纪人阿曼达·厄本（Amanda Urban），既是我写作生涯中的重要支柱，也是任何人所能企求的最坚定的朋友。

理查德·霍尔布鲁克与本书——我所写的书中最痛苦、最私密的一本——休戚相关，分享我的每一次痛苦发现。他是我的对话者、我的鞭策者、我勇气和信心的主要源泉，我对他的感谢永远都是不够的。在这个写作项目及其他一切项目中，理查德和我的孩子伊丽莎白、克里斯托弗，都献出了爱、热情和耐心；对此，无论我如何感谢，都不足够。伊丽莎白陪我去布达佩斯做最后一次调研，与我分享最终的戏剧性发现。我唯一的遗憾是，她的祖父母，本书中的一对英雄，没能活着看到它的出版。即便父母倾向于向前看，但我仍觉得，对 20 世纪黑暗之心的这一回顾，他们还是会予以赞许的。